EMPREENDEDORISMO

DANDO ASAS AO ESPÍRITO EMPREENDEDOR

IDALBERTO CHIAVENATO

EMPREENDEDORISMO

DANDO ASAS AO ESPÍRITO EMPREENDEDOR

4ª edição

Manole

Projeto gráfico: Departamento Editorial da Editora Manole
Editoração eletrônica: Departamento Editorial da Editora Manole
Capa: Rubens Lima

Dados Internacionais de Catalogação na Publicação (CIP)
(Câmara Brasileira do Livro, SP, Brasil)

Chiavenato, Idalberto
Empreendedorismo: dando asas ao espírito empreendedor/Idalberto Chiavenato. – 4. ed. – Barueri, SP: Manole, 2012.

Bibliografia.
ISBN 978-85-204-3277-8

1. Administração de empresas 2. Administração por objetivos 3. Criatividade em negócios 4. Empreendedorismo I. Título.

11-13040 CDD-650.1

Índices para catálogo sistemático:
1. Empreendimentos: Administração de empresas 650.1

4ª edição – 2012
1ª reimpressão – 2013
2ª reimpressão – 2014

Direitos adquiridos pela:
Editora Manole Ltda.
Avenida Ceci, 672 – Tamboré
06460-120 – Barueri – SP – Brasil
Tel.: (11) 4196-6000 – Fax: (11) 4196-6021
www.manole.com.br
info@manole.com.br

Impresso no Brasil
Printed in Brazil

Este livro contempla as regras do Acordo Ortográfico da Língua Portuguesa de 1990, que entrou em vigor no Brasil em 2009.

São de responsabilidade do autor as informações contidas nesta obra.

À Rita,

A capacidade de empreender é alavancada quando
há alguém por perto que inspira, estimula e incentiva.
Mais do que isso, você energiza e impulsiona,
como se fosse uma verdadeira locomotiva.
Quando não está à frente puxando, você está atrás empurrando.
Meus profundos agradecimentos à musa impulsionadora de minha vida.

Sobre o autor

Idalberto Chiavenato é um dos mais renomados autores nacionais na área de administração de empresas e de recursos humanos. Sua extensa bibliografia abrange quase quarenta livros e uma infinidade de artigos em revistas especializadas. É provavelmente o único autor brasileiro a ostentar cerca de vinte livros publicados sobre administração e recursos humanos traduzidos para a língua espanhola e adotados na maioria das universidades latino-americanas, espanholas e portuguesas. É *best-seller* no Brasil, no México, na Espanha, em Portugal e em toda a América Latina.

É doutor (Ph.D) e mestre (MBA) em Administração de Empresas pela City University of Los Angeles, Califórnia, pós-graduado em Administração de Empresas pela EAESP-FGV (Fundação Getulio Vargas), além de graduado em Direito pela Universidade Mackenzie e graduado em Filosofia/Pedagogia pela Universidade de São Paulo. É conhecido consultor de empresas nacionais e um dos mais destacados conferencistas do país.

Seu currículo profissional inclui posições de alta direção em empresas de grande porte. Foi professor da Escola de Administração de Empresas de São Paulo da FGV e da Escola Interamericana de Administração Pública da FGV do Rio de Janeiro, bem como de várias universidades brasileiras, além de professor honorário em universidades latino-americanas, espanholas e portuguesas. É doutor *honoris causa* pela Universidad de San Martín de Porres (1999) e pela Universidad Carlos Palma (2000), de Lima, Peru.

É membro da Academia Brasileira de Ciências da Administração – Cátedra Imortal n. 48, Conselheiro do Conselho Federal de Administração de São Paulo e Presidente do Instituto Chiavenato.

Sumário

PARTE II – PROVIDÊNCIAS INICIAIS

Capítulo 4 – O que fazer? Por onde começar?

Capítulo 5 – Quem serão os meus aliados?

Capítulo 6 – Quais serão os passos iniciais

PARTE III – PLANEJANDO O VOO

Capítulo 7 – O plano de negócio

Capítulo 8 – Definindo missão, visão, objetivo e estratégia

Prefácio

Bem-vindo ao mundo dos empreendedores. Aqueles que aprendem a transformar sonhos em realidade, oportunidades em ações decisivas, metas e objetivos em resultados concretos e boas ideias em ofertas de produtos e serviços inovadores. A pergunta que paira no ar é: são os empreendedores pessoas diferentes dos simples mortais? Absolutamente não. São pessoas de carne e osso como qualquer outra, mas com uma cabeça especial, arrojadora, inquieta, desejosa de autonomia, independência e de fazer acontecer. São lutadores que se engajam na conquista de um lugar no mundo dos negócios, um mundo repleto de desafios que não metem medo em nenhum deles. São pessoas que enfrentam a realidade com férrea determinação e coragem, não esmorecem e, mesmo quando passam por algum eventual revés, sabem que é uma questão de aprendizado e que o sucesso vai estar logo à frente.

Para ser bem-sucedido, o empreendedor não deve apenas saber criar seu próprio empreendimento. Não basta criar ou inovar apenas no começo e uma vez somente. Deve também saber gerir o seu negócio para mantê-lo e sustentá-lo em um ciclo de vida prolongado e obter retornos significativos de seus investimentos. Isso significa administrar; em outras palavras, planejar, organizar, dirigir e controlar todas as atividades relacionadas direta ou indiretamente com o negócio.

O espírito empreendedor envolve emoção, paixão, impulso, inovação, risco e intuição. Mas deve também reservar um amplo espaço para a racionalidade. O balanceamento entre aspectos racionais e emocionais do negócio é indispensável. Saber fixar metas e objetivos globais e localizar os meios adequados para "chegar lá" da melhor maneira possível. Isso significa estratégia. Contudo, os meios adequados são extremamente diversos. O empreendedor precisa saber definir seu negócio, conhecer profundamente o produto ou serviço a oferecer, perceber o cliente, o mercado e suas necessidades, definir a missão e a visão do futuro, formular objetivos e estabelecer estratégias para alcançá-los, criar e consolidar sua equipe, lidar com assuntos de produção, *marketing* e finanças, inovar e competir em um contexto repleto de mudanças, ameças e de oportunidades. Um leque extenso. E uma corrida sem fim. Mas extremamente gratificante quando se alcança o sucesso.

À sombra das grandes organizações empresariais que conduzem enormes negócios e cobrem amplos mercados existe um emaranhado de pequenos nichos de negócios que precisam ser rapidamente detectados, localizados e abocanhados por empreendimentos de pequeno ou médio porte. Esses nichos passam despercebidos a essas grandes organizações, que não conseguem vislumbrá-los ou localizá-los em seus vastos horizontes. Em um mundo carregado de mudanças e transformações que se sucedem em velocidade crescente, ao contrário das grandes empresas – que, pelo seu tamanho e proporção carecem de rapidez e agilidade na tomada de decisões e na alteração de rumos –, os pequenos e médios negócios caracterizam-se pela enorme flexibilidade e facilidade nas manobras estratégicas e na mudança rápida em seus mercados, produtos e serviços. De fato, as pequenas e médias empresas possuem características específicas – agilidade, inovação e incrível rapidez de resposta – que são invejadas pelas grandes corporações. Daí o fato de que muitas delas procuram desdobrar-se em pequenas unidades estratégicas de negócios, a fim de aproveitar as vantagens típicas das pequenas organizações.

Este livro foi projetado e elaborado para ser um breviário informativo e compreensivo para avaliar e discutir todas as condições favoráveis para um proveitoso negócio, qualquer que sejam suas características ou tamanho.

Para tanto, nossa principal preocupação foi utilizar uma linguagem simples e pouco técnica, disposta em pequenos capítulos, cada qual voltado para um assunto específico. Procuramos apresentar os principais itens necessários ao pequeno e ao médio empreendedor, como:

- quais as decisões iniciais e básicas para começar seu próprio negócio ou desenvolver mais intensamente as suas atividades atuais;
- como planejar, organizar, conseguir financiamentos, obter pessoal e, finalmente, lançar um novo empreendimento ou alavancar o empreendimento atual;
- como assegurar a viabilidade, a competitividade e a sustentabilidade do negócio em um mundo em contínua mudança e transformação;
- como sustentar tanto a lucratividade a curto prazo como o crescimento a longo prazo.

Se a decisão for abrir seu negócio, instalar sua empresa, empreender uma firma, ganhar autonomia e independência financeira ou ampliar e expandir seus negócios atuais, nós lhe desejamos muito boa sorte. Mas a sorte – embora oportuna e necessária – não é suficiente para você se sair bem nessa longa empreitada. É preciso ter conhecimento seguro e confiável para ser bem-sucedido. A sua principal arma e vantagem competitiva preliminar é saber exatamente o que fazer, quando, quanto, como e onde. O conhecimento, nesse caso, é o seu principal recurso inicial e a garantia do seu sucesso. Boa parte das empresas jovens não deu certo por causa da desinformação e do pouco conhecimento de gestão. A mortalidade prematura de nossas pequenas empresas é elevadíssima. Muita gente de talento e competência técnica soçobrou pela insuficiência de conhecimento e informações sobre o negócio a que se tinha dedicado com tanto afinco e perseverança. Fazemos votos de que este livro seja proveitoso e lhe forneça o conhecimento básico e fundamental para o sucesso de seu negócio e para a criação de uma vantagem competitiva sustentável e duradoura. E, novamente, muito boa sorte.

Idalberto Chiavenato

PARTE I

Tomando as Primeiras Decisões

Não dá mais para improvisar. Todo negócio exige um planejamento prévio para conhecer todas as variáveis envolvidas e poder articulá-las e aproveitá-las de maneira inteligente e enriquecedora. É preciso saber antecipadamente onde botar a mão na massa para não sofrer possíveis decepções e poder caminhar com segurança por uma estrada desconhecida e toda cheia de desafios. Empreender representa basicamente uma ação social e não apenas individual, pois envolve equipes de colaboradores, fornecedores e uma variedade de clientes em uma cadeia de valor que precisa ser adequadamente integrada e consolidada ao longo do tempo.

Como preparação às primeiras decisões – aquelas que serão fundamentais para o negócio – abordaremos nesta primeira parte algumas das principais características do espírito empreendedor, a compreensão do dinâmico mundo dos negócios e como focalizar o empreendimento que se pretende iniciar ou desenvolver. Pensar antes de fazer. É preciso construir bem firmes os alicerces da futura edificação. Todo o futuro desenvolvimento do negócio dependerá da maneira como será pensado, projetado e articulado antes da sua implementação. O modelo inicial do empreendimento e os objetivos a serem alcançados são fundamentais para o seu sucesso.

1 O espírito empreendedor

História do empreendedorismo
Características do espírito empreendedor
Você vai tocar seu próprio negócio?
Fugindo das armadilhas
Mas o que torna um negócio bem-sucedido?

O empreendedor está no epicentro deste livro. Ele não é somente um fundador de novas empresas, o construtor de novos negócios ou o consolidador e impulsionador de negócios atuais. Ele é muito mais do que isso, pois proporciona a energia que move toda a economia, alavanca as mudanças e transformações, produz a dinâmica de novas ideias, cria empregos e impulsiona talentos e competências. Mais ainda: ele é quem fareja, localiza e rapidamente aproveita as oportunidades fortuitas que aparecem ao acaso e sem pré-aviso, antes que outros aventureiros o façam. O termo "empreendedor" – do francês *entrepreneur* – significa aquele que assume riscos e começa algo inteiramente novo.

O empreendedor é a pessoa que inicia e/ou dinamiza um negócio para realizar uma ideia ou projeto pessoal assumindo riscos e responsabilidades e inovando continuamente. Essa definição envolve não apenas os fundadores de empresas e criadores de novos negócios, mas também os membros da segunda ou terceira geração de empresas familiares e os gerentes-proprietários que compram empresas já existentes de seus fundadores.[1] Mas o espírito empreendedor está também presente em todas as pes-

1 LONGENECKER, J. G.; MOORE, C. W.; PETTY, W. J. *Administração de pequenas empresas*. São Paulo: Makron Books, 1998. p.3.

soas que – mesmo sem fundar uma empresa ou iniciar seus próprios negócios – estão preocupadas e focadas em assumir riscos e inovar continuamente mesmo que não estejam em seus próprios negócios.[2] Além do conceito de empreendedorismo, existe também o de intraempreendedorismo que a maioria das grandes organizações pretende desenvolver em todos os seus quadros funcionais. Qual é a empresa que não gostaria de ter pessoas trabalhando como se fossem sócias ou parceiras de seu negócio e plenamente engajadas e comprometidas em alcançar os objetivos organizacionais? A diferença é que os intraempreendedores não são donos do negócio. Mas o espírito empreendedor é idêntico: dedicar-se de corpo e alma ao negócio da empresa, seja ela própria ou alheia.

Os empreendedores são heróis populares do mundo dos negócios. Fornecem empregos, introduzem inovações e incentivam o crescimento econômico da região ou do país. Não são simplesmente provedores de mercadorias, serviços, informação ou entretenimento, mas poderosas fontes de energia, que assumem riscos inerentes em uma economia em mudança, transformação e crescimento. Continuamente, milhares de pessoas com esse perfil – desde jovens adolescentes a cidadãos de todas as idades e classes sociais – inauguram novos negócios por conta própria e asseguram a liderança dinâmica que conduz ao desenvolvimento econômico e ao progresso das nações.[3] É essa força vital que faz pulsar o coração da economia de uma região ou de um país.

Knight[4] classifica três tipos de incerteza:

- **risco**: pode ser estatisticamente mensurável, como a probabilidade de sortear uma bola vermelha em uma jarra contendo cinco bolas vermelhas e cinco bolas brancas;

---

2 GARTNER; W. B. "What are we talking when we talk about entrepreneurship?". *Journal of Business Venturing*, v. 5, n. 1, p. 15-28, Jan. 1990.

3 LONGENECKER, J. G.; SCHOEN, J. E. "The essence of entrepreneuring". *Journal of Small Business Management*, v. 13, p. 26-32, July 1975.

4 KNIGHT, F. H. *Risk, uncertainty, and profit.* Nova York: Houghton Mifflin, 1967, p.21.

- **ambiguidade**: quando é difícil de medir estatisticamente, como a probabilidade de sortear uma bola vermelha em uma jarra contendo cinco bolas vermelhas e um número desconhecido de bolas brancas;
- **incerteza**: quando é impossível estimar ou predizer estatisticamente, como a probabilidade de sortear uma bola vermelha em uma jarra cujo número de bolas vermelhas é desconhecido, bem como o número de outras bolas coloridas.

O espírito empreendedor de Dell

Quando ainda era calouro na University of Texas, Michael Dell começou a vender peças de computador pelo correio. Quando alcançou o patamar mensal de vendas de 80 mil dólares, Dell abandonou a escola para se dedicar em tempo integral ao seu negócio. Dessa forma, rendia-se ao seu espírito empreendedor face às perspectivas favoráveis do seu negócio. Em meados de 1985, a Dell Computer Corporation começou a vender clones de PC IBM montados com peças em desuso a um preço inferior a US$ 1.000. Em 1993, as vendas anuais da empresa alcançaram US$ 2 bilhões! A partir daí, foi só crescimento.

Dell afirma que nunca se imaginou como alguém que fizesse carreira até chegar ao topo. Tinha forte inclinação para criar um negócio e queria apenas controlar seu próprio destino, além de sempre confiar que teria sucesso em sua empreitada.

O espírito empreendedor fica evidente nesse caso. A juventude não foi barreira para o sucesso de Dell. Ele começou do nada para criar uma pequena empresa que cresceu rapidamente e se tornou uma das maiores fabricantes de computadores pessoais nos Estados Unidos e uma forte concorrente entre grandes empresas como IBM, Apple e Hewlett-Packard.

O empreendedorismo reflete a prática de criar novos negócios ou revitalizar negócios já existentes.

Por isso, a atividade do empreendedor é muitas vezes associada à incerteza, principalmente quando o seu negócio envolve algo realmente novo ou quando o mercado para o seu produto sequer existe. É o caso de negócios como Google, Amazon, YouTube, Yahoo, Facebook e outros, que tiveram seu início a partir do surgimento da internet e das oportunidades de mercado proporcionadas pelo desenvolvimento da tecnologia da informação. Quando já existente, como o mercado de refrigerantes criado pela Coca-Cola, não há nenhuma garantia de que haja mercado para um novo jogador na área. A dúvida é se um mercado já existe para os jogadores atuais e se ele existe para um novo empreendedor. Quase sempre um concorrente novo provoca tensão no mercado já existente. E cada novo empreendedor traz mudanças e inovação em alguns aspectos e influencia o desenvolvimento econômico de alguma forma.

HISTÓRIA DO EMPREENDEDORISMO

O termo "empreendedor" (derivado da palavra francesa *entrepreneur*) foi usado usada pela primeira vez em 1725 pelo economista Richard Cantillon, que dizia ser *entrepreneur* um indivíduo que assume riscos. Em 1814, o economista francês Jean-Baptiste Say (1767-1832) usou a palavra para identificar o indivíduo que transfere recursos econômicos de um setor de produtividade baixa para um setor de produtividade mais elevado. Say enfatizou a importância do empreendedor para o bom funcionamento do sistema econômico. Em 1871, Carl Menger, economista austríaco, definiu o empreendedor como "aquele que antecipa necessidades futuras".

Em 1949, o economista austríaco Ludwig von Mises afirmava que o "empreendedor é o tomador de decisões". E Friedrich von Hayek (1959), economista austríaco afirmava que o empreendedorismo envolve não apenas risco, mas, sobretudo, conduz a um processo de descoberta das condições produtivas e das oportunidades de mercado por parte dos próprios atores sociais.

Pouco depois, outro economista austríaco, Joseph Schumpeter, voltou a abordar o empreendedor e seu impacto sobre a economia. Para Schumpeter (1950), um empreendedor é uma pessoa que deseja e é capaz de converter uma nova ideia ou invenção em uma inovação bem-sucedida e sua principal tarefa é a "destruição criativa", a qual se dá por intermédio da mudança, ou seja, com a introdução de novos produtos ou serviços em substituição aos que eram utilizados. A destruição criativa, na visão de Schumpeter, podia ser sintetizada na prática de criar novas organizações ou de revitalizar organizações maduras, particularmente novos negócios em resposta a oportunidades identificadas.

Segundo Schumpeter, o empreendedorismo força a destruição criativa nos mercados e indústrias, criando, simultaneamente, novos produtos e modelos de negócios. Assim, a destruição criativa é fortemente responsável pelo dinamismo das indústrias e pelo crescimento econômico de longo prazo. Ao longo do tempo, contudo, verificou-se que a destruição criativa não é uma tarefa fácil. Afinal, em todo o mundo, grande parte dos novos negócios falha, o que torna as atividades empreendedoras substancialmente diferentes, dependendo do tipo de organização que se está criando.

As discussões sobre o empreendedorismo vêm se perpetuando até os dias mais recentes, com diversos autores apresentando várias contribuições sobre o assunto, conforme ilustra a tabela a seguir:[5]

Tabela 1.1. Contribuições para o entendimento do empreendedorismo.

Ano	Autor	Contribuição
1961	McClelland	Identifica três necessidades do empreendedor: poder, afiliação e sucesso (sentir que se é reconhecido). Afirma que: "o empreendedor manifesta necessidade de sucesso"
1966	Rotter	Identifica o *locus* de controle interno e externo: "o empreendedor manifesta *locus* de controle interno"
1970	Drucker	O comportamento do empreendedor reflete uma espécie de desejo de colocar sua carreira e sua segurança financeira na linha de frente e correr riscos em nome de uma ideia, investindo muito tempo e capital em algo incerto
1973	Kirsner	"Empresário é alguém que identifica e explora desequilíbrios existentes na economia e está atento ao aparecimento de oportunidades"
1982	Casson	"O empreendedor toma decisões criteriosas e coordena recursos escassos"
1985	Sexton e Bowman	"O empreendedor consegue ter uma grande tolerância à ambiguidade"

(continua)

5 DANTAS, E. B. "Empreendedorismo e intraempreendedorismo: é preciso aprender a voar com os pés no chão". Ver www.bocc.ubi.pt

Tabela 1.1. (*continuação*) Contribuições para o entendimento do empreendedorismo.

Ano	Autor	Contribuição
1986	Bandura	"O empreendedor procura a autoeficácia: controle da ação humana através de convicções que cada indivíduo tem para prosseguir autonomamente na procura de influenciar a sua envolvente para produzir os resultados desejados"
2002	William Baumol	"O empreendedor é a máquina de inovação do livre mercado"

Para Frank H. Knight (1967) e Peter Drucker (1970), o empreendedorismo se refere a assumir riscos. O comportamento do empreendedor reflete um tipo de pessoa que pretende colocar sua carreira e segurança pessoal na linha e assumir riscos em nome de uma ideia, despendendo muito tempo e capital em um investimento futuro e incerto.[6]

CARACTERÍSTICAS DO ESPÍRITO EMPREENDEDOR

Na verdade, o empreendedor consegue fazer as coisas acontecerem por ser dotado de sensibilidade para os negócios, tino financeiro e capacidade de identificar e aproveitar oportunidades, nem sempre claras e definidas. Com esse arsenal, transforma ideias em realidade para benefício próprio e para o benefício da sociedade e da comunidade. Por ter criatividade e um alto nível de energia, o empreendedor demonstra imaginação e perseverança, aspectos que, combinados adequadamente, habilitam-no a transformar uma ideia simples em algo que produza resultados concretos e bem-sucedidos no mercado.

Muitos empreendedores apresentam certas características, como traços de liderança, embora as teorias baseadas em traços de personalidade estejam sendo criticadas por falta de validade. O que não resta dúvida é que os empreendedores sabem trabalhar com equipes e não apenas com indivíduos.

---

6 KNIGHT, F. H. *Risk, uncertainty, and profit*. Nova York: Houghton Mifflin, 1967. DRUCKER, P. F. Sociedade pós-capitalista. São Paulo: Pioneira, 1998. Ver DRUCKER, P. F. Technology, management and society. Nova York: Free Press, 1970.

Características do empreendedor

A literatura a respeito da personalidade empreendedora retrata quase sempre certos traços comuns associados com o empreendedorismo.

David McClelland[7] (1961) descreve a personalidade do empreendedor como basicamente motivada pela necessidade de realização e forte impulso para construir.

Collins e Moore[8] (1970) estudaram uma amostra de empreendedores e concluíram que era constituída por pessoas firmes, pragmáticas e impulsionadas por necessidades de independência e realização.

Bird[9] (1992) visualiza o empreendedor como um ser mercurial, isto é, dotado de *insights*, *brainstorms*, decepções, engenhosidade e desenvoltura, e que são espertos, oportunistas, criativos e pouco sentimentais.

Cooper, Woo e Dunkelberg[10] (1988) argumentam que os empreendedores mostram extremo otimismo em seus processos de tomada de decisão.

Busenitz e Barney[11] (1997) consideram que os empreendedores são dotados de superconfiança e facilidade para generalizar conceitos.

Cole[12] (1959) encontrou quatro tipos de empreendedor: o inovador, o inventor calculista, o promotor superotimista e o organizador construtor de negócios. Esses tipos não são relacionados com a personalidade do empreendedor, mas com o tipo de oportunidade que ele procura.

Toda essa literatura, entretanto, não é definitiva quanto ao perfil do empreendedor. O que existe a respeito são resultados de pesquisas ainda não validadas cientificamente.

---

7 McCLELLAND, D. C. *The achieving society*. Princeton: Van Nostrand, 1961.

8 COLLINS, J.; MOORE, D. *The organization makers: a behavioral study of independent entrepreneurs.* Appleton-Crofts, 1970.

9 BIRD, B. "The Roman God Mercury: an entrepreneurial archetype". *Journal of Management Enquiry*, vol. 1, n.3, September, 1992.

10 COOPER, A. C.; WOO, C. Y.; DUNKELBERG, W. C. *Entrepreuneur's perceived chances for success*. Institute for Research in the Behavioral, Economic, and Management Sciences. Krannert Graduate School of Management. Purdue University, 1988.

11 BUSENITZ, L; BARNEY, J. "Differences between entrepreneurs and managers in large organizations". *Journal of Business Venturing*, vol. 12, 1997.

12 COLE, A. H. *Business enterprise in its social setting*. Boston: Republica Books, 1959.

Várias pesquisas incluem outras características do empreendedor, tais como:

- a visão do empreendedor é geralmente apoiada por um conjunto interligado de ideias próprias e específicas não disponíveis no mercado;
- sua abordagem geral para realizar a visão é clara, embora os detalhes sejam incompletos, flexíveis e que emergem com a prática;
- os empreendedores promovem sua visão com paixão e entusiasmo;
- o empreendedor tem uma visão entusiástica e constitui a força impulsionadora da empresa;
- o empreendedor desenvolve estratégias com persistência e determinação para transformar sua visão em realidade;
- os empreendedores assumem a responsabilidade inicial, a qual permite que sua visão venha a ser um sucesso;
- os empreendedores assumem riscos com prudência, avaliam custos, necessidades de mercado/clientes e persuadem os outros a juntar-se a eles e a ajudar no empreendimento;
- um empreendedor é geralmente um pensador positivo e um tomador de decisões;
- a um empreendedor são necessárias inspiração, motivação e sensibilidade.

Schumpeter amplia o conceito dizendo que "o empreendedor é a pessoa que destrói a ordem econômica existente graças à introdução no mercado de novos produtos/serviços, pela criação de novas formas de gestão ou pela exploração de novos recursos, materiais e tecnologias".[13] Para ele, o empreendedor é a essência da inovação no mundo, que torna obsoletas as antigas maneiras de fazer negócios. Daí a chamada inovação disruptiva.

---

13 SCHUMPETER, J. A. "The creative response in economic history". *Journal of Economic History*, p. 149-59, nov. 1947.

A inovação consiste em fazer algo criativo inteiramente novo e diferente do que existe atualmente. Existem vários tipos de inovação, a saber:

- **Inovação evolucionária**: melhora a aperfeiçoa gradativamente a tecnologia ou produtos de maneira incremental e contínua.
- **Inovação revolucionária**: traz rápidas e profundas mudanças nas tecnologias ou produtos atuais, rompe o *status quo* e torna rapidamente velho aquilo que é novo, abre novas fronteiras, traz novas soluções e novos negócios. É a inovação que rompe paradigmas e cria novas e diferentes expectativas.
- **Inovação disruptiva**: começa com uma tecnologia ou produto mais barato e com desempenho inferior para preencher um espaço demarcado que as organizações líderes atuais não estão dispostas a ocupar ou que não atendem para então gradativamente melhorar e aperfeiçoar e deslocar aquelas líderes. Em geral, as líderes de mercado não têm interesse em baixar seus atuais níveis de qualidade (e suas atuais margens de lucro) para produzir tecnologias ou produtos mais baratos. Essas organizações perdem a liderança porque não conseguem entender as tendências do mercado. Isso abre espaço para novos e iniciantes concorrentes que depois passarão a ameaçá-las.

Em um mundo de negócios carregado de mudanças e transformações, não basta a inovação evolucionária e gradativa e nem mesmo a inovação revolucionária. É preciso se antecipar a essas mudanças e transformações e partir para a inovação disruptiva. É o que aconteceu no final do século passado com a indústria automobilística japonesa, quando lançou no mercado americano carros de excelente qualidade, baratos e econômicos, deixando a indústria americana no vermelho. E antes disso, quando a Honda japonesa lançou motocicletas de pequeno porte no mercado americano, com uma nova concepção de transporte econômico e barato para fazer frente à Harley & Davidson, que oferecia potência e esportividade a preços altíssimos.

O BRILHO DA OUSADIA[14]

Casos de sucesso – como Natura, Gol, TAM, Berlitz, Boticário, etc. – deveriam ser mais comentados e discutidos. São lições de empreendedorismo que valem a pena conhecer. Quando João Hansen Júnior resolveu optar pelo PVC em tubos e conexões para sistemas hidráulicos no final da década de 1950, sua atitude foi considerada coisa de maluco. Sua empresa, Tigre, localizada em Joinville, em Santa Catarina, estava apenas começando. Hansen precisou vencer forte resistência, pois não se acreditava nem se aceitava que o PVC pudesse substituir o ferro usado nas tubulações em uma época em que se iniciava o processo de urbanização no país. Hansen foi para Hannover, na Alemanha, para participar de uma feira de plástico, na qual adquiriu os equipamentos necessários para sua fábrica. Acreditou em sua visão e partiu decisivamente para o empreendimento. Hoje, a Tigre é uma empresa de grande porte, responsável pelo saneamento básico, principalmente em residências, presente em 90% dos municípios do país.

O que caracteriza o impetuoso espírito empreendedor? Trata-se de um tema complexo, mas três características básicas permitem identificá-lo, a saber:[15]

1. **Necessidade de realização**: as pessoas apresentam diferenças individuais quanto à necessidade de realização. Existem aquelas com pouca necessidade de realização e que se contentam com o status atual e não pretendem sair dele. Contudo, as pessoas com alta necessidade de realização gostam de competir com certo padrão de excelência e preferem ser pessoalmente responsáveis por tarefas mais complexas e objetivos mais elevados que atribuíram a si próprias. McClelland descobriu em suas pesquisas uma correlação positiva entre a necessidade de realização e a atividade empreendedora. Os empreendedores apresentam elevada necessidade de realização em relação à população geral. A mesma característica foi encontrada em executivos que alcan-

---

14 LAMBRUNHO, L. "O brilho da ousadia". *Empreendedor*, n. 93, jul. 2002.

15 LONGENECKER, M. J. G.; PETTY, C. W.; WILLIAN J. Op. cit., p. 9-11.

çam sucesso em organizações e corporações.[16] O impulso para a realização reflete-se nas pessoas ambiciosas que iniciam novas empresas e lideram o seu crescimento.[17] Há casos em que o impulso empreendedor torna-se evidente desde cedo e até mesmo na infância.

2. **Disposição para assumir riscos**: o empreendedor assume variados riscos para iniciar ou tocar seu próprio negócio: riscos financeiros, decorrentes do investimento do próprio dinheiro e do abandono de empregos seguros e de carreiras definidas; riscos familiares, ao envolver os entes próximos no negócio; riscos psicológicos, pela possibilidade de fracassar em negócios arriscados. Contudo, McClelland verificou que algumas pessoas com alta necessidade de realização também têm moderadas propensões para assumir riscos.[18] Isso significa que elas preferem situações arriscadas até o ponto em que podem exercer determinado controle pessoal sobre o resultado, em contraste com situações de jogo, em que o resultado depende apenas de sorte ou do acaso. A preferência pelo risco moderado reflete a autoconfiança do empreendedor que se comporta com o pé no chão.
3. **Autoconfiança**: quem possui autoconfiança sente que pode enfrentar galhardamente os desafios que existem ao seu redor e tem domínio sobre os problemas que enfrenta. Pesquisas mostram que os empreendedores de sucesso são pessoas independentes, que percebem os problemas inerentes a um novo negócio, mas acreditam em suas habilidades pessoais para superar tais desafios. Rotter[19] salienta que existem dois tipos de crença no sucesso pessoal. Para ele, as pessoas

---

16 McCLELLAND, D. C. *The achieving society*. Op.cit.

17 BROCKHAUS, R. H.; HORWITZ, P. S. "The psychology of the entrepreneur". In: SEXTON, D. L.; SMILOR, R. W. (eds.). *The art and science of entrepreneurship*. Cambridge: Mass, Ballinger Publ., 1986. p. 27.

18 Ibid., Chapter 6.

19 ROTTER, J. B. "Generalized expectancies for internal versus external control of reinforcement". *Psychological monographs*. American Psychological Association, Volume 80, 1966. p.1-28.

que sentem que seu sucesso depende de seus próprios esforços e competências têm um foco interno de controle. Em contrapartida, aquelas que sentem suas vidas controladas muito mais pela sorte ou pelo acaso têm um foco externo de controle. Tais pesquisas revelam que os empreendedores têm um foco interno de controle mais elevado do que aquele que se verifica na população geral.

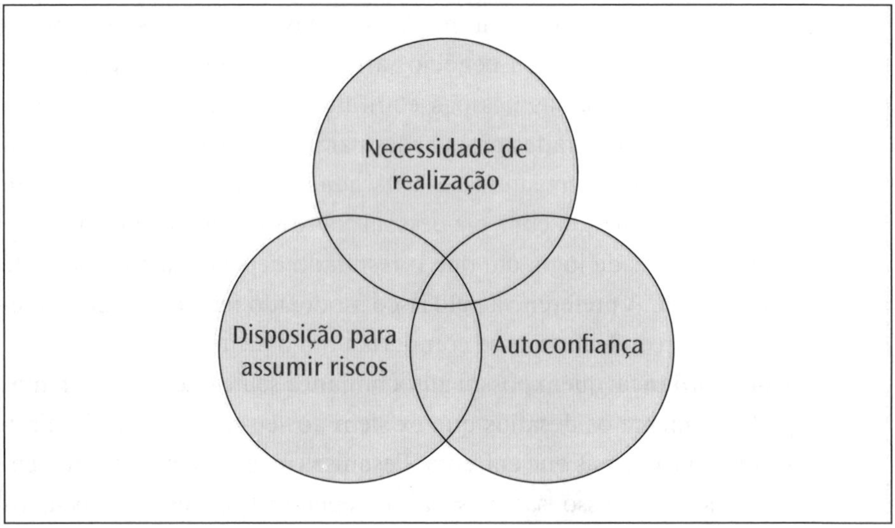

Figura 1.1. As três características básicas do empreendedor.

Em geral, o que leva um empreendedor às atividades criativa e inovadora é quase sempre sua necessidade de realização, sua disposição de assumir riscos e sua autoconfiança. Todavia, existem pessoas que assumem negócios para escapar ou fugir de algum fator ambiental limitativo ou negativo. Knight identificou vários fatores ambientais que encorajam ou impulsionam as pessoas a iniciar novos negócios, como fugir de uma situação externa em que a pessoa sofre restrições políticas, religiosas ou econômicas, ou quando se sente cansada do ambiente burocrático de grandes empresas, busca afirmação social ou profissional ou simplesmente deseja ser independente ou autônoma.[20]

---

20 KNIGHT, R. M. "Entrepreneurship in Canada". In: *Annual Conference of the International Council for Small Business*, June 22, 1980, Anais. Asilomar, CA.

Por outro lado, Smith[21] considera que os empreendedores apresentam enorme variação em seus estilos de fazer negócios. Em resumo, sugere um *continuum*, em que dois padrões básicos estão nas extremidades: de um lado, empreendedores executores e de outro, empreendedores administradores.

1. **Empreendedor executor**: em um extremo do *continuum*, é uma pessoa que inicia um negócio basicamente a partir de suas habilidades técnicas e um pequeno conhecimento da gestão de negócios. Sua formação educacional privilegia o conhecimento profissional do ponto de vista técnico e, com isso, tem experiência técnica na sua atividade, mas não dispõe de conhecimento de gestão nem preparo para se comunicar bem, avaliar o mercado, tomar decisões e gerir o próprio negócio. Seu processo decisório se caracteriza por:

   - caráter eminentemente técnico e focado no produto/serviço;
   - orientação de tempo de curto prazo, com pouco planejamento para o futuro crescimento ou mudança;
   - paternalismo, ou seja, dirige o negócio da forma como dirigiria sua própria família;
   - centralizador e relutante em delegar autoridade e responsabilidade;
   - uso de apenas uma ou duas fontes de capital para abrir sua empresa;
   - definição de estratégia de *marketing* apenas em termos de preço, qualidade do produto e reputação da empresa;
   - esforço nas vendas por meio de ações pessoais;
   - visão intraorientada para sua empresa.

   Em geral, o empreendedor executor é o médico ou o dentista que inicia sua clínica particular, o engenheiro ou o advogado que abre um pequeno negócio de construção ou de consultoria legal ou, ainda, um profissional mecânico que começa uma oficina independente ou

---

21 SMITH, N. R. "The entrepreneur and his firm: the relationship between type of man and type of company". *East lansing: bureau of business and economic research*. Michigan: Michigan State University, 1967.

em outro local para aproveitar sua experiência profissional e ampliar horizontes. Quase sempre o empreendedor executor é um excelente profissional em sua especialidade. Se não puder se desenvolver profissional e culturalmente, será sempre um fornecedor de atividade especializada ou de mão de obra. Quando se está nessa condição, o segredo está em aprender o máximo possível sobre administração do negócio e ampliar sua visão de negócio e de empresa.

2. **Empreendedor administrador**: no outro extremo do *continuum*, está o profissional que tem educação técnica suplementada pelo estudo de assuntos mais amplos, como administração e comportamento organizacional. Procura sempre estudar e aprender como administrar uma empresa. As características do empreendedor oportunista são:

- é eminentemente um líder de negócios;
- evita o paternalismo na condução da equipe;
- delega autoridade e responsabilidade às pessoas e avalia os resultados de seu desempenho;
- utiliza estratégias de *marketing* e variadas técnicas de vendas;
- obtém capitalização inicial de mais de duas fontes de dinheiro;
- planeja e constrói o crescimento futuro do negócio;
- utiliza sistemas de registro e controle, orçamento adequado, oferta precisa do produto e pesquisa sistemática de mercado;
- tem um olho dentro da empresa e outro olho no mercado. Sua orientação é simultaneamente internalizada e externalizada.

Ambos os estilos empreendedores constituem dois extremos de abordagem gerencial. Em um polo está o executor, que dá asas à imaginação, conhece o produto/serviço e a técnica para produzi-lo. No outro polo, está o administrador experiente, que utiliza procedimentos gerenciais sistemáticos aproximando-se de uma abordagem científica na gestão do negócio. O ideal é caminhar e desenvolver-se sempre na direção do polo do administrador experiente.

Inicialmente, deve-se fazer a seguinte pergunta: em qual ponto você se situa? Quais são as suas características pessoais? Que tipo de empreendedor você é? Qual é a sua necessidade de realização? Qual é a sua disposição para assumir riscos? Qual é o seu grau de autoconfiança? O autoconhecimento é fundamental para você ter um referencial próprio. Deve ser o seu ponto de partida antes da escolha de seu novo empreendimento. Um bom negócio é aquele que tem o seu feitio pessoal, a sua cara, o seu jeito. O negócio deve ajustar-se a você como se fosse feito sob medida. Entretanto, você tem de conhecer suas medidas para saber se o negócio lhe cabe. Caso contrário, você se colocará em um papel totalmente inadequado que em nada combina com as suas características pessoais. O novo negócio tem de ter o seu DNA. Mas o negócio também deve casar com o mercado.

Pesquisa do Global Entrepreneurship Monitor (GEM)

O Kauffman Center for Entrepreneurial Leadership fez uma pesquisa para o GEM – uma instituição criada pela London Business School e pelo Babson College de Boston – em cerca de 29 países, para comparar o grau de empreendedorismo de cada povo, envolvendo a população entre 18 e 64 anos de idade.

México	18,7
Austrália	15,6
Nova Zelândia	15,2
Coreia do Sul	15
Brasil	14,2
Irlanda	12,2
Estados Unidos	11,7
Cingapura	5,2
Japão	5,1
Bélgica	4,6

Na pesquisa, o Brasil tem um lugar importante: quase um empreendedor para cada sete pessoas. Em busca de realização pessoal, independência financeira ou simples sobrevivência, uma enorme fatia da população brasileira registrou nas juntas comerciais milhões de empresas. Cerca de 14,2% da população adulta está envolvida em alguma atividade empreendedora. Imagine se houvesse mais investimentos em educação, infraestrutura, mais crédito, dinheiro mais barato, menos burocracia e se a sociedade valorizasse mais os investimentos de risco. Além disso, o país tem uma das maiores taxas de criação de empresas por necessidade – 41%. A maioria das empresas está concentrada no Sudeste. A região Norte é a que registra o menor número de empreendimentos.

O mercado recompensa o empreendedor que tem visão estratégica, criador de soluções e inovações, zeloso no atendimento ao cliente e que sabe como gerir o negócio com profissionalismo e seriedade. O avanço da economia depende dos pequenos negócios, que respondem por grande parte da geração de empregos, das inovações, do pagamento de impostos e da riqueza das nações. Se você quer abrir seu próprio negócio, anime-se, pois você não está sozinho. Pelo contrário, está bem acompanhado.

VOCÊ VAI TOCAR SEU PRÓPRIO NEGÓCIO?

A decisão de tocar o próprio negócio deve ser muito clara e objetiva. De início, é a decisão principal da qual dependerá todas as demais. O empreendedor deve estar profundamente comprometido com essa decisão para ir em frente, enfrentar todos os desafios que normalmente aparecem e derrubar os obstáculos que certamente não faltarão. Se o negócio falhar – e esse é um risco que pode eventualmente existir, pois depende de muitos fatores externos e internos – não deve derrubar o orgulho pessoal, sacrificar os bens pessoais, nem prejudicar a autoconfiança e a vontade de recomeçar de novo. Tudo deve ser bem pensado e ponderado para garantir o máximo de sucesso e o mínimo de dissabores.

É sempre bom antever as pedras que podem surgir pelo caminho. Pelo lado negativo, vejamos o que pode acontecer. Fazendo uma engenharia reversa, o primeiro passo é saber quais são as possíveis causas de insucesso nos novos negócios, para que você possa evitá-las ou neutralizá-las e impedir que venham a prejudicá-lo no futuro. Nos novos negócios, a mortalidade prematura é elevadíssima, pois os riscos são inúmeros e os perigos não faltam. Assim, cautela e jogo de cintura são imprescindíveis.

Tabela 1.2. As causas mais comuns de insucesso nos negócios.[22]

Fatores econômicos – 72%	Lucros insuficientes
	Juros elevados
	Perda de mercado
	Mercado consumidor restrito
	Nenhuma viabilidade futura
Inexperiência – 20%	Incompetência do empreendedor
	Falta de experiência de campo
	Falta de experiência gerencial
	Experiência desequilibrada
Vendas insuficientes – 11%	Mercado parado
	Recessão econômica
	Vendas insuficientes
	Dificuldades de estoque
	Localização inadequada
Despesas excessivas – 8%	Dívidas e cargas demasiadas
	Despesas operacionais elevadas
Outras causas – 3%	Negligência
	Capital insuficiente
	Clientes insatisfeitos
	Fraudes
	Ativos insuficientes

Qual será o seu negócio?

Esta é uma boa pergunta. Afinal, o que você pretende fazer? Algo comum e já existente no mercado? Ou algo inteiramente novo e diferente? Na verdade, é

22 Adaptado de: Dun & Bradstreet Corporation. *Business failure record, 2007 preliminary*. Nova York: The Dun & Bradstreet Corporation, 2008.

preciso localizar uma arena sob medida para fazer acontecer as coisas à sua maneira. Em outras palavras, é preciso fugir de oceanos vermelhos onde o mercado está saturado de concorrentes que se digladiam ferozmente para conquistar clientes e dominar a situação. Nesse oceano vermelho o risco é ser sempre um concorrente a mais para oferecer produtos ou serviços já conhecidos e disputar os mesmos clientes e consumidores. Nele predominam as estratégias ofensivas e agressivas. Quem consegue crescer o faz à custa dos outros concorrentes. A cor vermelha é decorrente do sangue da luta feroz, disputa constante, concorrência acirrada, conflitos e uma guerra sem fim para garantir a sobrevivência. É necessário procurar uma agulha em um enorme palheiro: buscar um oceano azul, plácido, tranquilo, longínquo, desconhecido, onde não haja tantos concorrentes e tanta disputa pelo mercado. E onde fica esse oceano tão claro, límpido, suave, aberto, maravilhoso e tão sonhado? É claro que não é fácil localizá-lo. Mas, com certeza, quem consegue chegar lá não tem nada a reclamar.

Podemos oferecer algumas dicas sobre como definir o seu negócio:

1. Quem será o seu cliente? Não basta saber quem é o cliente, o consumidor ou o usuário, mas como ele é, quais são seus desejos e expectativas. Afinal, o que ele quer comprar e como, quando e onde quer comprar. É preciso definir bem para quem você está trabalhando e produzindo para fazê-lo benfeito e adequado ao perfil do cliente que se pretende.
2. O que é de valor para o seu cliente? Em outras palavras, o que é importante para o cliente que se pretende conquistar: marca, preço, qualidade, facilidade de uso, tamanho, potência, beleza, inovação? O importante é ajustar seu produto/serviço a essas expectativas no sentido de agregar valor à sua compra e fazê-lo sentir-se satisfeito com sua decisão de comprar. Isso permite fidelizar o cliente. Visualize o seu negócio de fora para dentro, isto é, a partir daquilo que o cliente valoriza e procura para que você compreenda o que o cliente busca. Se você não sabe, pergunte a ele. Melhor do que ele ninguém poderá responder.
3. Mude as regras e introduza inovação. Isso pode exigir um trabalho árduo, mas procure inovar sempre e sempre. Não siga as regras dos concorrentes, saia da caixa e visualize a mudança como uma oportunidade de se antecipar ao futuro e sair na frente.

FUGINDO DAS ARMADILHAS

O espírito empreendedor aprende a perceber e localizar as oportunidades no mundo dos negócios e aproveitá-las rápida e adequadamente. Para tanto, deve ter visão panorâmica e fortalecer a flexibilidade, a adaptabilidade e a manobrabilidade em um mundo dinâmico e complexo. No entanto, deve também fugir dos perigos e percalços que rondam toda atividade criativa e inovadora. Os perigos mais comuns nos novos negócios podem ser perfeitamente neutralizados e evitados, tais como:

- não identificar adequadamente qual será o novo negócio;
- não reconhecer apropriadamente qual será o tipo de cliente ou mercado a ser atendido;
- não saber escolher a forma legal de sociedade mais adequada;
- não planejar suficientemente bem as necessidades financeiras do novo negócio;
- errar na escolha do local adequado para o novo negócio;
- não saber administrar o andamento das operações do novo negócio;
- não ter conhecimento sobre a produção de bens ou serviços com padrão de qualidade, produtividade e de custo;
- desconhecer o mercado e, principalmente, a concorrência;
- ter pouco domínio sobre o mercado fornecedor;
- não saber vender e promover os produtos/serviços;
- não saber tratar adequadamente e conquistar o cliente.

Mas, citando o ditado popular, devemos transformar cada limão em uma boa limonada. Os perigos anteriormente aventados constituem os fatores críticos de sucesso do novo negócio. Um fator crítico de sucesso é aquele que – se não for muito bem cuidado – poderá colocar em risco o seu negócio. Assim, cada fator crítico de sucesso deve ser visualizado de maneira correta para evitar o lado reverso da moeda.

Dentro de uma perspectiva positiva, os fatores críticos de sucesso de um negócio envolvem as seguintes questões:

- Qual será o novo negócio: produto/serviço/mercado?
- Qual será o perfil do cliente a ser atendido?

- Qual será a forma legal de sociedade mais adequada?
- Quais serão as necessidades financeiras do novo negócio?
- Qual será o local adequado para instalação do novo negócio?
- Como administrar as operações cotidianas do novo negócio?
- Como produzir os bens ou serviços dentro de um padrão de qualidade, produtividade e de custo?
- Como obter conhecimentos profundos sobre mercado e, principalmente, sobre a concorrência?
- Como utilizar adequadamente o mercado fornecedor?
- Como vender e promover os produtos/serviços?
- Como encantar e fidelizar os clientes?

FEDERAL EXPRESS – FEDEX

Frederick W. Smith era um estudante da Yale University, em 1965, quando fez um trabalho de economia sobre um novo tipo de serviço de frete aéreo. Sua tese era de que as empresas de entrega de encomenda deveriam ter aviões próprios dedicados à distribuição de frete, para serem mais bem-sucedidas em relação aos fornecedores de frete já existentes, que eram limitados por alterações nas programações das linhas aéreas de passageiros contratadas. Além do mais, o serviço de *courier* deveria ser realizado à noite, para que no dia seguinte o destinatário – em qualquer parte do mundo – tivesse a encomenda em mãos. O professor de Smith apontou várias falácias do raciocínio utilizado e deu uma deplorável nota C no seu currículo acadêmico. Depois de servir no Vietnã em missão militar, Smith tirou a ideia do *overnight* do baú e convenceu muita gente de seu valor potencial, conseguindo suporte financeiro de vários grupos patrimoniais. O conceito de Smith foi implementado com tanto sucesso que mudou a maneira pela qual os negócios nos Estados Unidos se comunicam e enviam suas encomendas e correspondências. A habilidade de um empreendedor potencial é fundamental para idealizar uma nova concepção de negócio, estudando métodos de trabalho e as tendências do mercado.

MAS O QUE TORNA UM NEGÓCIO BEM-SUCEDIDO?

Ainda não chegamos a responder à pergunta acima. Veremos adiante o que significa um ambiente de negócios, e as ameaças e oportunidades que ele traz em seu bojo. Uma parte da resposta está exatamente aí: saber evitar ou neutralizar as ameaças e saber navegar pelas oportunidades que aparecem eventualmente nesse ambiente de negócios. Em outras palavras, saber avaliar o mercado e escolher o negócio mais oportuno e mais suscetível de êxito. Isso envolve forte dose de análise e de intuição. A outra parte da resposta está em você mesmo. A lista a seguir apresenta algumas razões pelas quais as pessoas se engajam em negócios:

- forte desejo de ser seu próprio patrão, de ter independência e não receber ordens de outros, fundamentando-se apenas em seu talento pessoal. A isso se dá o nome de espírito empreendedor;
- oportunidade de trabalhar naquilo de que gosta, em vez de trabalhar como subalterno apenas para ter segurança de um salário mensal e férias garantidas a cada ano;
- sentimento de que pode desenvolver a sua própria iniciativa sem o guarda-chuva do patrão;
- desejo pessoal de reconhecimento e de prestígio profissional;
- poderoso impulso para acumular riqueza e oportunidade de ganhar mais do que quando era simples empregado;
- descoberta de uma oportunidade que outros ignoraram ou subestimaram;
- desafio de aplicar recursos próprios e competências pessoais em um ambiente desconhecido.

A partir de sua teoria sobre os empreendedores, David McClelland verificou que um dos traços mais importantes foi descrito como motivação de realização ou impulso para melhorar.[23] A partir daí, seu primeiro passo foi definir um programa de treinamento de motivação para a realização, no sentido de desenvolver essa característica e fazê-la aplicável nas situações típicas

---

23 McCLELLAND, D. C. Op. cit.

das empresas. O segundo passo foi desenvolver um projeto de seleção e desenvolvimento de empreendedores baseado em um estudo realizado em 34 países, para criar os instrumentos adequados de seleção e treinamento. O programa ficou pronto em meados de 1985 e lançado por meio de um convênio entre o Serviço Brasileiro de Apoio às Micro e Pequenas Empresas (Sebrae) e a Organização das Nações Unidas (ONU). De acordo com McClelland, as principais características que um empreendedor bem-sucedido possui ou desenvolve são as seguintes:

- iniciativa própria e busca intensa de oportunidades;
- perseverança e determinação;
- comprometimento;
- busca de qualidade e de eficiência;
- coragem para assumir riscos, porém desde que calculados;
- definição de metas objetivas;
- busca de informações e de conhecimento;
- planejamento e monitoração sistemáticos, isto é, detalhamento de planos e controles;
- capacidade de persuasão e de estabelecer redes de contatos pessoais;
- independência, autonomia e autocontrole.

Tais características devem ser equilibradas, aplicadas com bom-senso e, se possível, distribuídas também entre os parceiros ou colaboradores do empreendedor, para assim constituir uma equipe harmoniosa. Não basta buscar oportunidades se o empreendedor não se aprofundar na tomada de informações. Também não adianta estabelecer metas objetivas se o empreendedor não for perseverante na sua conquista. De nada vale ser independente e autoconfiante se o empreendedor não tiver profundo comprometimento emocional com seu negócio. O segredo está em desenvolver todas essas características no seu conjunto, pois elas constituem a matéria-prima básica do homem de negócios, a essência do espírito empreendedor. Para tanto, uma constante e profunda autoavaliação para verificar se você e sua equipe de trabalho estão utilizando pessoalmente tais características pode ajudar muito.

O que pode tornar você bem-sucedido em um negócio é a conjunção de dois fatores: o negócio oportuno e apropriado e o espírito empreendedor bem--dotado que o leva adiante. Trata-se de um casamento entre a oportunidade e o oportunista que pretende aproveitá-la. Saiba engatar o seu vagão em uma boa locomotiva. Se a locomotiva for pesada demais e não conseguir vencer a rampa, o seu vagão permanecerá parado ou descerá ladeira abaixo na contramão. Em suma, saiba escolher a oportunidade adequada.

Tabela 1.3. Um pequeno instrumento de autoavaliação.

Característica desejável	Muito baixa	Baixa	Média	Alta	Muito alta	Elevadíssima
Iniciativa pessoal						
Conhecimento do negócio						
Busca de oportunidades						
Perseverança						
Comprometimento						
Qualidade do trabalho						
Eficiência						
Coragem de assumir riscos						
Fixação de metas objetivas						
Busca de informações						
Planejamento e monitoração (controle)						
Capacidade de persuasão						
Capacidade de fazer contatos						
Independência						
Autonomia						
Autocontrole						

Além de possuir as características anteriormente relacionadas, para ser bem-sucedido, o empreendedor precisa:

- ter vontade de trabalhar duro;
- ter habilidade de comunicação;
- conhecer maneiras de organizar o trabalho;
- ter orgulho daquilo que faz;
- manter boas relações interpessoais;
- ser um *self-starter*, um autopropulsionador;
- assumir responsabilidades e desafios;
- tomar decisões.

Procure refletir sobre essas características, melhorando cada uma delas. O segredo não é ser forte em uma ou outra característica, mas saber dosá-las, misturá-las e integrá-las em um conjunto harmonioso de comportamento empreendedor.

Um terceiro aspecto que torna um negócio bem-sucedido é o planejamento sólido e detalhado daquilo que se pretende fazer. O plano de negócio é fundamental e será analisado nos próximos capítulos.

O quarto aspecto é o capital financeiro adequado para tocar o negócio. Dinheiro ou crédito são fundamentais. Esse aspecto também será tratado mais adiante.

O quinto aspecto é a sorte. E, como isso não depende de você, desejamos-lhe muito boa sorte nas suas atividades.

Tabela 1.4. Os ingredientes de um negócio bem-sucedido.

Os ingredientes de um negócio bem-sucedido
Uma oportunidade de negócios potenciais
Um espírito empreendedor adequadamente qualificado e motivado
Um planejamento sólido e bem detalhado do negócio
Capital suficiente para bancar o negócio
Muita sorte pela frente

É conveniente ponderar algumas exigências de um novo negócio. A lista a seguir dá uma boa ideia disso.

1. Esqueça o período de oito horas diárias de jornada, os fins de semana e os feriados, pelo menos no decorrer de alguns meses após o início ou, até mesmo, anos. O ócio e a tranquilidade não são características de um início de negócio. Você certamente terá horários de trabalho prolongados e irregulares e levará trabalho para casa, entre outras atividades.
2. Existe a possibilidade de você perder seu investimento de capital financeiro e talvez o dinheiro de outras pessoas que também colaboraram com o ingresso de numerário. O risco eventual de perdas e prejuízos não deve ser descartado. Tenha sempre um plano B no bolso.
3. Provavelmente, você não poderá contar com um ganho regular ou nem mesmo com algum ganho durante o período inicial. Talvez alguns meses ou anos sejam necessários para que você atinja o nível de ganho que o seu emprego atual lhe garante mensalmente.
4. Você assumirá um enorme fardo de responsabilidades. Terá de tomar decisões – com ou sem a participação de seus colaboradores – em todos os problemas que aparecerem e precisará de um profundo engajamento em todas as fases e atividades do negócio.
5. Você terá de fazer o que gosta – isso é extremamente importante para sua satisfação pessoal – e mais o que não gosta para tocar seu próprio negócio. Haverá, certamente, situações muito agradáveis, mas há atividades desagradáveis que terão de ser realizadas de qualquer maneira. Esteja preparado para tudo.
6. Todo o seu tempo e todas as suas energias terão de ser aplicadas no negócio. Concentre-se nessa missão. Isso reduzirá o tempo disponível para a família, para os amigos ou para possíveis diversões. Transfira para o futuro e postergue certos entretenimentos.

E agora? Vale a pena continuar? É você quem decide.

O processo empreendedor[24]

O processo empreendedor abrange todas as atividades, as funções e as ações relacionadas com a criação de uma nova empresa.

Em primeiro lugar, o empreendedorismo envolve o processo de criação de algo novo, que tenha valor e seja valorizado pelo mercado.

Em segundo lugar, o empreendedorismo exige devoção, comprometimento de tempo e esforço para que o novo negócio possa transformar-se em realidade e crescer.

Em terceiro lugar, o empreendedorismo requer ousadia, assunção de riscos calculados e decisões críticas, além de tolerância com possíveis tropeços, erros ou insucessos.

O empreendedor revolucionário é aquele que cria novos mercados por meio de algo único. Entretanto, a maioria dos empreendedores cria negócios em mercados já existentes, apesar do sucesso na atuação de segmentos já estabelecidos. Qualquer que seja o tipo de empreendedor – revolucionário ou conservador –, qualquer que seja o caminho escolhido para entrar e sobreviver no mercado, o processo empreendedor requer os seguintes passos:

- identificação e desenvolvimento de uma oportunidade na forma de visão;
- validação e criação de um conceito de negócio e estratégias que ajudem a alcançar essa visão por meio de criação, aquisição, franquia, etc.;
- captação dos recursos necessários para implementar o conceito, ou seja, talentos, tecnologias, capital e crédito, equipamentos, etc.;
- implementação do conceito empresarial ou do empreendimento para fazê-lo começar a trabalhar;
- captura da oportunidade por meio do início e crescimento do negócio;
- extensão do crescimento do negócio por meio da atividade empreendedora sustentada.

24 Extraído de: DORNELAS, J. C. A. *Empreendedorismo*. Rio de Janeiro: Campus, 2008. p.10.

Todas essas atividades levam tempo e não obedecem a regras definidas, fazendo com que o empreendedor volte atrás ou recue na medida em que entram no processo ou ainda mude os caminhos para ajustar seu negócio às novas oportunidades que surgem. As pessoas que "fazem acontecer" possuem o talento empreendedor, uma combinação feliz de percepção, direção, dedicação e muito trabalho. Se há esse talento, tem-se a oportunidade de crescer, diversificar e desenvolver novos negócios. Mas o talento sem ideias é como uma semente sem água. Quando o talento é somado à tecnologia e ao capital e o empreendedor tem ideias viáveis, a formulação química está pronta para proporcionar resultados favoráveis.

Nosso país e o mundo todo precisa de pessoas como você. Pessoas com iniciativa, garra e dedicação. Pessoas capazes de se engajar em novos negócios, produzir riqueza, participar do crescimento econômico, abrir novos empregos e gerar valor para a sociedade. Este é o espírito empreendedor que incentiva novos empreendimentos, impulsiona a prosperidade e aumenta as oportunidades de novos negócios e iniciativas bem-sucedidas. O desenvolvimento econômico e social depende de tudo isso. E você será um de seus atores mais importantes.

2 Entendendo o mundo dos negócios

O que é um negócio?
O dinâmico ambiente dos negócios
As oportunidades das pequenas empresas

Existem vantagens e desvantagens em trabalhar para outras empresas ou empregadores, assim como também existem vantagens e desvantagens se a decisão é empreender um negócio e trabalhar para si mesmo. Ter um patrão ou ser dono do próprio nariz: eis a decisão inicial. Existem muitas razões pelas quais muitas pessoas constituem seus próprios negócios e assumem todos os riscos inerentes. E – o mais importante – a pessoa que consegue seguir cuidadosamente as instruções poderá ter a sua independência laboral e financeira, ser o dono do próprio negócio e construir algo totalmente seu. Para tanto, a sorte é necessária. Mas ela depende de muitos fatores, complicados e externos, que escapam totalmente do seu controle ou do seu conhecimento. O ideal é contar com a sua própria competência e o seu preparo técnico e profissional para o novo desafio. Prever os riscos e os possíveis tropeços aumenta substancialmente as chances de sucesso na medida em que você consegue neutralizá-los e ultrapassá-los. Agir com cautela, sem pressa e com muito bom-senso: estes são os ingredientes principais para você começar a pensar em seu próprio negócio. Pense grande e não deixe por menos.

Tabela 2.1. As vantagens de ser funcionário e de ser empreendedor.

Vantagens de ser empregado de alguma empresa	Vantagens de ser dono do próprio negócio
Você não corre risco financeiro	Você é empreendedor da própria atividade, é o dono da bola
Você tem um salário mensal	Você não precisa seguir ordens alheias
Você goza de relativa proteção e segurança do empregador	Você faz o que acha que deve ser feito, ou seja, escolhe os caminhos a seguir
As decisões estratégicas são tomadas pelos dirigentes da empresa	Você toma as decisões estratégicas
Você não precisa se preocupar com os negócios da empresa	Você pode ter um progresso financeiro muito maior (ou muito menor)
Você tem férias garantidas	Você constrói algo totalmente seu
Você tem benefícios sociais pagos pela empresa	Você satisfaz sua realização pessoal
Você pode aspirar a uma carreira dentro da organização	Você satisfaz seu espírito empreendedor
Você pode aspirar a uma participação nos resultados	Você é o "cabeça" do negócio
Você não precisa quebrar a cabeça com soluções de problemas	

O QUE É UM NEGÓCIO?

Em primeiro lugar é necessário saber qual é o negócio de sua empresa. Afinal, este é o foco que determinará o sucesso de qualquer empreendimento. Negócio é uma atividade baseada no esforço organizado de determinadas pessoas para produzir bens e serviços a fim de vendê-los em um determinado mercado e alcançar recompensa financeira pelo seu esforço. Obviamente a realização pessoal está por trás disso.

Todo negócio envolve necessariamente algum produto/serviço e, por consequência, algum fornecedor e algum cliente, englobando uma cadeia de entradas, processos e saídas, alguma produção e algum mercado. Trata-se de uma forma de satisfazer alguma necessidade do cliente ou responder a alguma oportunidade de mercado.

Negociar significa basicamente comprar e vender algo a alguém. E, sem dúvida, produzir esse algo e agregar valor no meio dessas duas pontas. Todo negócio envolve necessariamente o ato de produzir ou vender um produto ou de prestar um serviço especializado e definido. Um produto é um bem concreto ou uma mercadoria: algo que se pode pegar, ver e apalpar. Pode ser destinado ao consumo (bens de consumo) ou à produção de outros bens (bens de produção). No primeiro caso, quem o compra é o consumidor final, enquanto no segundo o produto é destinado a quem vai utilizá-lo para produzir bens de consumo ou bens de produção. Assim, um bem ou produto é um complexo de atributos tangíveis e intangíveis, incluindo embalagem, cor, preço, prestígio do produtor, prestígio do varejista e serviços proporcionados pelo produtor ou varejista, os quais o comprador aceita como satisfatórios para suas necessidades e desejos. Um serviço é uma atividade

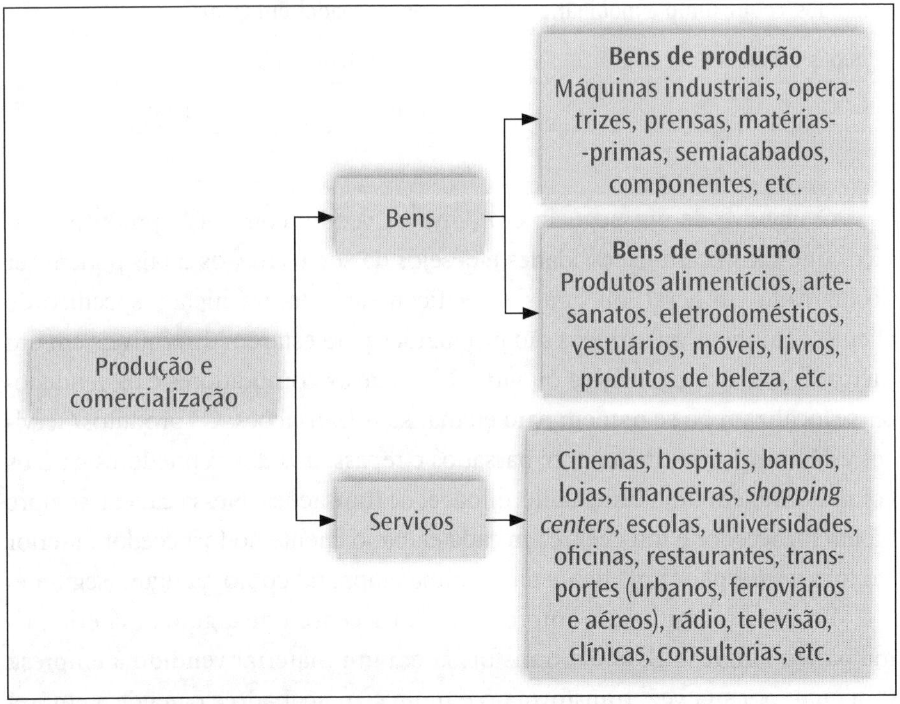

Figura 2.1. Exemplos de produtos/serviços.

especializada oferecida a algum ou alguns clientes ou ao mercado e deve ser capaz de suprir alguma necessidade percebida, seja latente ou manifesta.

As empresas se especializam na produção ou comercialização de determinados bens ou serviços. Na área de bens (produtos), elas podem se direcionar para o mercado de consumo ou para o mercado de produção. A tabela na sequência permite visualizar alguns exemplos.

Tabela 2.2. Alguns exemplos de bens produzidos por empresas industriais.

Bens de consumo	Bens de produção
Bebidas e refrigerantes	Máquinas e equipamentos de produção
Produtos alimentícios ou de higiene	Máquinas operatrizes
Automóveis e motocicletas	Matérias-primas
Produtos de beleza	Caminhões
Produtos farmacêuticos e remédios	Componentes elétricos e eletrônicos
Calçados, couro, fumo e mobiliário	Semiacabados em geral
Roupas e moda em geral	Prensas hidráulicas
	Bens para escritório em geral

O objetivo de um negócio é produzir e vender com lucro produtos/serviços que satisfaçam necessidades e desejos da sociedade, os quais podem ser do mercado em geral, ou, mais especificamente, de um nicho específico de clientes. Tais bens ou serviços são produzidos para estarem disponíveis em um mercado, que é o lugar físico ou virtual em que os compradores e os vendedores se localizam ou se reúnem para efetuar suas transações. Os produtos/serviços estão sendo continuamente passados e repassados dos vendedores para os compradores em uma cadeia interminável de transações. Nessa cadeia, sempre há um fornecedor e um cliente em cada etapa: o cliente do fornecedor anterior é o fornecedor para um cliente da próxima etapa, tal como na figura seguinte.

Imagine o seguinte: a empresa A é fornecedora de alguma matéria-prima para a empresa B, que a transforma em um material vendido à empresa C, a qual, por sua vez, transforma-o em um semiacabado e o vende à empresa D, que o incorpora a outro semiacabado e o vende como um componente à empresa E. Essa cadeia vai terminar no consumidor final, o qual acaba comprando um produto que incorpora todo esse sucessivo ciclo produtivo. Isso acontece com sabonetes, remédios, automóveis e casas, o que constitui todo um arranjo final dessa enorme cadeia de valor agregado.

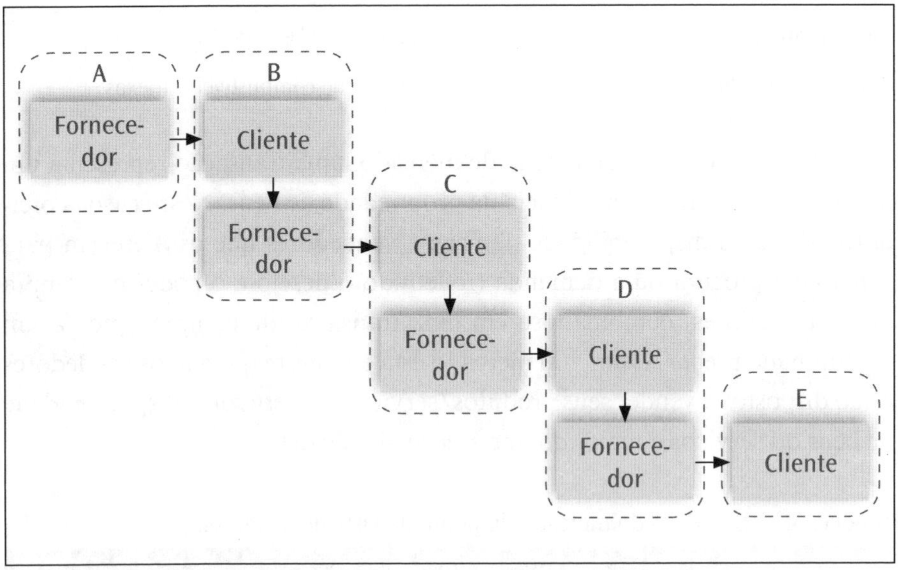

Figura 2.2. A cadeia de transações.

Por causa dessa cadeia de transações, existem os intermediários em todo processo de produção e comercialização. Uma empresa pode comercializar diretamente seus produtos/serviços com o consumidor final: são as empresas que possuem um corpo próprio de vendedores, com agências e escritórios espalhados pelas principais cidades. Outras preferem vender — não ao consumidor final – mas aos varejistas. Varejistas são empresas comerciais que compram dos produtores e vendem aos consumidores, como as cadeias de lojas e o comércio em geral. Muitas vezes, a empresa pretende dedicar-se mais intensamente à produção, deixando a comercialização de seus produtos sob a responsabilidade dos atacadistas.

Há uma extensa e incrível variedade de empresas produtoras de bens e serviços, bem como de empresas atacadistas e varejistas, como na tabela a seguir.

Tabela 2.3. Exemplos de comércio varejista e de comércio atacadista.

Comércio varejista	Comércio atacadista
Supermercados e hipermercados	Atacado de produtos alimentícios
Lojas de roupas e vestuário	Atacado de roupas e vestuário
Açougues e casas de carnes	Atacado de microinformática
Restaurantes e *fast-foods*	Atacado de papel e papelão
Postos de gasolina	Distribuição de combustível e anexos

Do ponto de vista de função de mercado, uma transação representa um intercâmbio ou uma transferência da propriedade de bens. Nesse caso, a oferta (refletindo a disponibilidade de bens e vendedores que os oferecem para venda) e a procura ou a demanda (refletindo o desejo e o poder de compra dos compradores) combinam-se em uma transação de compra-venda a um determinado preço. Assim, um mercado está em oferta quando os vendedores estão dispostos a vender seus produtos/serviços: a oferta ou a disponibilidade de bens ou serviços é maior do que a necessidade deles.

Tabela 2.4. Situações do mercado do ponto de vista do produtor.

Oferta	Procura
Muitos produtos/serviços em oferta	Poucos produtos/serviços em oferta
Excesso de vendedores	Escassez de vendedores
Escassez de compradores	Excesso de compradores
Concorrência entre vendedores	Concorrência entre compradores
Tendência à redução de preços	Tendência ao aumento de preços
Oferta maior do que a procura	Procura maior do que a oferta

De uma maneira mais ampla, o valor total de todos os bens finais e serviços produzidos em um ano em um determinado país constituem o Produto Nacional Bruto (PNB). O PNB é uma medida estatística utilizada para mensurar o crescimento econômico de um país. O aumento do PNB significa um crescimento econômico do país e sua redução representa uma recessão econômica.

Do ponto de vista monetário da economia, o termo lucro refere-se ao excesso de receita sobre a despesa em virtude da produção e da venda de bens ou serviços. Em outras palavras, o lucro significa um emergente sistêmico em que os ingressos são maiores do que as saídas do sistema produtivo. O motivo de lucro é o primeiro indutor que engaja o vendedor no negócio e cria as bases para o empreendedorismo. O lucro constitui a recompensa pelo trabalho e pelo capital de risco empregado no negócio. Pela via contrária, o prejuízo refere-se ao excesso da despesa em relação à receita obtida e pode ser apontado como uma das principais causas da mortalidade empresarial.

Existem dois tipos básicos de negócio: o de produção industrial, engajado na extração e transformação de matérias-primas e outros insumos em produtos por intermédio de processos industriais; e o de serviços, que envolve prestação de serviços de *marketing*, vendas e de finanças e serviços.

Tabela 2.5. Exemplos de empresas voltadas para a prestação de serviços.

Escolas e universidades	Contabilidade e auditorias
Hospitais e clínicas médicas	Oficinas mecânicas
Bancos e financeiras	Comunicações (rádio e televisão)
Advocacias e consultorias em geral	Professores e instrutores
Agências de propaganda	Treinamento e ensino
Transportes urbano e interurbano (rodoviário, aéreo, marítimo e ferroviário)	Restaurantes
	Lojas e comércio em geral

Para operar um negócio, faz-se necessário assumir vários riscos, seja quanto ao capital empregado, ou quanto ao tempo e ao esforço investidos, principalmente quando sua aplicação pode resultar em possíveis perdas no decorrer do tempo, devido a fatores imprevisíveis que podem ocorrer no negócio ou no contexto externo.

Risco significa a possibilidade de perda. Os riscos que podem provocar perdas incluem obsolescência do produto ou do serviço, disputas trabalhistas, administração incompetente, forças extraordinárias (como fogo, inundações, etc.) e dificuldade em competir vantajosamente.

Adam Smith, o criador da moderna economia, já dizia no século XVII que há uma mão invisível do mercado que se manifesta por meio da competição. É a lei da oferta e da procura que define como o mercado funciona. Ele queria dizer que algumas pessoas iniciam seus negócios e conseguem competir eficazmente com mais sucesso do que outras que se tornam ineficientes, perdem a corrida e desaparecem do mapa da competição. O empreendedor moderno assume e enfrenta riscos ao acreditar fortemente em suas ideias e projetos e em suas competências pessoais.

Enxergando uma boa oportunidade de negócios[1]

Pesquisar e buscar vislumbrar onde estão as oportunidades constituem os primeiros passos para identificar um bom negócio. É um trabalho de muita peregrinação. Como o custo de uma pesquisa é inviável para a maioria dos microempresários, existem dois pontos de partida para quem busca uma oportunidade:

1. **Iniciar um negócio que já se tem em mente e descobrir onde ele é viável.** Algumas variáveis críticas são básicas: se a ideia é montar um ginásio de esportes para crianças, deve-se saber qual é o esporte preferido em uma certa região, qual é o número de clientes potenciais, se há facilidade de transporte para chegar à escola, etc.

2. **Procurar nichos de mercado e, a partir daí, desenhar um plano de negócios.** Outras variáveis críticas são importantes: conhecer as necessidades e as expectativas do público-alvo do negócio, vocações do local, incentivos governamentais oferecidos, etc.

Na prática, não é muito difícil enxergar a oportunidade se o empreendedor já conhece o ramo e sabe como fornecer o produto/serviço diferenciado em relação ao que já existe no mercado. Especialistas indicam algumas sugestões de negócios, tais como:

- plantio e comercialização de frutas regionais;
- produção de medicamentos fitoterápicos;
- empreendimentos para turismo segmentado – pesca contemplativa, aventura e observação da fauna, ecoturismo, etc.;
- cultivo de flores para exportação;
- fabricação de corantes, utilizando açafrão;

---

1 "Os desafios do empreendedorismo". *Qualimetria*. São Paulo: Fundação Álvares Penteado, n. 135, p. 39-40, nov. 2002.

- produção e comércio de carnes exóticas e seus subprodutos;
- organização e apoio a eventos, feiras e festas;
- consultoria e treinamento para certificação ambiental;
- pousadas e fazendas para turismo rural;
- agricultura diferenciada – hidropônica, orgânica, etc.;
- oficina mecânica com atendimento especializado ao público feminino;
- clínica de estética com orientação nutricional;
- serviço de *personal trainer – coach* ou instrutor pessoal;
- consultoria de moda e etiqueta;
- beneficiamento de produtos agropecuários – soja, algodão, guaraná, pequi, couro;
- loja de *videogame*;
- loja de multisserviços com internet, fax, xerox e caixa eletrônico;
- aproveitamento de resíduos industriais;
- conserto e manutenção de computadores e telefones celulares;
- fabricação de conservas e embutidos;
- fabricação de embalagens e utensílios domésticos;
- criação de peixes e camarão;
- confecção de uniformes;
- fabricação de doces;
- informatização de processos produtivos.

O importante é estabelecer um diferencial que revolucione o mercado, sem que seja necessário um desenvolvimento tecnológico específico e caro. Convém lembrar que uma grande ideia pode ser ainda mais brilhante do que ela realmente é. Se o empreendedor identificou um nicho de mercado em que ninguém atua, deve redobrar sua atenção e analisar cuidadosamente. Talvez não haja competidores à vista porque também não há clientes potenciais.

Uma estratégia para minimizar a probabilidade de insucesso é investir em negócios que possuem um forte diferencial competitivo, oferecem serviços pioneiros e requerem um mínimo de capital. Como diz o diretor presidente do Sebrae, não importa o cenário. Com estabilidade ou turbulência, o que se exige do empreendedor é ter foco no mercado e possuir capacidade gerencial. Ele ainda complementa que, em primeiro lugar, o empreendedor precisa saber o que e para quem vender. Antes de montar o negócio, é vital mapear e ter o perfil do comprador, ou seja, enxergar a clientela. Em segundo lugar, saber administrar, pois não adianta ter um bom produto/serviço se não existe planejamento das operações e controle dos custos. Em terceiro lugar, ousar sem criatividade e sem coragem para inovar não faz o negócio ir para a frente. Finalmente, atuar em rede, cooperar, associar-se para adquirir mais competitividade. O pequeno negócio hoje não sobrevive isoladamente. É vital competir e cooperar, cooperar e competir, para dar o equilíbrio necessário.

O DINÂMICO AMBIENTE DOS NEGÓCIOS

O mar está para peixe? É a pergunta que todo pescador faz, diariamente, antes de partir para a pesca em alto-mar. A mesma pergunta fazem os empreendedores quando analisam o investimento em algum novo negócio. Há muitas razões para esse questionamento. É preciso ter um olho dentro do negócio e outro para fora dele. É o que chamamos de visão periférica: saber ver o que está acontecendo no mercado, na sociedade, no mundo todo. O comandante de um navio precisa estar atento ao que ocorre dentro dele, mas precisa de uma visão periférica ampla e abrangente para saber com segurança onde o navio está navegando e para que porto está se destinando.

As empresas não são entidades absolutas nem vivem isoladas do mundo. Elas operam em um ambiente que representa tudo aquilo que existe fora das fronteiras de uma empresa. Em outras palavras, o ambiente é tudo o que existe externamente à empresa; também representa a sociedade, a região, o país, o cenário mundial. Como o ambiente é muito vasto e complexo, costumamos separá-lo em dois estratos diferentes: o estrato maior é o ambiente geral ou macroambiente, e o estrato mais imediato é o ambiente de tarefa ou microambiente.[2]

2 CHIAVENATO, I. *Introdução à teoria geral da administração*. Rio de Janeiro: Elsevier, 2010. p. 358.

Macroambiente

Todos os negócios operam em um ambiente geral, que é composto por uma multiplicidade de variáveis interagindo dinamicamente entre si, como variáveis econômicas, sociais, tecnológicas, culturais, legais, demográficas e ecológicas. Todas elas causam impactos profundos em todas as empresas, sem qualquer discriminação. Daí a denominação ambiente geral.

Variáveis econômicas

Estão relacionadas aos eventos econômicos, como desenvolvimento ou recessão econômica, aquecimento ou desaquecimento econômico, renda per capita da população, produto interno bruto, inflação, juros, preços, aluguéis, câmbio, balança comercial, etc. Todas essas variáveis são importantes para qualquer negócio, pois constituem indicadores da situação econômica do ambiente. Queira ou não, essas variáveis influenciam poderosamente o ambiente de negócios e afetam de maneira direta ou indireta as empresas, independentemente de seu tamanho ou natureza. Em geral, enquanto o aquecimento econômico traz crescimento e oportunidades, o desaquecimento econômico traz redução nas vendas e queda do faturamento, redução da produção e do emprego, diminuição da liquidez e redução das margens de lucro. Em ambos os casos, a competição está sempre em alta.

Variáveis sociais

Estão relacionadas aos aspectos característicos da sociedade, como nível de emprego, melhoria da educação, saúde, previdência social, segurança e bem-estar e itens afins. Os negócios dependem muito das variáveis sociais, porque elas determinam os hábitos de compra e as necessidades individuais a serem satisfeitas.

Variáveis tecnológicas

Cada empresa utiliza e desenvolve sua própria tecnologia e todas as empresas estão envolvidas em um contínuo trabalho de desenvolvimento de novos métodos e processos, de novos equipamentos e instalações etc., o que produz mudança e inovação. O desenvolvimento tecnológico tem sido um poderoso impulsionador de novos negócios e uma alavanca para novas necessidades do mercado.

Variáveis culturais

Estão relacionadas aos aspectos culturais típicos da sociedade, como arte, arquitetura, estilo de vida, expectativas da população, valores culturais, etc.

Variáveis legais

Constituem todo o conjunto de leis e normas que regulam as atividades dos negócios, seja em um determinado país (quando o negócio é local ou nacional), seja em vários países (quando o negócio envolve comércio exterior). Além disso, existem as legislações municipal, estadual e federal, que devem ser obedecidas pelas empresas.

Variáveis demográficas

Referem-se às características de densidade populacional, perfil etário da população, distribuição, migração, etc.

Variáveis ecológicas

Estão relacionadas ao ambiente natural, que consiste nos recursos naturais de uma dada região, como água, terra, clima, etc. A instalação de uma empresa pode levar à destruição desses recursos por meio da poluição do ambiente.

Variáveis políticas

Referem-se ao clima político de um país ou região, as estratégias dos governos federal, estadual e municipal, o que está sendo facilitado e impulsionado e como estão sendo definidas as políticas de desenvolvimento.

Todas essas variáveis exercem influência recíproca em um ambiente geral. O macroambiente é comum a todos os negócios e a todas as empresas, afetando-os de uma maneira ampla, genérica e abrangente, impulsionando umas e afetando restritivamente outras.

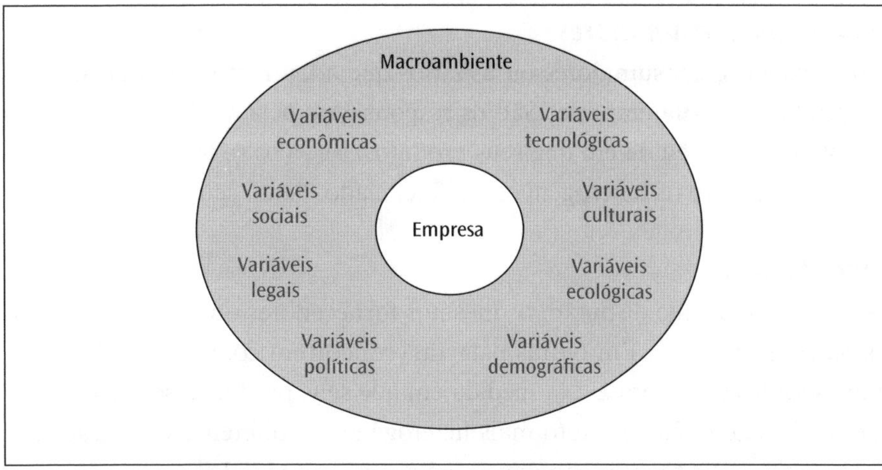

Figura 2.3. Variáveis que influenciam o ambiente geral (macroambiente).

Microambiente

Na realidade, cada empresa opera em um microambiente específico, do qual retira seus recursos e em que coloca seus produtos/serviços. Esse microambiente constitui um segmento específico do ambiente geral e pode ser denominado ambiente de tarefa ou ambiente de operações da empresa. É o nicho em que a empresa se situa e procura estabelecer o seu domínio, e o ponto no qual estão seus mercados imediatos e dos quais a empresa obtém recursos, coloca e comercializa seus produtos/serviços. O ambiente de tarefa proporciona as entradas de recursos e insumos, bem como as saídas de produtos/serviços. Pode ser dividido em quatro setores distintos, listados abaixo.

Fornecedores

São as empresas e os indivíduos que fornecem recursos ou insumos para o negócio. Existem fornecedores de recursos financeiros (mercado de capitais, mercado financeiro, investimentos, empréstimos etc.), fornecedores de recursos materiais (matérias-primas, materiais semiacabados ou semiprocessados, etc.), fornecedores de recursos tecnológicos (máquinas, equipamentos e tecnologias), recursos humanos (talentos e competências), etc. São os responsáveis pelas entradas do sistema. Na medida em que os produtos/serviços se tornam mais heterogêneos ou complexos, tanto mais heterogêneos e diferenciados se tornam seus fornecedores.

Clientes ou consumidores

São os clientes, consumidores ou usuários que adquirem os produtos/serviços produzidos pela empresa. São os responsáveis pela aquisição das saídas do sistema. Na medida em que seus produtos/serviços se tornam mais heterogêneos, tanto mais heterogêneos e diferenciados serão seus clientes.

Concorrentes

São as empresas que disputam os mesmos fornecedores ou os mesmos clientes ou consumidores. Em outras palavras, concorrem com as entradas e/ou com as saídas da empresa. Na medida em que seus produtos/serviços se tornam mais heterogêneos, tanto mais heterogêneos e diferenciados serão seus concorrentes e tanto mais complexa será a competitividade.

Agências reguladoras

São as entidades externas que regulam determinados aspectos das operações da empresa, como os órgãos do governo incumbidos de fiscalizar e monitorar o trabalho das empresas, os grupos regulamentadores, os sindicatos, as organizações não governamentais (ONGs), etc.

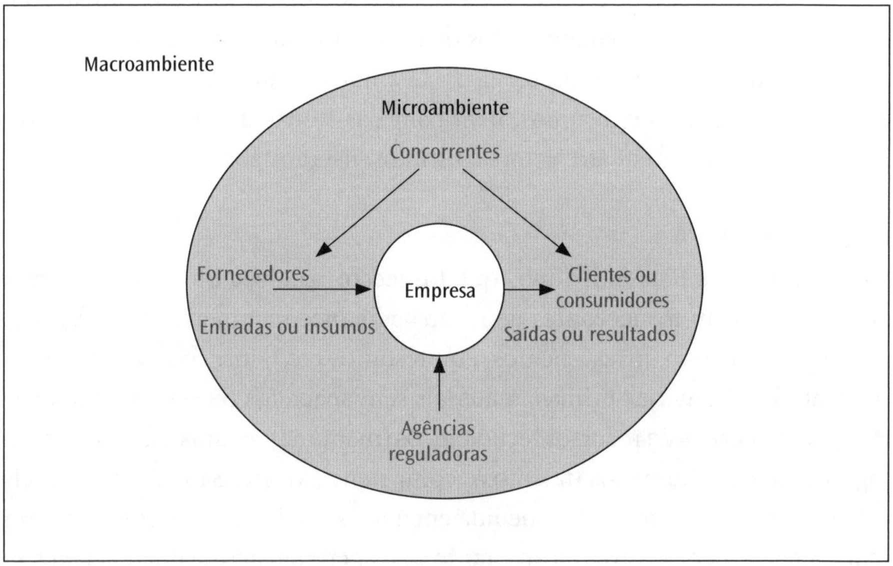

Figura 2.4. Os componentes do microambiente.

Assim, o microambiente constitui o cenário específico de operações, particular e mais próximo de cada empresa. É nele que a empresa coloca seus produtos/serviços e toma suas entradas ou insumos. No entanto, como a empresa não está sozinha nem isolada do mundo, o microambiente oferece os recursos e os insumos bem como os clientes que asseguram sua existência, mas lhe impõe o desafio dos concorrentes e a vigilância das agências reguladoras. Em outros termos, o ambiente oferece oportunidades e recursos, porém, ao mesmo tempo, traz consigo ameaças e dificuldades; oferece clientes e fornecedores, mas também impõe concorrentes e entidades reguladoras que controlam a empresa. É no ambiente de tarefa que estão os mercados a serem disputados e conquistados pela empresa.

Antigamente, mercado era o local físico onde se reuniam os vendedores e os compradores de determinados produtos/serviços. Hoje, com a globalização da economia e com a tecnologia da informação, os mercados sofreram profundas mudanças e têm uma incrível abrangência. O local físico foi substituído por redes de informação, redes de distribuidores e similares, que fizeram com que o mundo se tornasse uma verdadeira aldeia global, em que os negócios passaram a ser mundiais e não mais internacionais, nacionais ou regionais. A globalização veio para ficar definitivamente.

Em virtude desse ambiente mutável, toda empresa precisa estar constantemente aberta e atenta ao que acontece ao seu redor, para poder perceber e interpretar as mudanças que ocorrem em seu ambiente, particularmente no ambiente de tarefa. Como essas mudanças são intensas e complexas, o empresário experimenta uma sensação de incerteza com relação a elas. Lidar com a incerteza parece ser hoje o grande desafio da administração das empresas.

A ousadia é irmã da adversidade[3]

É importante lembrar sempre que a ousadia é irmã da adversidade, assim como a necessidade é mãe da criatividade. No Brasil, as pessoas não são mais ousadas

---

3 Apoiado em: "Os desafios do empreendedorismo". *Qualimetria*. São Paulo: Fundação Álvares Penteado, n. 135, p. 34-40, nov. 2002.

porque ainda existem fatores que inibem e limitam fortemente a ousadia dos empreendedores, tais como:

- a existência de um grande *gap* – brecha ou lacuna – quando o assunto é inovação e transferência tecnológica;
- a ausência de uma estrutura tributária e trabalhista orientada para pequenos e novos negócios;
- a necessidade premente de mais opções de financiamento e capitalização, como o capital de risco;
- a influência da família, que ainda mantém a segurança ilusória de uma vida de trabalhador assalariado;
- o sistema tradicional de ensino não forma empreendedores, mas empregados;
- a falta de capital social dada a carência de um preparo adequado, ou seja, de educação e difusão do empreendedorismo nas escolas superiores e técnicas brasileiras;
- a enorme burocracia para abrir, tocar ou fechar um empreendimento;
- a multiplicidade de impostos abusivos;
- a falta de apoio e suporte adequado aos pequenos e médios negócios.

AS OPORTUNIDADES DAS PEQUENAS EMPRESAS

Uma empresa é o conjunto de pessoas que trabalham juntas no sentido de alcançar certos objetivos, por meio da gestão de recursos humanos, materiais e financeiros, tendo em vista o mercado. Na medida em que as empresas crescem, elas passam por uma complexa divisão de trabalho, provocando uma diferenciação interna. Essa diferenciação envolve uma especialização vertical – a hierarquia de autoridade – e uma especialização horizontal – a departamentalização. Quanto maior a especialização vertical, tanto mais níveis hierárquicos de autoridade para assegurar o comando e o controle, o que envolve cargos como diretores, gerentes, chefes, supervisores, em cada um deles ou em órgãos, como diretorias, divisões, departamentos, seções, etc. Em geral, os níveis organizacionais podem ser divididos em nível institucional (os diretores do negócio), nível intermediário (os executivos principais, como gerentes), nível operacional (os chefes imediatos) e, por fim, nível (não administrativo) de operação ou execução (os colaboradores e operários). Por outro lado, quanto maior a especialização horizontal, tanto mais departamentos, cada qual especializado em uma determinada área funcional de atividade, como finanças, produção, *marketing*, recursos humanos, etc.[4]

Para representar essas duas formas de especialização, utiliza-se, geralmente, um organograma, que nada mais é do que um conjunto de blocos que indicam cargos ou órgãos e seus respectivos níveis e subordinados. Como o organograma é um modelo tradicional (e muito rígido, amarrador e conservador), nada melhor que utilizar um gráfico mais flexível para compor a organização da empresa. Assim, uma empresa pode ser representada:[5]

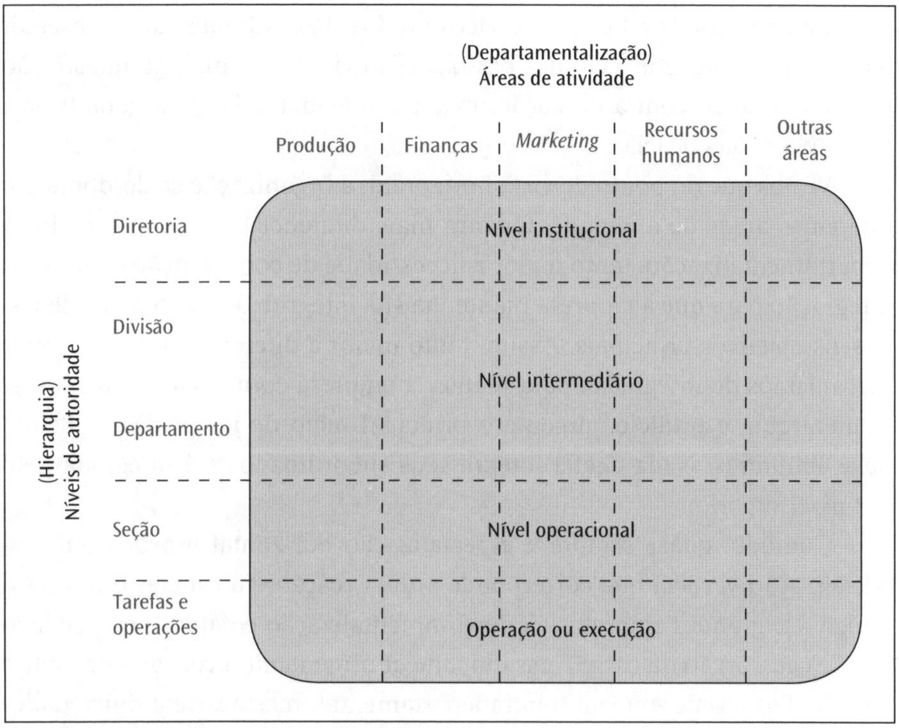

Figura 2.5. A constituição típica de uma empresa.

4 CHIAVENATO, I. *Administração nos novos tempos.* Rio de Janeiro: Elsevier, 2005. p. 289.

5 Idem.

Do ponto de vista vertical, quanto maior e mais complexa a organização, tanto maior o número de níveis hierárquicos de que ela necessita para funcionar adequadamente, e quanto maior o número de níveis hierárquicos, tanto mais pesada e morosa será a organização, pois as comunicações internas tornam-se mais complexas e demoradas. Os níveis superiores constituem os chamados níveis administrativos das empresas, enquanto o último nível – a operação ou execução – é o nível não administrativo, ou seja, o nível em que as tarefas e as operações são executadas. Os níveis administrativos são incumbidos de planejar, organizar, dirigir e controlar as operações, enquanto o de operação ou execução é responsável pela execução das atividades e pela produção e entrega dos produtos/serviços produzidos. Administrar é conseguir realizar as tarefas por meio das pessoas envolvidas. Assim, a administração não se confunde com a execução, mas paira acima dela, para garantir sua eficiência e sua eficácia.

Vimos que do ponto de vista horizontal, a organização se desdobra em diferentes áreas de atividade. Quanto mais diferenciada e quanto maior a departamentalização, tanto maior a necessidade de coordenação e meios de integração para que a empresa mantenha sua integridade e não perca de vista seus objetivos principais. Assim, tanto maior a diferenciação, tanto mais mecanismos de integração para manter a empresa coordenada e integrada. A hierarquia é tradicionalmente o principal meio de integração utilizado pelas empresas. Cada chefia integra seus subordinados e é integrada pelo seu nível superior.

Contudo, quase sempre a especialização horizontal provoca uma especialização vertical que corresponde a uma reação em cadeia. E aí está o perigo das grandes empresas. A departamentalização enfatiza a especialização de cada órgão ou cargo, mas dificulta enormemente a coordenação entre eles. Melhora o desempenho intradepartamental, mas acarreta dificuldades no entrosamento interdepartamental, até o ponto em que cada órgão passa a perseguir os seus próprios objetivos específicos, colocando os objetivos globais em segundo plano, o que impõe custos adicionais à operação. Mas a hierarquia alongada também impõe pesados custos adicionais (gerentes e chefes intermediários) para tocar o negócio e provoca a lentidão característica das grandes organizações. Além disso, cada nível hierárquico adicional reduz pela metade as possibilidades de comunicação rápida e eficiente e acrescenta ruídos e distorções no sistema. Para arcar com todo esse aparato, as grandes corporações somente podem trabalhar com economias de escala, isto é, com produção em massa de produtos/serviços orientada para mercados amplos e abrangentes. Assim, as grandes empresas não sabem tirar proveito de três pontos fundamentais:

1. Pequenos nichos de mercado, que envolvem um pequeno volume de negócios.
2. Atendimento às necessidades individualizadas e personalizadas dos clientes, isto é, produtos/serviços personalizados para cada cliente.
3. Aparecimento de oportunidades passageiras de mercado que envolvem agilidade e prontidão para rápidas decisões e alterações em estratégias e oferta de novos produtos/serviços.

Essas são as grandes vantagens das pequenas empresas. Por causa de seu tamanho reduzido, elas não apresentam a enorme especialização vertical nem horizontal que as tornam pesadas, lentas e onerosas. Ao contrário, as pequenas empresas têm a agilidade e a flexibilidade para mudanças rápidas e manobras ágeis que as grandes em geral não possuem. Por essa razão, as grandes corporações estão passando por intensos programas de melhoria contínua, enxugamento, redução de níveis hierárquicos, gerenciamento de processos, reengenharia etc., a fim de reduzir seu tamanho, diminuir os impactos negativos de sua complexidade organizacional e retomar às características originais de quando eram empresas pequenas, inovadoras e realmente empreendedoras.

Saber tirar proveito dessas vantagens é a grande descoberta das pequenas empresas. Trabalhar com menos para produzir mais; operar com ônus menores e com estruturas simples, ágeis e baratas; fazer da simplicidade um estilo de trabalho e uma vantagem competitiva. Para tanto, torna-se necessário buscar o produto/serviço adequado para um nicho de mercado ou cliente específico. As empresas mais bem-sucedidas, embora de grandes dimensões, estão se preocupando em atender a determinados aspectos específicos como preço, qualidade, atendimento ao cliente, desprezando aspectos que elas não têm condições de atender; estão se concentrando e procurando ser as melhores em determinados pontos específicos; tornam-se excelentes em alguns aspectos para continuar a ser medíocres em todos os demais; procuram incessantemente características que possam diferenciá-las das demais concorrentes. E não ficam por aí: procuram melhorar mais e mais em tais aspectos, como se isso fosse uma compulsão, fazendo com que seus colaboradores se tornem cada vez mais hábeis nesses pontos. É isso que as tornam bem-sucedidas: o sucesso, quando alcançado e conquistado, não sobe às suas cabeças, pois ele é considerado um patamar que leva a novas conquistas e requer um trabalho incessante e duro. Exige muito esforço, mas vale a pena.

NÃO EXISTE FRACASSO – APENAS EXPERIÊNCIAS POSITIVAS EM MAIOR OU MENOR GRAU[6]

Conta-se que Thomas Alva Edison (1847-1931), nos seus tempos iniciais de inventor e empreendedor, experimentou milhares de filamentos para descobrir qual deles funcionava no vácuo de uma lâmpada elétrica. Na medida em que os meses se transformavam em anos, nenhum filamento durava mais que dois segundos quando ligado à energia elétrica. Finalmente, Edison descobriu aquele que produziria luz por um tempo aceitável antes de se consumir em fogo. Enquanto experiências sucessivas não funcionavam, ele não pensava em fracasso ou erro, nem ao menos desânimo ou frustração. Ao contrário, em cada passo, Edison descobria algo válido: um filamento que não servia. Para ele, o processo de inventar e descobrir não constituía uma série de erros e fracassos, mas uma experiência única que exigia determinação e milhares de passos consecutivos. Não se tratava de ensaio-e-erro, mas de um aprendizado contínuo, que acrescentava experiência e conhecimento.

O processo experimental é como aprender a ler. Cada pessoa começa no seu nível de aptidão e cresce em competência na medida em que faz leituras mais complicadas. Quando se lê bem, o mundo se abre em possibilidades infinitas. Assim, deve-se assumir que não existem fracassos, mas experiências que são positivas em maior ou menor grau.

6 Baseado em: KNAUS, W. J. *É hora de mudar*. Rio de Janeiro: Rocco, 1999. p. 56.

Contudo, Edison não parou por aí. Além de produzir uma das maiores revoluções socioeconômicas da história, engajou vários investidores e criou uma companhia – a General Electric – para a instalação de fios a fim de levar a energia elétrica para os compradores de lâmpadas. Edison era um inventor genial – registrou mais de mil patentes – e um grande empreendedor, mas também era um mau administrador. As empresas que criou – como a General Electric – só progrediram porque ele foi obrigado pelos investidores a se afastar delas. Pode?

3 Focalizando o novo negócio

O que é uma empresa?
Tipos de empresa
Tamanho das empresas
Microempresas e suas vantagens
Como escolher o negócio adequado

Abrir uma média ou pequena empresa não significa somente empreender um novo negócio, gerar empregos ou fazer girar o enorme círculo da economia nacional. É uma avassaladora onda que envolveu todos os países ricos e desenvolvidos e chega intensamente ao nosso país no esteio criado pelas dificuldades das grandes empresas, nas quais o gigantismo e a burocracia entravaram a flexibilidade, a agilidade, a inovação e a competitividade. As grandes corporações e conglomerados estão se desdobrando e se subdividindo em pequenos negócios para poderem sobreviver em um mundo de mudança e competitividade, bem como para se esquivar das amarras burocráticas do gigantismo empresarial.

As pequenas e as médias empresas conseguem com maior facilidade satisfazer a crescente necessidade de especialização por meio da fragmentação de atividades capazes de integrar tecnologia, qualidade e competitividade. "*Small is beautiful*!" é o que dizem para conotar que as pequenas empresas constituem o cerne da dinâmica da economia dos países, as entidades impulsionadoras do mercado, as geradoras de oportunidades, aquelas que proporcionam empregos mesmo em situações de recessão. Enquanto as grandes empresas estão se desdobrando em pequenas unidades de negócios para poderem sobreviver, as médias e as pequenas estão irradiando vitalidade por todas as partes do mundo. Boa parte da oferta de empregos nos países desenvolvidos provém de empresas de pequeno porte, ao passo que as grandes empresas estão quase sempre às voltas com problemas de competitividade e sustentabilidade em seus negócios.

O QUE É UMA EMPRESA?

No nosso cotidiano estamos continuamente fazendo transações com empresas. Quase todas as nossas necessidades são satisfeitas por intermédio de empresas. Dependemos delas para comprar, pagar, comer, viajar, nos divertir, vender, alugar, cuidar de nossa saúde, descansar etc. Todas as necessidades humanas são atendidas ou satisfeitas por empresas que produzem, vendem, informam e prestam os mais variados serviços e facilidades. Além disso, praticamente vivemos uma grande parte de nossas vidas dentro de empresas, seja para trabalhar, seja para interagir com elas ou para obter seus benefícios.

Empresa é um conjunto de pessoas que trabalham juntas, no sentido de alcançar objetivos por meio da gestão de recursos humanos, materiais e financeiros. Geralmente, as empresas são compostas por várias pessoas, embora existam empresas formadas por um só indivíduo. Nelas as pessoas juntam-se para atingir objetivos que isoladamente jamais conseguiriam alcançar, graças à colaboração e à cooperação. Colaboração e cooperação entre as pessoas são aspectos fundamentais para o sucesso do negócio. Dirigir uma empresa é basicamente construir redes de colaboração e cooperação entre as pessoas que as constituem. Lembre-se disso sempre.

Os objetivos das empresas podem ser desdobrados em diretos ou indiretos. Os objetivos diretos, em geral, são a produção de produtos ou a prestação de serviços. Para funcionar, a empresa requer recursos humanos (pessoas), recursos materiais (máquinas e equipamentos, móveis e utensílios) e recursos financeiros (capital ou dinheiro). Mas a empresa também persegue objetivos indiretos: almeja ganhar mais do que gasta para produzir ou vender suas mercadorias ou prestar serviços. A esse excedente damos o nome de sinergia, emergente sistêmico ou lucro. O lucro é a remuneração do empreendedor que cria e impulsiona a empresa em uma situação na qual enfrenta o risco e a incerteza.

A empresa também cumpre outro objetivo indireto – o atendimento das necessidades da comunidade em que está localizada, isto é, o atendimento das necessidades do cliente ou consumidor. Ao produzir ou vender mercadorias ou prestar serviços, a empresa supre necessidades da comunidade. Ainda indiretamente, a empresa tem várias finalidades sociais: criação de oportunidades de emprego, disseminação da atividade econômica, distribuição dos ganhos (via pagamento de salários), pagamento a fornecedores de serviços, pagamento de impostos, preservação do meio ambiente, responsabilidade social e ajuda comunitária, qualidade de vida das pessoas, etc. Assim, todo negócio envolve uma multiplicidade de atores nele envolvidos de maneira direta ou indireta: os *stakeholders*.

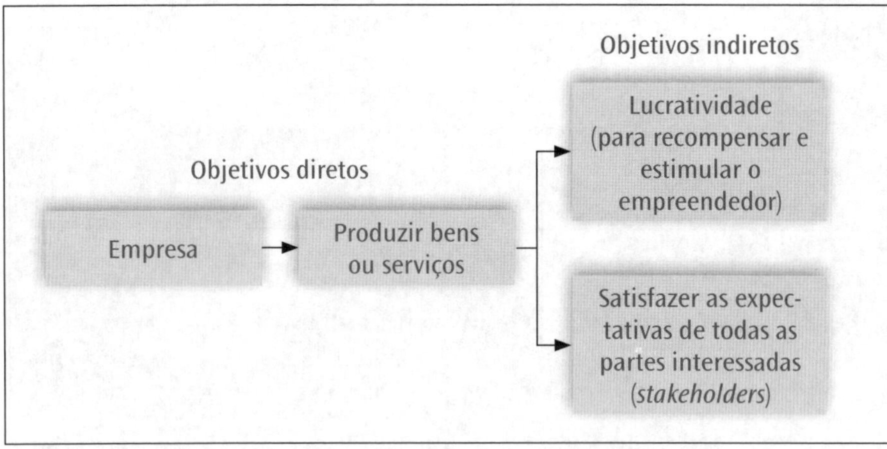

Figura 3.1. Os objetivos diretos e indiretos de um negócio.

Quem são os parceiros do negócio: os *stakeholders*

Todo negócio acontece graças a uma reunião conjugada de esforços. Exige a conjunção de vários parceiros, atores e partes interessadas que participam direta ou indiretamente do seu sucesso. São os chamados ***stakeholders***, os públicos estratégicos de um negócio. Eles podem estar fora ou dentro da empresa, mas são importantes para que ela seja bem-sucedida. Os principais ***stakeholders*** são:

- **os acionistas**: investidores ou proprietários do negócio, que investem nele e esperam um retorno adequado de seu investimento;
- **os colaboradores**: administradores, diretores, gerentes, funcionários e operários, que trabalham no negócio em troca de salário, participação nos resultados ou crescimento profissional;

- **os clientes**: ou consumidores ou usuários são aqueles que adquirem os produtos/serviços produzidos pelo negócio e que esperam satisfação no seu uso ou consumo. Os clientes são os tomadores das saídas (resultados) do negócio;
- **os fornecedores**: de insumos, matérias-primas, tecnologia ou de serviços fornecidos ao negócio em troca de determinado lucro ou ganho. São os provedores das entradas (insumos) do negócio;
- **a comunidade**: ao redor da empresa, que oferece local, terreno, infraestrutura e serviços locais e que espera um retorno de sua oferta de facilidades em termos de preservação do ambiente e benefícios à população local;
- **a sociedade**: comunidade ou governo que cria condições favoráveis ao negócio em troca de impostos ou contribuições.

Todos os *stakeholders* esperam receber algum benefício direto ou indireto do negócio. A empresa de excelente desempenho deve atender às expectativas de todos os seus *stakeholders*. No fundo, a empresa significa a conjunção de todos esses diferentes atores. Contudo, é sempre o cliente o determinante crítico do sucesso da empresa, na medida em que esta consegue atender às suas necessidades e aspirações. Todos os *stakeholders* devem estar permanentemente engajados no processo de servir ao cliente e serão bem-sucedidos caso consigam fazê-lo bem.

O sucesso do negócio depende da maneira como se trata essa diversidade de atores nele envolvidos direta ou indiretamente. Não basta pensar apenas no dono ou no cliente; são peças importantíssimas, mas não exclusivas desse jogo complicado que é o negócio. Saber proporcionar retornos a todos os *stakeholders* é saber conquistar apoios e boa vontade para o negócio. Saber distribuir satisfações a todos os envolvidos no negócio é salutar e promissor.

TIPOS DE EMPRESA

Toda empresa existe para produzir algo e prestar algum serviço à sociedade. Na realidade, as empresas são organizações destinadas à produção de alguma coisa. Essa é a sua principal atividade. Contudo, existem vários tipos de empresa de acordo com seu ramo de atividade. Elas podem ser produtoras de bens ou prestadoras de serviços.

OS OITO SETORES PRINCIPAIS DAS PEQUENAS EMPRESAS

O US Department of Commerce (Departamento de Comércio dos Estados Unidos) identificou oito setores mais importantes das pequenas empresas, a saber:

1. **Comércio atacadista**: empresas atacadistas de medicamentos, comércio atacadista de alimentos, materiais de escritório, materiais de construção, etc.
2. **Construção**: contratantes de edificações, engenharia de construção, serviços de manutenção de edifícios, etc.
3. **Comércio varejista**: lojas em geral, restaurantes, pizzarias, postos de gasolina, etc.
4. **Serviços**: agências de viagem, salões de beleza, barbearias, entregas rápidas, etc.
5. **Finanças, seguros e imobiliárias**: agências de seguros, empresas corretoras de imóveis, etc.
6. **Mineração**: empresas de areia e cascalho, minas, etc.
7. **Transporte e utilidades públicas**: empresas de táxi, estações locais de rádio e TV, etc.
8. **Manufatura**: padarias, oficinas de automóveis, oficinas de bicicletas e motos, etc.

A produção de bens produzidos pode ser destinada ao consumo ou à produção de outros bens ou serviços.

Em função do seu ramo de atividade, as empresas podem ser classificadas em: industriais, comerciais e prestadoras de serviços.

Empresas industriais

São as que produzem bens de consumo ou bens de produção mediante a transformação de matérias-primas em mercadorias ou produtos acabados. As empresas industriais que produzem bens de consumo oferecem seus produtos aos consumidores finais, enquanto aquelas que produzem bens de produção são geralmente fornecedoras de outras empresas industriais ou comerciais. As empresas industriais abrangem desde os pequenos artesanatos até as grandes fábricas.

Empresas comerciais

São as empresas que vendem mercadorias ou produtos acabados diretamente ao consumidor (comércio varejista) ou aquelas que compram do produtor para vender ao varejista (comércio atacadista).

Tabela 3.1. Exemplos de empresas comerciais (varejistas e atacadistas).

Comércio varejista	Comércio atacadista
Supermercados e hipermercados	Atacado de produtos alimentícios
Lojas em geral	Atacado de vestuário
Açougues e casa de carnes	Atacado de materiais de construção
Restaurantes e *fast-foods*	Distribuidora de revistas
Postos de gasolina	
Livrarias e papelarias	

Empresas prestadoras de serviços

São as empresas que oferecem trabalhos especializados, como transporte, educação, saúde, comunicação, lazer, serviços de manutenção, etc. Não produzem mercadorias, mas oferecem a oferta de atividades profissionalizadas.

Tabela 3.2. Exemplos de empresas prestadoras de serviços.

Empresas prestadoras de serviços	
Bancos e financeiras	Lojas e comércio em geral
Escolas e universidades	Contabilidade e auditoria
Hospitais e clínicas médicas	Hotéis e *resorts*
Laboratórios médicos	Serviços de mecânica e eletricidade
Advocacia e consultoria legal	Estilo e decoração
Agências de propaganda	Promoção e propaganda
Veículos de comunicação (rádio e televisão, p. ex.)	Seguros em geral
Transporte urbano e interurbano	Postos de gasolina e lubrificação
Transporte rodoviário, ferroviário, marítimo e aéreo	Consultoria organizacional
Consultoria tributária	Consultoria em recrutamento e seleção
Corretagem de imóveis	Treinamento e desenvolvimento profissional

Qual é o negócio de sua empresa?

É importante definir qual é o tipo de negócio que se pretende iniciar. *Ma non troppo*. Existem exceções bem-sucedidas. No início do século passado, um grupo de investidores resolveu iniciar um negócio de mineração nos Estados Unidos. Juntaram seus capitais e compraram um terreno para criar a Minnesota Minning and Manufacturing. Quando começaram a trabalhar, perceberam que tinham cometido um enorme engano: o terreno não servia para mineração. Em vez de desistirem, os sócios resolveram manter o nome – que viria a ser 3M – para dar continuidade à nova empresa. O produto? Inovação. Não tentaram adequar a empresa a um determinado produto (mineração), mas inverteram a equação: doravante o foco seria na empresa e o produto decorreria de sua criatividade interior. Hoje, a 3M é uma das empresas mais inovadoras do mundo. Lança em média um produto novo a cada três dias. Seu portfólio de produtos é extremamente amplo e mais de três quartos de seu faturamento decorrem de produtos novos com menos de dois anos de ciclo de vida. Qual é o segredo? Uma cultura liberal e participativa em que os colaboradores têm plena liberdade para trabalhar, pensar, criar, errar e aprender continuamente. A cultura corporativa democrática e participativa da 3M constitui seu DNA. Essas são as bases para a inovação empresarial.

TAMANHO DAS EMPRESAS

Quanto ao seu porte, as empresas podem ser classificadas em grandes, médias e pequenas, segundo critérios universalmente aceitos, como o número de empregados, o volume de vendas, o valor dos ativos, o volume de depósitos, etc. Governo, bancos e entidades de classe utilizam critérios variados para classificar as empresas de acordo com o seu tamanho, para efeito de registro, isenções, apoio técnico, obtenção de crédito etc. O número de empregados constitui o parâmetro mais utilizado na classificação do tamanho das empresas.

Tabela 3.3. Classificação utilizada pelo Sebrae para o tamanho das empresas.[1]

Classificação (porte)	Número de empregados	
	Indústria	Comércio e serviços
Pequena empresa	20 a 99	10 a 49
Média empresa	100 a 499	50 a 99
Grande empresa	500 ou mais	100 ou mais

AS TENDÊNCIAS DO SÉCULO XXI

A revista *The Economist* vem insistindo fortemente no assunto: apesar das fusões cada vez maiores e mais alvoroçadas, a mudança que está tomando conta do mun-

1 Vide: www.sebrae.org.br.

do é o fato de as empresas serem cada vez menores.[2] A tendência que perdurou por um século está agora se invertendo. Até a década de 1970, o tamanho das empresas em todo o mundo cresceu, enquanto o número de autônomos diminuiu gradativamente. Isso já não acontece mais. Hoje, as grandes empresas estão encolhendo, e as pequenas estão em alta. A tendência é clara, mas os empresários e os responsáveis pelas políticas empresariais a ignorarão até correrem perigo.

Do outro lado do Atlântico, um estudo feito pelo International Institute for Labour Studies, em Genebra, Suíça, analisou a distribuição de emprego nas principais nações industrializadas. O que ficou notável nesse estudo é que o crescimento gradativo na participação de pequenas unidades de emprego foi enorme em todos os países pesquisados.[3-4] As razões não são claras, mas alguns fatores apontados podem contribuir para essa mudança, tais como:[5]

- novas tecnologias, como as ferramentas controladas numericamente, podem permitir a produção eficiente em uma escala menor, e a tecnologia da informação pode incrementar os sistemas de informação e bases de dados de apoio e suporte às decisões;
- maior flexibilidade em função de sua participação na competição global, um requisito que tem favorecido as pequenas empresas;
- as pequenas empresas podem ser mais flexíveis graças ao seu tamanho menor, o que facilita adaptabilidade e rápidas mudanças de percurso e de estratégia;
- os consumidores podem preferir produtos personalizados a bens produzidos em massa, criando oportunidades específicas para empresas ainda menores.

---

2 "The rise and rise of America's small firms". *The Economist*, p. 67, Jan. 1989.

3 SENGENBERGER, W.; LOVEMAN, G.; PIORE, M. J. (eds.). *The re-emergence of small enterprises: industrial reestructuring in industrial countries*. Genebra: International Institute for Labour Studies, 199?.

4 LOVEMAN, G.; SENGENBERGER, W. "The re-emergence of small-scale production: an international comparison". *Small Business Economics*, v. 3, n. 1, p. 7, Mar. 1991.

5 ACS, Z. J.; AUDRETSCH, D. B. *Innovation and small firms.* Cambridge: The MIT Press, 1990. p.3-5.

O ressurgimento da pequena empresa é uma tendência clara nos Estados Unidos, na Europa, no Brasil e em toda a América Latina. Contudo, isso não significa que todos os pequenos empreendimentos constituem um grupo uniformemente ativo e em total expansão. Trata-se de uma enorme coleção de sementes, das quais algumas delas germinam e se tornam plantas grandes. O potencial de criação de empregos decorre de alguns empreendimentos bem-sucedidos e não de muitos deles.[6]

Contudo, na era da informação o tamanho empresarial não é mais um documento essencial. Empresas menores podem ter um valor de mercado muito maior do que empresas com maiores ativos contábeis. As empresas virtuais alcançam valores incríveis de mercados, na medida em que conseguem apaixonar seus usuários. Além disso, empresas menores podem trazer lucros muito maiores que empresas maiores.

MICROEMPRESAS E SUAS VANTAGENS

A Lei n. 7.256, de 27 de novembro de 1984, instituiu o Estatuto da Microempresa (com alterações feitas pela Lei n. 8.383, de 30 de dezembro de 1991) para efeito de incentivo e facilidade operacionais das empresas de minúsculo porte e das que alcançam um faturamento anual dentro dos limites definidos por lei. A Lei n. 7.256 está revogada desde 1999; atualmente, a Lei Complementar n. 123/2006 dispõe sobre o tema. É considerada microempresa aquela cuja receita bruta não ultrapasse R$ 240.000,00 em cada ano-calendário ou outro limite que venha a ser alterado por nova lei. Em virtude de seu minúsculo porte, a microempresa tem a vantagem de apresentar ao Fisco um menor volume de documentos e papéis relativos aos negócios realizados. Os deveres legais são bastante simplificados: a contabilidade pode ser feita na própria empresa ou por um escritório de contabilidade externo, com a obrigação de manter demonstrativos contábeis, recolher imposto de renda a partir de um determinado limite e dispensa da escrituração dos livros fiscais.

---

6 ACS, Z. J.; AUDRETSCH, D. B. Op. cit., p. 10.

Anualmente, as microempresas têm de apresentar a declaração de imposto de renda de pessoa jurídica, a declaração de microempresa para a Secretaria Estadual da Fazenda, a declaração de microempresa para a Prefeitura e a escrituração dos livros. Mensalmente, as microempresas devem recolher a contribuição ao INSS de seus empregados, a parcela do empregador, o FGTS, o DARF de imposto de renda retido nos pagamentos dos empregados e/ou os salários e a contribuição da empresa ao INSS. Além disso, todas as obrigações trabalhistas devem ser recolhidas periodicamente. Devem ser mantidos na empresa os livros de registro dos empregados (cuja abertura tem de ser registrada no Ministério do Trabalho), a folha de pagamentos e os recibos dos empregados, a ficha do salário-família e o termo anual de responsabilidade, a ficha de salário-maternidade, as guias de recolhimento de impostos, as taxas e as contribuições (como FGTS, INSS), todos os documentos dos sócios da empresa, bem como as notas fiscais. Burocracia não falta. E papelório também. Prepare-se para isso.

Tabela 3.4. Faturamento anual para uma empresa ser considerada micro.

Âmbito federal	Até 96.000 UFIR de receita bruta anual → isenção do imposto de renda, isenção do PIS
Âmbito estadual	Até 10.000 UFIR de receita bruta anual → isenção do ICMS(*) (*) Se a empresa exceder a receita bruta anual por dois anos seguidos ou por três anos alternados, pagará imposto sobre o excedente da receita e perderá a característica de microempresa, tanto no âmbito estadual quanto no federal
Âmbito municipal	Até 397 UFM de receita bruta anual → isenção do ISS De 397 a 454 UFM → 80% de isenção do ISS De 454 a 567 UFM → 60% de isenção do ISS De 567 a 624 UFM → 40% de isenção do ISS (*) O período máximo de isenção do ISS são 24 meses. A empresa que exceder esse limite perde automaticamente a característica de microempresa

INOVAÇÃO

A inovação tem sua origem nas organizações. Em geral, as grandes multinacionais têm seus próprios laboratórios de pesquisa e órgãos de pesquisa e desenvolvimento (P&D), em que são aplicados bilhões de dólares em investimentos para a criação de novos produtos e novas tecnologias. Assim, pode parecer que a inovação surge do trabalho das grandes empresas. Errado! Muitos avanços científicos são decorrentes de inventores independentes e pequenas organizações. Um estudo mostra os seguintes produtos que foram criados por pequenas empresas no século XX.[7]

Fotocópia	Insulina	Aspirador de pó
Penicilina	Colheitadeira de algodão	Motor a jato
Caneta esferográfica	Zíper	Direção eletrônica
Fotografia digital	Transmissão automática	Helicóptero

As evidências têm mostrado que a atividade inovadora tende a diminuir à medida que o nível de concentração em um setor aumenta, o que confirma a importância da inovação a partir das pequenas empresas.

COMO ESCOLHER O NEGÓCIO ADEQUADO

Há uma enorme variedade de negócios à disposição dos empreendedores. Já observamos esse fato nos capítulos anteriores. É preciso ficar com as antenas ligadas. Os ramos de atividade de negócios são extremamente variados. Alguns são explorados intensamente, enquanto outros surgem de maneira aleatória como áreas inexploradas, verdadeiras oportunidades em um mundo carregado de competição. Mas antes de dar uma espiada nas oportunidades que existem nesse mundo tão grande, é interessante atentar para algumas questões prévias:

1. Qual é o volume de capital que você pretende investir?
2. Em quanto tempo?

---

7 ACS, Z. J.; AUDRETSCH, D. B. Op. cit., p. 59.

3. Qual é o retorno que você pensa ou precisa obter?
4. Qual é a natureza das atividades de trabalho envolvidas?
5. Quais são as suas experiências profissionais?
6. Quais são os seus objetivos?
7. Quais são as suas atitudes e opiniões a respeito de negócios?
8. Quais são as suas características de personalidade?
9. Quais são os seus conhecimentos e suas habilidades?
10. Quanto tempo você pode ficar sem um salário mensal?

O primeiro passo é refletir a respeito de todas essas questões. Elas certamente influenciarão suas escolhas futuras e impactarão em suas decisões a respeito da natureza e dimensão do negócio.

Mapeando as oportunidades

Criar um negócio novo a partir do nada costuma ser o caminho mais utilizado quando se discute um novo empreendimento. Uma nova empresa representa uma oportunidade significativa para muitos empreendedores.

As oportunidades para iniciar um novo negócio podem ser resumidas em quatro vertentes principais:

1. **Oferta de um novo produto/serviço** que requer um novo tipo de negócio, como foi o caso dos computadores e telefones celulares. Trata-se de fornecer aos clientes um produto/serviço que ainda não existe no mercado.
2. **Desenvolvimento de uma nova tecnologia**, como é o caso da internet e da grande maioria dos negócios virtuais. Trata-se de um processo tecnicamente novo que pode mudar as regras do jogo.
3. **Desenvolvimento de um novo mercado**, como é o caso da inclusão social de novas faixas e níveis de consumidores. Trata-se de fornecer aos novos clientes um produto/serviço que não existe em seu mercado, mas que já existe em outros níveis socioeconômicos mais elevados. A maior parte dos empreendimentos de inovação disruptiva começou por mercados de nível mais baixo, melhorando sua qualidade ao longo do tempo e invadindo mercados de nível mais elevado a seguir.

4. **Desenvolvimento de novos benefícios**, que são conceitos para desempenhar antigas funções de uma nova maneira mais aprimorada e com execução superior. Trata-se de realizar o que já se faz no mercado, mas de maneira mais sofisticada ou com elevada qualidade, acrescentando assistência técnica, instalação doméstica, marca e estilo ou luxo.

As pequenas empresas possuem geralmente características que facilitam enormemente sua entrada no mercado, a saber:

- propriedade e operação independentes;
- escopo de operações localizado e definido;
- não são dominantes no seu campo de atuação;
- tamanho pequeno em seu mercado;
- pequeno investimento de capital financeiro.

É preciso saber aproveitar essas características peculiares aos pequenos negócios. A oportunidade sempre está lá fora, mas essas características constituem oportunidades intrínsecas aos pequenos empreendimentos que precisam ser levadas em conta.

Vislumbrando oportunidades onde os outros veem problemas[8]

Ernesto Igel foi um brasileiro que entrou no mundo dos negócios depois de um incidente. O dirigível Zeppelin, que tinha seus voos programados para o Brasil, explodiu. Com ele, sobraram alguns campos de pouso e depósitos de gás que abasteciam o dirigível. Ninguém sabia o que fazer com todo aquele combustível. Igel percebeu a oportunidade por trás do problema: pensou em engarrafar o gás em cilindros de metal para abastecer fogões domésticos. Era uma alternativa higiênica para os tradicionais fogões a lenha ou a carvão. Barreiras não faltaram: não havia fogões adequados no mercado para o uso do combustível e as pessoas imaginavam

8 Baseado no: *Guia PEGN – como montar seu próprio negócio*. Rio de Janeiro: Globo, 2002. p. 16-7.

que o botijão de gás era uma bomba dentro de casa. Para contornar essas barreiras, Igel não somente engarrafou o gás – pela Ultragaz – como também produziu os fogões, vendendo-os por intermédio de uma cadeia própria de lojas. Foi por meio dessas iniciativas que surgiu o Grupo Ultra, cuja estratégia global mudou completamente a figura do grupo empresarial.

Construir um novo negócio ou comprar um negócio já existente?

O empreendedor pode optar por comprar um negócio já existente como uma alternativa, em vez de iniciar seu próprio negócio ou comprar uma franquia. Também pode juntar-se aos negócios já existentes da família. Tudo tem os seus prós e seus contras. Essa decisão deve levar em consideração alguns aspectos importantes ressaltados na tabela a seguir.

Tabela 3.5. Lista de prós e contras para a compra de um negócio já existente.[9]

Prós	Contras
Um negócio já bem-sucedido aumenta as chances de sucesso. O local já está escolhido e utilizado	Você poderá herdar deficiências provocadas pelo dono anterior
Se o negócio é lucrativo, você poderá lucrar mais cedo	A imagem do negócio já foi estabelecida, e se for uma imagem fraca, será difícil mudar
O planejamento já foi realizado e facilita o futuro	A modernização poderá ser necessária
A clientela já existe	A clientela pode não ser boa
Os fornecedores já existem	Os fornecedores podem não ser bons

(*continua*)

9 COHEN, W. A. *The entrepreneur and small business problem solver.* Nova York: John Willy & Sons, 1983. p. 126-7.

Tabela 3.5. (*continuação*) Lista de prós e contras para a compra de um negócio já existente.

Prós	Contras
O estoque já está disponível e não precisa ser adquirido	O estoque pode não ser adequado
O equipamento necessário já está pronto	O equipamento pode estar deteriorado
O financiamento só será necessário para a aquisição do negócio	O preço de compra pode sobrecarregar o fluxo de caixa e prejudicar a lucratividade
Você adquire a experiência do dono anterior	Os precedentes já foram concedidos
Os funcionários já têm experiência no negócio	Os funcionários podem não ser os melhores
Os registros podem orientar na direção do negócio	Pode ser necessária alguma mudança estratégica

Na prática, a lista de prós e contras pode ser condensada em quatro considerações básicas para a tomada de decisão sobre a compra de um negócio já existente:[10]

- redução da incerteza quanto à viabilidade do negócio. Para isso existe o planejamento. Veremos adiante como se monta um plano de negócio;
- execução das operações em andamento, o que denominamos direção ou gestão. Saber gerir o negócio;
- relacionamentos comerciais já consolidados. Aqui entra a comercialização;
- preço razoável na negociação de compra do negócio, quando se trata de comprar um empreendimento já existente.

---

10 LONGENECKER, J. G.; MOORE, C. W.; PETTY, J. W. *Administração de pequenas empresas*. São Paulo: Makron Books, 1998. p. 88.

O ciclo de vida das empresas

Todas as grandes empresas e grupos multinacionais começaram como pequenas empresas na sua origem. E foram fundados por empreendedores que souberam arriscar e vencer. O êxito fez com que elas crescessem e se tornassem gigantescos negócios. Para chegar ao seu tamanho descomunal, as grandes corporações passaram por várias fases no seu ciclo de vida, como as que se descreve a seguir.[11]

1. **Fase pioneira**: é a fase inicial da organização, quando os fundadores ou empresários iniciam o negócio. Por ser ainda pequena, os seus processos são facilmente supervisionados e controlados. Há poucas tarefas de rotina e um enorme volume de improvisações. Como são poucos os procedimentos preestabelecidos, a capacidade da empresa para realizar inovações e mudanças é bastante elevada. Se a fase pioneira é bem-sucedida, a empresa entra na fase de expansão.
2. **Fase de expansão**: é a fase em que a organização cresce e expande as suas atividades, intensificando as suas operações de produção e vendas e aumentando o número de seus funcionários. A preocupação básica é o aproveitamento das oportunidades que surgem no mercado e o nivelamento entre a produção e as previsões de vendas para atender às necessidades do mercado.
3. **Fase de regulamentação**: com o gradativo crescimento das atividades da organização, ela é obrigada a estabelecer normas de coordenação entre os diversos departamentos ou setores que vão surgindo, bem como definir rotinas e processos de trabalho. A expansão leva à necessidade de pôr ordem na casa.
4. **Fase de burocratização**: com o desenvolvimento das operações e com a suas novas dimensões, a organização passa a necessitar de uma rede de regulamentação burocrática, para preestabelecer todo o comportamento organizacional dentro de padrões definidos e de um sistema de regras e procedimentos para lidar com todas as contingências

11 GREINER, L. E. "Evolution and revolution as organizations grow". *Harvard Business Review*, July/Aug. 1972.

possíveis relacionadas às atividades de trabalho. Desenvolve-se uma hierarquia com cadeia de comando e uma divisão do trabalho, a qual se baseia na especialização e impessoalidade das relações entre os funcionários. A organização se torna piramidal e monocrática, e sua rigidez apresenta pouquíssima flexibilidade para mudanças e inovações. A empresa cria mecanismos de controle que engessam seu desenvolvimento, levando à necessidade de revitalização.

5. **Fase de reflexibilização**: é a fase de readaptação à flexibilidade e de reencontro com a capacidade inovadora perdida por meio da introdução consciente de sistemas organizacionais flexíveis e inovadores. É o que está acontecendo atualmente com as grandes organizações, que estão se fragmentando em unidades estratégicas de negócios para buscar o retorno às características peculiares às pequenas empresas, a fim de fazer frente a um ambiente dinâmico, mutável e competitivo.

Tabela 3.6. O ciclo de vida das empresas.[12]

Aspectos	Fase 1 Pioneira	Fase 2 Expansão	Fase 3 Regulamentação	Fase 4 Burocratização	Fase 5 Reflexibilização
Meta principal	Produção e vendas	Eficiência das operações	Expansão do mercado	Consolidação da empresa	Resolução de problemas e inovação
Estrutura da organização	Informal	Centralizada e funcional	Descentralizada e geográfica	Impessoal e rígida	Rede e equipes
Estilo da alta administração	Individualista e empresarial	Diretivo	Delegativo	Observador, monitorador	Participante
Sistemas de controle	Resultados do mercado	Modelos e centros de preço	Centro de lucro	Planos e centros de investimentos	Metas múltiplas e dirigidas
Remuneração da gerência	Posse e propriedade	Salários e gratificações	Bônus individuais	Participação nos lucros e opção de ações	Bônus de equipe

12 GREINER, L. E. "Patterns of organization change". *Harvard Business Review*, n. 45, May/June 1967.

É interessante conhecer esse ciclo vital para ter uma ideia de como um negócio pode nascer, crescer, prosperar e revitalizar-se. E sustentar-se ao longo do tempo ultrapassando gerações e gerações. Esse é o mapa do futuro. E o negócio que se pretende criar hoje poderá ser dos seus filhos, netos e bisnetos no amanhã que um dia vai chegar. Já pensou nisso?

O Boticário[13]

Em 1977, o bioquímico Miguel Krigsner e mais três sócios fundaram em Curitiba, no Paraná, uma pequena botica chamada "O Boticário" para fabricar xampus e cremes. O ativo fixo era composto de uma batedeira de bolos para misturar cremes e alguns garrafões de vinho para armazenar componentes líquidos. Enquanto aviava receitas de dermatologistas, Krigsner analisava o mercado de cosméticos, e assim percebeu que haveria público para produtos de alta qualidade com um conceito ligado à natureza, desde que existisse um canal de distribuição alternativo, pois as lojas de departamentos e os supermercados estavam focados em perfumes e cosméticos de grandes fabricantes. Em 1980, Krigsner abriu uma loja no aeroporto Afonso Pena como um canal inicial para vendas. A aceitação foi surpreendente, e os sócios começaram a receber pedidos de franquia da marca. Hoje, a empresa conta com milhares de lojas franqueadas no país.

As oportunidades para iniciar um negócio poderão estar em alguma das seguintes áreas principais:

- fabricação ou manufatura;
- atacado;
- varejo;
- serviços;

---

13 Baseado no: *Guia PEGN – como montar seu próprio negócio*. Rio de Janeiro: Globo, 2002. p. 17.

- informação e cultura;
- entretenimento.

Contudo, a era da informação ainda vai trazer muitas surpresas pela frente, com a criação de novas tecnologias e, sobretudo, o surgimento de novos produtos e novas modalidades de trabalho e de emprego.

Fabricação ou manufatura

Constitui a produção propriamente dita de bens ou produtos físicos. Fabricação ou manufatura representa a transformação de matérias-primas em produtos acabados, a montagem de partes em conjuntos ou ainda a fabricação de máquinas e equipamentos. A palavra *manufatura* significa literalmente fazer com as mãos e envolve necessariamente o trabalho humano, a ação humana.

Existe também o artesanato: os produtores ou fabricantes são empresas ou indivíduos que produzem bens por meio de operações manuais ou com máquinas e equipamentos especializados. Normalmente, a manufatura é denominada indústria.

Quase sempre, uma empresa de manufatura requer um pesado investimento inicial em instalações para fábrica e maquinaria, pessoal especializado e grandes volumes de compras de materiais básicos ou semiprocessados e suprimentos para possibilitar a produção.

Dependendo do tipo de manufatura, os clientes podem ser heterogêneos ou distribuídos em vários segmentos do mercado, como atacadistas, varejistas, outras indústrias, comércio, setor agrícola ou agências do governo.

Tabela 3.7. Alguns exemplos de fabricação e manufaturas.

Confecção de cartazes de propaganda	Padarias ou casas de pães
Confecção de roupas infantis	Gráficas
Componentes e acessórios elétricos	Produtos químicos
Joalherias e metais preciosos	Oficinas em geral
Produtos plásticos em geral	Bens esportivos ou atléticos
Roupas masculinas e femininas	Tintas e vernizes

Atacado

Atacadistas são os intermediários entre os produtores e os varejistas – quando se trata de negócios com produtos de consumo – ou entre produtores e a indústria, o comércio, os profissionais liberais e os outros compradores – quando se trata de bens de capital, isto é, destinados ao mercado industrial.

Há muitos tipos de atacadistas, incluindo escritórios de vendas dos produtores, agentes mercantis etc. Muitos atacadistas compram grandes quantidades de produto para estocá-los em seus depósitos e vendê-los em pequenas quantidades aos seus clientes. Em vista disso, toda firma de atacadista precisa de quatro itens:

- um armazém ou depósito como base central para distribuição ao mercado;
- um grande investimento em estoques;
- uma equipe de vendas;
- um esquema integrado de logística para o recebimento e a entrega dos produtos.

Tabela 3.8. Alguns exemplos de atacadistas.

Autopeças	Tintas
Produtos químicos e anexos	Joias e bijuterias
Confecções	Suprimentos de papelaria
Componentes elétricos	Produtos esportivos
Flores	Brinquedos em geral
Frutas	Papel e papelão
Móveis	Produtos de informática
Mantimentos em geral	Mercadorias em geral

Varejo

Assim como os atacadistas, os varejistas também são intermediários nos canais de distribuição que conduzem os produtos até o consumidor final. A diferença é que os varejistas vendem ao consumidor e satisfazem as suas necessidades vendendo-lhe mercadorias ou serviços.

O setor de varejo é muito importante porque emprega milhares de pessoas e faz escoar os produtos até o consumidor final. De todas as categorias de negócios, o varejo é o tipo mais comum. O varejista compra os produtos dos fabricantes ou dos atacadistas e os oferece ao público em geral. Uma pequena firma varejista requer boa localização, espaço adequado, cartazes e um estoque inicial de mercadorias. Dependendo do tamanho do negócio, o investimento inicial pode ser relativamente baixo.

Tabela 3.9. Alguns exemplos de empresas varejistas.

Mercados, supermercados, hipermercados	Lojas de roupas
Postos de gasolina	Lojas de autopeças
Lojas de calçados	Lojas de material de construção
Drogarias e farmácias	Lojas de móveis
Lojas de produtos eletrônicos	Lojas de produtos esportivos
Lojas de bicicletas	Floriculturas
Padarias e panificadoras	Livrarias e papelarias
Lojas de computadores e suprimentos	Mercearias
Restaurantes	

Entre todas as áreas citadas, o varejo constitui a porta mais aberta aos novos empreendedores, pois a entrada no mercado é mais fácil e por ser um tipo de negócio que é mais familiar aos clientes e aos consumidores. Nestas últimas duas décadas, enquanto o mercado de empregos na área de manufatura está gradativamente diminuindo e enxugando, a área de serviços tem sido aquela que mais tem crescido e se expandido, mostrando uma verdadeira migração de empregos da área industrial para a área de serviços.

Existem empresas varejistas que não requerem local físico, isto é, que não dependem de uma loja física para funcionar ou fazer suas transações. Os quatro principais tipos de varejistas *nonstore* são:

- **Empresas de vendas diretas**: vendem diretamente aos consumidores por meio de representantes de vendas. Algumas delas, como a Avon, vendem no sistema porta-a-porta, sem intermediários entre a produtora e o cliente. Outras empresas realizam as vendas por meio de apresentações feitas a pequenos grupos de vizinhos ou amigos.

- **Empresas de vendas por mala direta**: promovem as mercadorias por meio de catálogos, brochuras ou outros tipos de divulgação. Distribuem as listas de produtos por meio de mala direta, listas de clientes, listas de cartões de crédito ou em resposta a anúncios de televisão. O cliente compra por meio de ordens enviadas por correio ou por fax, ou ainda pela internet. É o chamado *marketing* direto.
- **Empresas com máquinas distribuídas em locais públicos**: instalam máquinas em locais onde passam, obrigatoriamente, muitas pessoas – como estações ferroviárias, rodoviárias, aeroportos, grandes *shoppings*, cinemas e teatros – para vender refrigerantes, cigarros, bombons e diversas mercadorias de baixo valor unitário.
- **Vendedores ambulantes**: este é o caso de vendas de livros e produtos de beleza em domicílio, e também se aplica a agências de seguros e revistas, cujos vendedores vão até o cliente ou trabalham em quiosques improvisados em *shoppings* ou em áreas de grande circulação de público.

Serviços

Serviços são atividades, benefícios ou satisfações que são oferecidas para venda ou em conexão com vendas de determinados bens. É a área de negócios que tem apresentado maior crescimento. Os negócios envolvendo serviços não requerem grande investimento em equipamentos e estoques, como na manufatura, no atacado e no varejo. Também podem ser desenvolvidos em casa, na garagem ou em uma sala que sirva de local para o negócio. Provavelmente, a categoria de serviços é a que mais se beneficia com o chamado negócio virtual, ou seja, o escritório não físico que se conecta a qualquer ponto do mundo por computador, internet, fax e telefone, a qualquer dia ou horário e em qualquer lugar do mundo.

Existe uma ampla variedade de negócios que podem ser desenvolvidos com pouco capital e algum talento, conhecimento e habilidade. O importante é compatibilizar o conhecimento do negócio com a oportunidade do mercado e com suas características pessoais.

Tabela 3.10. Mais exemplos de empresas de serviços.

Negócios virtuais através da internet	Locadoras de carros, motos ou *bikes*
Jardinaria em geral	Digitação de dados ou textos
Corte e costura	Contabilidades e auditorias
Consultoria	Consultoria em advocacia
Decoração	Serviços de pintura
Assistência técnica de eletrodomésticos	Traduções em geral
Oficinas mecânicas	Serviços de entregas com *motoboys*
Cuidado de bebês	Escolas de dança
Preparação de currículos	Agências de turismo
Agências de recrutamento e seleção	Estacionamentos de carros
Hotéis, motéis, boates, cinemas e teatros	Estúdios fotográficos
Encanadores, eletricistas, marceneiros, chaveiros, pedreiros, pintores, etc.	Serviços de manutenção
Barbearias, cabeleireiros e manicures	Escritórios virtuais para locação
Corretoras e locadoras de imóveis	

COMO OBTER O MÁXIMO DE SEU NOVO NEGÓCIO[14]

Algumas dicas são importantes para se firmar no mundo dos negócios. O *Guia PEGN – Pequenas Empresas & Grandes Negócios* – dá algumas delas:

- **Excelência**: você precisa se considerar seu próprio concorrente e procurar se superar a cada dia. Esta é a única maneira de você desafiar a competição no mercado.
- **Cooperação**: ninguém está isolado do mundo. Você precisa desenvolver parcerias estratégicas e juntar esforços com outras empresas do ramo para reduzir custos operacionais e complementar talentos e competências.

14 Ibid., p. 52.

- **Apoio da família e dos amigos**: você pode (e deve) envolver a família e os amigos no negócio para ajudá-lo a buscar soluções.
- **Criatividade e inovação**: seja um eterno questionador daquilo que faz. Nunca considere o que produz perfeito e acabado. Pense sempre em melhorar, criar e inovar continuamente.
- **Soluções novas**: ofereça sempre novos produtos/serviços ou um atendimento diferenciado ao cliente.
- **Foco no cliente**: conheça e ouça o cliente e esteja sempre disponível para ajudá-lo a resolver os seus problemas e necessidades. Lembre-se de que o seu negócio depende da satisfação do cliente.
- **Visibilidade**: faça com que o empreendimento seja visível ao público-alvo e invista em divulgação e propaganda. Faça o seu negócio aparecer.
- **Capacitação e conhecimento**: invista pesadamente no aprendizado contínuo e no desenvolvimento de conhecimentos e competências para transformar sua equipe na melhor possível.
- **Autonomia**: busque sempre iniciativas próprias e nunca espere que o governo venha solucionar os problemas de sua empresa. Aja com independência.
- **Divertimento**: faça do trabalho um ***hobby*** ou uma diversão tanto para você como para todos os funcionários e clientes. Crie um ambiente de trabalho agradável, harmonioso e camarada. A alegria ajuda – e anima – o negócio.

Assim, focalizar adequadamente o novo negócio é fundamental e definitivo para garantir o seu sucesso. Trata-se de estabelecer as bases fundamentais a respeito de sua estrutura e seu funcionamento, isto é, de sua configuração e de sua dinâmica. Tais princípios são indispensáveis para garantir um futuro saudável e bem-sucedido do seu empreendimento.

Todavia, qualquer que seja a sua opção, pense nisso: o foco deve estar no cliente ou consumidor e não no produto ou serviço em si. Em outras palavras, o seu produto ou serviço precisa satisfazer as expectativas e necessidades do cliente ou consumidor e é nele que se deve concentrar. Quem vai decidir se o seu produto ou serviço vai vencer e perdurar não é você, nem a sua equipe, mas o cliente ou consumidor que vai comprá-lo. O seu produto somente será considerado ótimo ou excelente se assim o cliente ou consumidor o avaliar e decidir. Pense no seu produto ou serviço como se fosse o seu cliente ou consumidor. Chame isso de empatia ou qualquer outra denominação, mas o importante é pensar e avaliar tal como o cliente ou consumidor o faria.

PARTE II

Providências Iniciais

Tudo deve ter um começo, um meio e um fim. Em geral, o meio e o fim dependem muito do começo. Um objetivo claro e definido, o plano para realizá-lo e a execução do plano são determinantes para alcançar sucesso em qualquer negócio. As providências iniciais são fundamentais para que o negócio seja bem-sucedido ao longo do tempo. Um bom planejamento é indispensável para que tudo possa dar certo.

Ideias exigem engenhosidade e criatividade para serem inovadoras. Isso requer muita cuca, intuição e concentração mental. Mas as boas ideias somente podem se transformar em soluções maravilhosas desde que sejam postas em prática de maneira definida, clara e racional. O ideal precisa ser racional para poder transformar-se em realidade. Quando a ideia fica apenas na abstração e na esfera da idealização, ela simplesmente não se realiza nem acontece.

Fato semelhante acontece com qualquer empreendimento. Parte-se de uma ideia, um sonho, uma pretensão. A seguir, coloca-se os pés no chão para avaliar como realizá-lo e torná-lo algo tangível e concreto. Para tanto, são necessárias algumas providências iniciais que veremos a seguir.

4 O que fazer? Por onde começar?

O que se pretende fazer?
Reunindo forças
Qual é o negócio?
Qual é o mercado?
Qual é o produto/serviço?
Qual é o melhor caminho?
A viabilidade financeira do negócio
O ponto de equilíbrio
Como definir o investimento inicial
Quais as potencialidades e os riscos do negócio

Se a intenção é iniciar um negócio ou desenvolver e impulsionar o negócio atual, o primeiro passo é fazer algumas escolhas iniciais. Qual será o negócio? Quem será seu cliente? Qual será o seu produto/serviço? Como produzi-lo? Como montar o seu negócio? Como financiá-lo? Para isso, é necessário parar para pensar. O que fazer? Por onde começar?

O QUE SE PRETENDE FAZER?

Em primeiro lugar é preciso identificar e localizar as oportunidades. Elas existem em todos os lugares possíveis e precisam ser decifradas, decodificadas, identificadas e exploradas. Contudo, nem todas as oportunidades de negócios são adequadas para o empreendedor. Elas precisam ser compatíveis com aquilo que o empreendedor pretende fazer ou pode fazer. Nem sempre uma oportunidade é ideal para todos os empreendedores, mas apenas para alguns deles exatamente pela compatibilidade com suas características individuais e a situação em que se encontram. Uma oportunidade agrícola não é exatamente uma oportunidade para um cidadão que adora morar em capitais, a menos que ele decida fazer um sacrifício pessoal para morar no campo. Um momento de reflexão é importante nesse momento. O empreendedor deve fazer uma introspecção para autoavaliação, como mencionamos anteriormente, no sentido de ver se as oportunidades de negócios são compatíveis com suas características individuais, com seus conhecimentos, sonhos e projetos pessoais.

Em segundo lugar, o empreendedor deve ter um objetivo maior em mente. Precisa trabalhar com uma visão de futuro, ou seja, com um quadro mental do que pretende chegar a ser como referência futura. É preciso enxergar além do imediato e do curto prazo. Stephen Covey[1] enfatiza essa identificação da visão de futuro como referência e critério, a partir dos quais todo o restante será planejado. A visão de futuro permite verificar se qualquer atitude ou decisão adotada infringiu algum critério definido como fundamental e prioritário. Isso permite avaliar se cada dia vivido acrescentou algo para a consecução do seu futuro. Mas a visão de futuro não é algo estático; ela deve ser continuamente revisitada por exercícios permanentes de atualização, adequação aos novos conceitos de vida adquiridos ao longo do tempo e ajustamento aos novos patamares que forem sendo continuamente alcançados. Ela será a bússola para ajudar o empreendedor a avaliar onde está frente àquilo que busca e apontará os passos para seguir adiante. A sua maior utilidade é a de viabilizar o seu futuro. A visão de futuro é um plano de vida.

Em terceiro lugar, a decisão de abrir um novo negócio deve ser uma consequência – e não a causa – desse futuro idealizado. A escolha do seu negócio deve ser uma decisão que decorre de algo maior – sua visão de futuro – e deverá abrigar esta e outras decisões futuras ao longo do tempo. Não deve ser uma decisão que obrigue você a ajustar toda a sua vida ao negócio escolhido. Não se amarre a conceitos estáticos e rígidos nem coloque o carro na frente dos bois.

Assim, a decisão de abrir um negócio é muito mais que uma análise de viabilidade imediata do ponto de vista econômico, mercadológico ou financeiro. É a busca de compatibilidade entre você – empreendedor – e sua ideia de empreender ao longo do tempo e no futuro. Para assegurar o futuro do negócio, é interessante fazer algumas projeções para os anos seguintes com

---

1 COVEY, S. *Os setes hábitos das pessoas eficientes*. São Paulo: Record, 1995.

base em sua intuição, o que denominamos cenários. Um cenário otimista, um conservador e um pessimista a respeito do futuro do negócio, concorrência, fatores econômicos, políticos, sociais, tecnológicos e suas possíveis influências no empreendimento.

Grandes negócios também são efêmeros

Francisco Matarazzo (1854-1937) chegou ao Brasil em 1881. No ano seguinte, abriu seu primeiro empreendimento, uma venda em Sorocaba, em São Paulo.[2] Logo iniciou a fabricação de banha e, em 1891, mudou-se para a capital, onde fundou, com mais 43 sócios, as Indústrias Reunidas Francisco Matarazzo. A partir de então, o conde italiano abriu dezenas de fábricas que produziam de tudo um pouco. Graças ao seu talento empreendedor e à facilidade de lidar com financistas, soube aproveitar o início da industrialização do país para construir o maior império industrial da América Latina da época. Infelizmente, o enorme grupo empresarial – manejado a mão de ferro pelo fundador e proprietário principal – não conseguiu manter-se após a sua morte, quando a segunda geração da família assumiu o controle do negócio totalmente despreparada para isso. Por fim, o império industrial acabou desaparecendo com uma rapidez incrível. Faltou continuidade na sua governabilidade. Os herdeiros não tinham o espírito empreendedor necessário.

REUNINDO FORÇAS

O empreendedor costuma ser uma figura complexa. Visão ampla, descortino, faro para negócios, capacidade de transformar ideias vagas em projetos específicos, vontade de arriscar e de assumir riscos, perseverança, aceitação de ambiguidades e de incertezas, inteligência emocional, sintonia com o mercado e com as oportunidades que nem sempre são percebidas pelos outros, etc. Como caracterizar o empreendedor diante de tantas feições e características que ele pode assumir?

---

2 Adaptado de: *Guia PEGN – como montar seu próprio negócio*. Rio de Janeiro: Globo, 2002. p. 18.

Nesse emaranhado de perfis, Rogério Cher destaca seis fatores vitais – os seis Cs – para se abrir um novo negócio,[3] a saber:

1. **Convergência**: se o negócio envolve vários sócios proprietários, eles devem ter unidade de pensamento, identidade de valores e comunhão de objetivos. Os sócios não precisam pensar necessariamente de modo igual e uniforme a respeito de tudo, ou ter os mesmos estilos de trabalho, mas devem possuir certas compatibilidades e convergências sobre valores pessoais, postura diante da vida e condução da empresa. Isso implica integração na variabilidade.
2. **Complementariedade**: as diferenças entre os sócios proprietários são comuns e corriqueiras, porém não devem implicar filosofias opostas ou valores antagônicos. Devem ser características que se complementam e qualidades que se somam, ou melhor, multiplicam-se quando bem dosadas.
3. **Companheirismo**: a amizade entre os sócios não garante sucesso ao novo negócio, e o insucesso pode acabar com ela. Deve haver um limite entre amizade e sociedade. O que deve prevalecer entre os sócios é o respeito mútuo e a solidariedade em todos os momentos, sejam bons ou ruins.
4. **Confiança**: toda sociedade implica necessariamente confiança entre os participantes. Ela é a base da sociedade em torno de um negócio. Se não há confiança, nada feito. As decisões precisam ser consensuais e isso requer credibilidade total na opinião dos sócios.
5. **Compreensão**: entendimento e tolerância permitem que os sócios aprendam uns com os outros a ouvir e a compreender intenções e receios. Isso também se aplica aos demais funcionários que participam do negócio.
6. **Circunstância**: é preciso saber analisar bem as condições pessoais, familiares e financeiras dos sócios participantes para constituir a sociedade.

O empreendedor é a pessoa que inicia um novo negócio ou que desenvolve um negócio já constituído em que se arrisca a perder o capital nele aplicado e os anos de intenso esforço. Muitas são as dúvidas que o empreendedor

3 CHER, S. R. *O meu próprio negócio*. São Paulo: Negócio, 2002.

enfrenta quando está à procura de ideias a respeito de um novo negócio que pretende iniciar. As indagações são várias e quase sempre convergem para as que listamos a seguir.

- Quais são as oportunidades e os nichos de mercado a serem explorados?
- Quais são os produtos/serviços concorrentes que existem atualmente no mercado?
- Quais são os seus pontos fortes e fracos?
- Quais serão os produtos/serviços que poderei oferecer?
- Quais serão os clientes? Como são eles? O que é de valor para eles?
- Como criar valor para o cliente? Quais as vantagens competitivas do negócio?
- Quem são os meus fornecedores potenciais?
- Quem são os meus concorrentes potenciais?
- Quais são os riscos do negócio?
- Qual é o potencial de desenvolvimento do negócio?

Para caminhar com mais velocidade e segurança por um terreno nebuloso e ainda desconhecido, é preciso informações a respeito dele. A informação reduz a incerteza, melhora o desempenho e garante maior segurança. Ela é a arma estratégica da empresa moderna, e o empreendedor deve logo de início saber usá-la. E muito bem.

Os setes hábitos das pessoas muito eficientes[4]

Stephen Covey tornou-se famoso por enunciar sete hábitos que tornam uma pessoa muito eficiente, a saber:

1. **Seja proativo:** adote princípios de visão pessoal. Ser proativo significa antecipar-se às situações e aos problemas futuros, ter iniciativa e responsabilidade.

4 COVEY, S. R. *Os sete hábitos das pessoas muito eficientes*. São Paulo: Best Seller, 1989.

2. **Comece com o objetivo na mente:** adote princípios de liderança pessoal. Começar com o objetivo na mente e focar metas e resultados para serem alcançados.
3. **Primeiro o mais importante:** adote princípios de administração pessoal. Em primeiro lugar, o mais importante e relevante. Estabeleça prioridades e saiba executá-las.
4. **Pense em ganhar/ganhar:** adote princípios de liderança interpessoal. Adote o pensamento de ganhar/ganhar, de vencer/vencer para alcançar benefícios mútuos: de sua parte e da parte dos outros com quem você se relaciona. Respeito e reciprocidade.
5. **Procure primeiro compreender para depois ser compreendido:** adote princípios de comunicação enfática. Compreenda as pessoas para depois pensar em ser compreendido por elas.
6. **Sinergizar:** adote princípios de cooperação criativa. Saiba ultrapassar conflitos e criar cooperação para alcançar resultados multiplicados.
7. **Afinar sempre o instrumento:** adote princípios de autorrenovação equilibrada. Promova a renovação constante. Isso significa mudar e mudar sempre para melhorar continuamente. Afine constantemente seu instrumento.

Os três primeiros princípios referem-se à conquista da vitória interna. Os três princípios seguintes relacionam-se à vitória em público. E o último princípio refere-se à renovação pessoal para recomeçar de dentro para fora.

QUAL É O NEGÓCIO?

Todo negócio precisa ser muito bem definido para ter um foco preciso. O foco permite concentrar todas as forças sobre um único ponto focal. Trata-se de obter convergência. Sem foco, o negócio torna-se fluido e esparso, amorfo e indefinido, vago e inchado. Saber qual é o negócio é conhecer precisamente os aspectos listados a seguir.

- O que produzir?
- Como produzir?
- Onde produzir?
- Quais produtos/serviços?

- Para quem?
- Em que volume?
- Por qual preço?
- Com quais características únicas?
- Com quais vantagens competitivas?

Estas são as perguntas fundamentais que devem ser respondidas de maneira clara pelo empreendedor. Geralmente, o empreendedor escolhe o negócio que já conhece e no qual tem alguma experiência profissional ou técnica. Na verdade, o melhor negócio é aquele que consegue juntar a experiência e os conhecimentos do empreendedor com as necessidades do mercado. De nada adianta o empreendedor fazer algo que conhece profundamente, mas que apresenta saturação no mercado ou concorrentes que já o fazem melhor ou mais barato. Assim, além do conhecimento técnico a respeito do produto/serviço a ser produzido, o empreendedor deve também reunir o conhecimento sobre o mercado em que atuará e as expectativas dos clientes.

QUAL É O MERCADO?

Mercado é o local em que as pessoas vendem e compram bens ou serviços. Pode ser um local físico, como o mercado municipal, ou uma região ou zona, como a Zona Franca, o mercado paulista ou o Mercosul. E até o mercado global de amplitude mundial. A palavra *mercado* pode ainda ser utilizada para definir um tipo específico de consumidor ou de fornecedor, independentemente de local físico, como o mercado de automóveis, o mercado industrial, o mercado de capitais, o mercado imobiliário, o mercado de trabalho etc.

Na verdade, o mercado representa um conjunto de transações em que há de um lado a oferta – pessoas ou empresas que desejam vender bens ou serviços – e, de outro, a procura – pessoas ou empresas que desejam comprar bens ou serviços. Nem sempre a oferta e a procura são equivalentes ou equilibradas. Uma delas pode ser maior que a outra. Assim, o mercado é de oferta quando os ofertantes dispõem de produtos/serviços em quantidade maior que a sua procura pelos compradores ou consumidores. O mercado é de procura quando os consumidores ou compradores querem comprar mais do que existe em termos de oferta e disponibilidade.

Tabela 4.1. A situação de oferta e de procura do mercado.

Situação de oferta	Situação de procura
A oferta é maior que a procura	A procura é maior que a oferta
Mais ofertantes que compradores	Mais compradores que ofertantes
Produtos/serviços em disponibilidade	Produtos/serviços em falta
Concorrência entre ofertantes	Concorrência entre compradores
Tendência à queda de preços	Tendência à elevação de preços

O mercado é a arena de operações da empresa. É nele onde se travam as batalhas não só para conquistar o cliente disputado entre vários concorrentes, mas também para descobrir suas necessidades, a fim de projetar mercadorias e serviços adequados a essas necessidades, fazendo com que ele escolha seu produto/serviço e não o dos concorrentes. Isso significa fazer a empresa estar voltada para o mercado e para o cliente, bem como para a competição.

Assim, existe mercado em toda situação em que haja compra e venda de alguma coisa, seja essa real ou potencial. Quando se dispõe a abrir um negócio, o empreendedor passa a atuar no mercado no lado da oferta de bens ou serviços. Nesse novo papel de empreendedor, você precisa estar atento aos diversos componentes do mercado que serão críticos para o seu sucesso futuro. É no mercado consumidor que estão os clientes para quem você produz e vende mercadorias ou presta serviços. Mercado consumidor é o conjunto de pessoas ou organizações que procuram bens ou serviços que uma empresa vende para satisfazer suas necessidades. É no mercado concorrente que estão as demais empresas que produzem e vendem mercadorias ou prestam serviços idênticos ou similares aos que você pretende oferecer. O mercado concorrente é composto pelas pessoas ou organizações que oferecem mercadorias ou serviços similares ou equivalentes àqueles que você pretende colocar no mercado consumidor. É no mercado fornecedor que estão as empresas que oferecem equipamentos, matérias-primas, materiais, embalagens, tecnologia, serviços etc., de que você necessita para produzir ou vender mercadorias ou ainda prestar os serviços pretendidos. Mercado fornecedor é o conjunto de pessoas ou organizações que suprem a sua empresa de insumos e serviços necessários ao seu funcionamento. Como o mercado é muito complexo, enorme e altamente diferenciado, você precisa estudá-lo ou pesquisá-lo para melhor trabalhar nele.

O estudo do mercado, ou pesquisa de mercado, é o levantamento e a investigação dos fenômenos que ocorrem no processo de trocas e de intercâmbios de mercadorias do produtor ao consumidor. Representa a coleta de informações úteis para que se possa conhecer o mercado, seja para comprar matérias-primas ou mercadorias, seja para vender produtos/serviços.

Para comprar, a empresa precisa fazer uma pesquisa de mercado de fornecedores a fim de conhecê-los melhor e escolher os fornecedores mais adequados em virtude do preço, da qualidade e das condições de pagamento. A pesquisa de mercado de fornecedores indica quais são os fornecedores atuais e potenciais da empresa, onde estão localizados, quais os produtos/serviços oferecidos, quais preços e condições de pagamento etc. Em outros termos, a pesquisa responde à seguinte pergunta: quem oferece e vende os materiais necessários ao funcionamento da sua empresa?

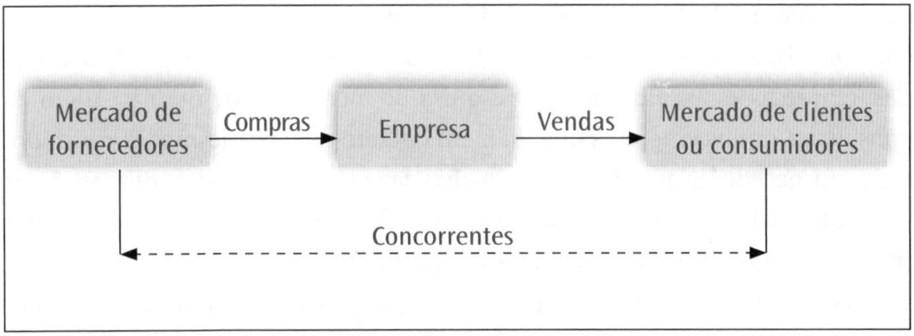

Figura 4.1. Mercado de fornecedores e mercado de consumidores.

Para vender, a empresa precisa fazer uma pesquisa de mercado de consumidores, a fim de saber onde estão localizados, onde e como fazem compras, suas referências quanto ao preço ou às características do produto, e escolher os meios mais adequados para levar seus produtos/serviços até eles. A pesquisa de mercado de consumidores indica ainda quais são os compradores atuais e potenciais dos produtos/serviços da empresa e quando compram, bem como quais são as suas preferências e hábitos de consumo, para adequar suas operações e conquistar os clientes.

Em outras palavras, a pesquisa de mercado responde à seguinte pergunta: para quem você vai produzir ou vender mercadorias ou prestar serviços? A melhor pesquisa de mercado de consumidores é aquela feita face a face com cada cliente que é atendido pela empresa. Porém, não se deve esquecer de também pesquisar o cliente potencial – aquele que ainda não comprou nada da empresa – e saber por quais motivos não o fez ainda. Esses motivos precisam ser descobertos e transformados em atrativos de vendas, ainda que seja necessário modificar o produto, a venda ou o serviço para adequá-los às necessidades do cliente potencial e torná-lo um cliente real. O futuro cliente – como todo cliente real – deve ser tratado como um rei a ser coroado e regiamente servido.

O estudo do mercado – seja dos fornecedores ou dos consumidores – é feito mediante levantamento de informações em todas as fontes possíveis. As fontes de informação sobre o mercado podem ser diretas ou indiretas. As fontes diretas de informação são os próprios fornecedores ou consumidores, que são consultados diretamente pela empresa por meio de contatos pessoais, questionários ou ainda relatórios preenchidos por seus próprios compradores ou vendedores. As fontes indiretas de informações são os anuários do IBGE (Instituto Brasileiro de Geografia e Estatística), revistas técnicas especializadas, empresas especializadas em pesquisa de mercado e de opinião, além de consultas a outras empresas que mantêm contato com os mesmos consumidores ou fornecedores que constituem o alvo da empresa. As fontes diretas são as mais adequadas por estarem mais próximas do cliente ou do fornecedor e por refletirem melhor suas necessidades e expectativas.

A pesquisa de mercado é importante para sinalizar a empresa e balizar o seu comportamento diante de seus fornecedores, clientes ou consumidores. Sem o estudo de mercado, a empresa se comportaria às cegas, sem saber exatamente as preferências e as tendências vigentes no mercado. Quanto maior o estudo e a pesquisa de mercado, mais informação a empresa consegue a respeito de seu mercado, melhor é seu desempenho em relação aos concorrentes que disputam os mesmos fornecedores e os mesmos consumidores e menor é a incerteza da empresa com relação ao complexo mundo que a cerca.

QUAL É O PRODUTO/SERVIÇO?

O produto fabricado ou o serviço prestado constitui o resultado final de todas as operações da empresa. A empresa – como uma totalidade – trabalha para produzir um determinado produto ou prestar um determinado serviço. O produto/serviço representa aquilo que a empresa sabe fazer e produzir.

Cada produto/serviço apresenta determinados componentes que são os aspectos determinantes de suas características físicas. Os principais componentes tangíveis são: marca, logotipo, embalagem, qualidade e preço.

Tabela 4.2. Como os preços são visualizados pelo cliente e pela empresa.

Como o cliente avalia o preço	Como a empresa determina o preço
Objetivos desejados pelo cliente	Objetivos almejados pela empresa
Grau de utilidade do produto/serviço	Custos de produção e de vendas
Grau de qualidade percebido	Margem de lucro pretendida
Valor determinado pela empresa	Valor que o cliente atribui
Nível de serviço e de atendimento	Restrições legais quanto ao preço
Preço dos similares concorrentes	Preços fixados pela concorrência

Todos esses componentes são importantes, sobretudo, quando visualizados ou percebidos pelo cliente. Em outras palavras, é aquilo que o cliente distingue e percebe à sua maneira que deve constituir os componentes do produto/serviço. O cliente é o rei do mercado, e, para conquistá-lo, a empresa deve atendê-lo de forma a encantá-lo em todas as ocasiões.

ANALISE O PRODUTO, MELHORE-O; REVEJA SUAS CARACTERÍSTICAS, MUDE-O.

Você deve conhecer o McDonald's. Claro! Mas foi Ray Kroc (1902-1984) que o fez assim tão famoso.[5] Desde o século XIX, existem lanchonetes que vendem sanduíches de hambúrguer nos Estados Unidos. Mas foi Kroc que transformou uma pequena barraca de lanches de San Bernardino, na Califórnia, em um sucesso mundial. Ele era vendedor de máquinas de ***milk-shake*** e montou uma filial de uma barraca, que vivia lotada: seis anos depois, comprou a marca dos irmãos McDonald, donos da barraca

5 Baseado no: *Guia PEGN – como montar seu próprio negócio*. Rio de Janeiro: Globo, 2002. p. 18.

inicial. Na época, Kroc percebeu que as pessoas já não tinham tempo suficiente para suas refeições. Analisou o valor da conveniência para os consumidores e concluiu que eles queriam qualidade e confiabilidade do produto, rapidez de atendimento, limpeza absoluta e gentileza no trato. Estabeleceu padrões para tudo isso e treinou intensamente o pessoal. Treze anos depois, a rede atingiu a marca de um bilhão de hambúrgueres vendidos e 500 lojas nos Estados Unidos.

O talento empreendedor é uma questão de atitude. É a capacidade de estar constantemente atento ao que acontece no mundo, enxergar as tendências, perceber as oportunidades, encará-las como desafios e dispor-se a correr riscos. Um dom? Quase sempre um trabalho suado que consiste em pensar, imaginar, criar, produzir e se adaptar continuamente. Os resultados não se limitam ao lucro financeiro. Além de gerar riqueza e desenvolvimento para a sociedade, empreender significa uma das maiores fontes de plena realização pessoal.

QUAL É O MELHOR CAMINHO?

Para ajudar a definir qual será o ramo do seu negócio, sugerimos algumas considerações iniciais para que o futuro empreendedor possa esclarecer melhor o seu caminho futuro.

1. O desejo de abrir um negócio e a escolha do tipo de atividade são apenas o começo de um longo processo, que se inicia antes de se lançar ao mercado. É preciso saber com clareza e objetividade quais são as oportunidades e quais são os riscos que o empreendimento escolhido pode oferecer. Um estudo do mercado pode indicar quais as oportunidades e quais os riscos do negócio. Todos os empreendimentos envolvem incertezas, mas um estudo de viabilidade financeira e mercadológica é uma boa maneira de se assegurar para o futuro. A viabilidade financeira e mercadológica mostra quais serão os investimentos efetuados e quais são os retornos, valendo-se de uma previsão de vendas e de produção e, consequentemente, de despesas e de receitas ao longo dos primeiros meses de vida do negócio.

2. A vontade de abrir um negócio geralmente surge a partir de uma das seguintes condições: recursos financeiros excedentes ou ganhos recentes que se pretende investir, perfil de empreendedor que gosta de assumir riscos e responsabilidades, experiência profissional em determinado negócio, conhecimentos de administração, gosto pela independência e pela autonomia e visualização de uma interessante necessidade ou oportunidade no mercado.
3. Determine antecipadamente qual será o investimento que poderá fazer no curto e no médio prazo, isto é, o que poderá aplicar no negócio sem precisar viver dele nos primeiro tempos, até que prospere o suficiente para torná-lo independente. A previsão das possíveis receitas e despesas pode dar-lhe uma ideia de quando sobrará dinheiro em caixa.
4. Procure um negócio que tenha relação com suas experiências pessoais e profissionais e com suas características individuais. Se o seu negócio nada tem que ver com o que até então você estudou ou realizou, os cuidados deverão ser redobrados e a consulta a empresários do ramo poderá resultar em dicas interessantes e práticas. De qualquer forma, pesquise intensamente o mercado, conheça os prováveis clientes e fornecedores e ouça o que eles têm a dizer.
5. Faça uma análise preliminar do mercado antes de tomar qualquer medida prática. Você precisa ter um perfil do cliente e da concorrência para planejar a melhor forma de fazer ou de vender. Esteja sempre atento ao comportamento dos concorrentes para manter seu negócio atualizado com relação ao mercado e não deixe de observar o comportamento dos clientes para saber o que eles querem e precisam.
6. Depois de iniciado o seu negócio, saiba administrar corretamente o fluxo de caixa e procure planejar com cuidado o seu crescimento. Dinheiro é uma mercadoria rara e cara, principalmente quando é de terceiros e quando se necessita dele. Procure tornar-se independente de investidores ou financiadores, sob o risco de trabalhar apenas para dar-lhes retornos financeiros.
7. Sempre que possível, procure fazer economias – não apenas no início do empreendimento, mas sempre que for possível – para poder revertê-las em benefício do próprio negócio e do cliente. Dependendo do tipo, inicie o negócio em sua própria casa para economizar aluguel,

telefone, energia elétrica, etc. A profissionalização da empresa começa no momento em que ela passa a ter autonomia plena no seu destino e é transferida para uma sede independente. Até então, pise firme no pedal do freio das despesas.

8. Procure sempre medir cada real aplicado e quanto ele está produzindo de retorno em cada atividade. Mais adiante vamos tratar novamente desse aspecto: métricas e indicadores de desempenho e de resultados.

A VIABILIDADE FINANCEIRA DO NEGÓCIO

O sucesso de qualquer negócio – seja uma empresa industrial, comercial ou de serviços – depende de várias decisões que o empreendedor deve tomar antes de iniciá-lo. Para fundamentar tais decisões, o empreendedor deve elaborar um pequeno projeto que lhe sirva de guia no futuro e oriente seu processo decisório para:

- identificar e tentar potencializar as oportunidades do mercado e todos os aspectos que poderão aumentar as chances de dar certo;
- reconhecer e procurar neutralizar as ameaças do mercado e todos os aspectos que poderão reduzir as chances de dar certo;
- descobrir como criar valor para o cliente e como gerar riqueza para a empresa.

Novamente batemos na tecla mais importante: as perguntas fundamentais que precisam ser previamente respondidas, tais como:[6]

1. **O que produzir?** Qual é o produto/serviço que a empresa deverá servir ou prestar? Quais são os atrativos que poderão diferenciar o produto/serviço diante da concorrência? Como diferenciar as atividades da empresa em relação à concorrência?
2. **Para quem?** Quem será o cliente? Qual é o perfil do cliente a ser abordado? Qual é sua faixa etária, sexo, renda, profissão, estilo de

---

6 *Guia do empreendedor. O Estado de S. Paulo*/Senac-SP. Marca registrada em nome da Editora Globo S.A. p. 8-9.

vida, classe social, etc.? O que tem valor para o cliente, isto é, como criar valor para o cliente e superar suas expectativas? Como chegar ao cliente?

3. **Por quê?** Qual é o motivo do investimento em tal negócio? O negócio é novo? Supre alguma carência de mercado ou deficiência dos concorrentes? Traz alguma inovação tecnológica? Aproveita alguma brecha de mercado ou responde apenas a uma necessidade de independência financeira do empreendedor?
4. **Com quem?** Quem serão os sócios? Eles serão escolhidos quanto à disponibilidade de capital ou quanto à contribuição com novas ideias ou técnicas? Será ainda por afinidade pessoal ou familiar?
5. **Por quem?** Qual será a equipe necessária para tocar o negócio? Essa equipe será formada por familiares, parentes ou talentos buscados no mercado? Deverão ser treinados? Deverão ser profissionais qualificados? Como essa equipe deverá ser avaliada e assalariada?
6. **Como?** Qual será a forma de produzir ou vender? Será produção própria ou por intermédio de terceiros? A empresa fará vendas diretas ou por meio de representação? Qual será a tecnologia aplicada na produção e na venda?
7. **Onde?** Qual será a localização do negócio? Qual será o espaço necessário? Há facilidade de acesso? Espaço próprio ou alugado? Qual é a relação de custos/benefícios envolvida? Proximidade de transporte ou tráfego de veículos (metrô, ônibus, estacionamento)? Será físico ou virtual?
8. **Quando?** Quando será o início da operação? Próximo a algum evento importante? Há regularidade ou sazonalidade no comportamento do mercado?
9. **Quanto?** Qual é a quantidade a ser produzida e/ou vendida? Qual é a capacidade de produção definida por maquinário e mão de obra? Qual é o volume de vendas necessário ou possível?
10. **Por quanto?** Qual será o preço do produto/serviço cobrado? Qual é o preço que o mercado pode suportar? Qual é o preço da concorrência? Qual é a valorização por parte do cliente? Qual é o preço promocional para conquistar clientes inicialmente?

Em outras palavras, torna-se necessário um projeto de viabilidade financeira do negócio para saber a partir de que volume de atividade econômica a empresa se torna viável e lucrativa. A primeira coisa é descobrir qual é esse volume. Definir o volume de atividade econômica depende das respostas das perguntas a seguir.

- Qual é o volume de vendas? Quanto se pode vender?
- Qual é o volume de compras? Quanto se pode comprar?
- Qual é o capital inicial que deverá ser investido no negócio?
- Quais e quantas máquinas e equipamentos serão necessários?
- Quantas pessoas serão necessárias para tocar o negócio?
- Qual é o espaço físico necessário?

A primeira etapa do estudo de viabilidade econômica é a definição dos custos da empresa.

Existem dois tipos de custos: fixos e variáveis.

- **Custos fixos:** são aqueles que independem do volume de produção ou do nível de atividade da empresa, por isso são planos e constantes. Qualquer que seja a quantidade de produtos produzidos ou vendidos, os custos fixos permanecem inalterados. Mesmo que a empresa nada produza ou venda, eles se mantêm constantes. Quanto maior o volume produzido, menos o seu valor agregado. Envolvem aluguéis, seguros, manutenção, depreciação, salários dos chefes, do pessoal de escritório, etc.
- **Custos variáveis:** são os que estão diretamente relacionados ao volume de produção ou ao nível de atividade da empresa. Variam proporcionalmente com a produção. Constituem uma variável dependente da produção realizada e englobam custos de materiais diretos (materiais ou matérias-primas que são transformados diretamente em produto ou que participam diretamente na elaboração do produto) e custos de mão de obra direta (salários e encargos sociais do pessoal que realiza as tarefas de produção).

Tabela 4.3 Despesas mensais – custos fixos e variáveis da empresa.

Discriminação	Valor em R$
Custos fixos	
Mão de obra indireta	
Salário do pessoal administrativo	
Encargos sociais	
Subtotal 1:	
Outras despesas	
Retirada do pró-labore e dos encargos sociais	
Aluguel e condomínio	
Imposto predial e territorial	
Telefone, água, luz e gás	
Seguros e depreciação	
Honorários do contador	
Serviços de consultoria e treinamento	
Material de escritório e de limpeza	
Subtotal 2:	
Total dos custos fixos (subtotal 1 + 2):	
Custos variáveis	
Mão de obra direta	
Salário do pessoal ligado à produção e encargos sociais	
Custos de mão de obra de terceiros	
Comissões sobre vendas	
Subtotal 3:	
Custos de materiais diretos	
Reposição de estoque	
Subtotal 4:	
Total dos custos variáveis (subtotal 3 + 4):	

Voltaremos ao assunto de custos fixos e variáveis com mais detalhes no Capítulo 12, destinado à gestão das finanças. Por enquanto, esses custos nos interessam para podermos calcular o ponto de equilíbrio do negócio.

O PONTO DE EQUILÍBRIO

A partir dos custos fixos e variáveis pode-se calcular o chamado ponto de equilíbrio (*break-even point*) ou ponto de paridade. O ponto de equilíbrio pode ser definido como o valor e/ou a quantidade vendida que não apresenta nem lucro nem prejuízo para a empresa. É o patamar de operação da empresa em que as receitas se igualam às despesas, proporcionando um ponto de equilíbrio entre elas. Trata-se, pois, de um ponto neutro em que não existe lucro ou prejuízo. Assim, o volume de operação da empresa deve referir-se a uma quantidade de unidades a serem vendidas para ultrapassar o ponto de equilíbrio e fazer com que as receitas ultrapassem as despesas, produzindo um excedente, lucro.

O gráfico de ponto de equilíbrio permite mostrar a relação entre a receita (renda total das vendas) e os custos totais da empresa (custos fixos mais custos variáveis). A linha de receita indica a renda total esperada em diferentes níveis de produção, enquanto a linha de custos totais indica as despesas globais para os mesmos níveis. O ponto de intersecção das duas linhas é o chamado ponto de equilíbrio, isto é, o ponto em que não existe prejuízo nem lucro, ou, ainda, o ponto em que o lucro é zero (e o prejuízo também).

A partir do ponto de equilíbrio, pode-se definir qual é o volume mínimo de receita que a empresa deve produzir para ultrapassar os seus custos fixos e variáveis. Até o ponto de equilíbrio, as operações da empresa serão deficitárias (despesas maiores que receitas), mas depois deste as operações serão gradativamente superavitárias (receitas maiores que despesas). Normalmente, em seu início, o empreendimento é deficitário, porque os clientes ainda não foram conquistados e as receitas crescem paulatinamente com a intensificação das vendas. Não confunda ponto de equilíbrio com taxa de retorno do investimento. O ponto de equilíbrio pode fornecer alguns parâmetros para o cálculo do retorno do investimento, mas é importante que as receitas sejam superiores às despesas para proporcionar um excedente que remunere o investimento efetuado. O cálculo do ponto de equilíbrio é indispensável para se saber até quanto produzir para pagar os custos fixos e variáveis, e a partir de qual momento se obtém algum lucro no negócio. Se o ponto de equilíbrio definir um volume de produção que não se poderá colocar no mercado, então não vale a pena iniciar o negócio, pois somente trará perdas.

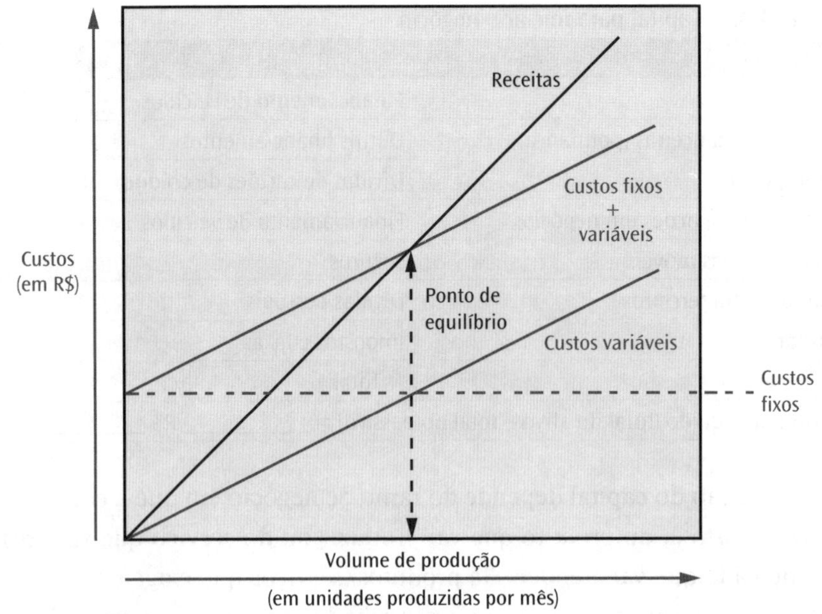

Figura 4.2. Gráfico do ponto de equilíbrio.

COMO DEFINIR O INVESTIMENTO INICIAL

Um dos aspectos mais importantes na constituição de uma empresa é a fixação do capital mínimo e indispensável para iniciá-la e a obtenção desse capital. É com o capital inicial que a empresa tem condições de reunir os recursos empresariais necessários ao seu funcionamento, sejam eles recursos humanos, materiais ou financeiros. Assim, a fixação do capital é o que determina o volume de recursos empresariais com o qual a empresa pode contar. Obviamente, quanto maior o volume de recursos, mais fácil será o funcionamento da empresa. Quando se têm todos os recursos à disposição, a administração do negócio fica mais fácil. Trabalhar com recursos abundantes é sopa, como se diz popularmente. Todavia, há sempre um volume adequado de capital, além do qual todo o excedente passa a ter uma aplicação pouco eficiente e pouco rentável. Além disso, é preciso saber antecipadamente de quanto você dispõe de dinheiro para iniciar o negócio.

Tabela 4.4. Capital para iniciar o negócio.

Seu ativo (R$)	Seu passivo (R$)
Dinheiro e bancos	Financiamento de veículos
Aplicações financeiras (poupança, fundos, etc.)	Outros financiamentos
	Dívidas de cartões de crédito
Ações e participações em negócios	Financiamento de veículos
Veículos e bens móveis	Seguros
Crédito contra terceiros	Dívidas pessoais
Total	Impostos e taxas
	Total
Patrimônio líquido (total do ativo – total do passivo) = ________ R$ ________	

A fixação do capital depende do ramo de negócio em que a empresa vai se engajar, isto é, do produto que vai produzir ou do serviço que vai prestar e do mercado que vai atender. Há produtos/serviços que exigem elevado capital, enquanto outros podem ser desenvolvidos com uma pequena disponibilidade deste. Automóveis, locomotivas e navios, por exemplo, são produtos que demandam enorme capital, maciços investimentos em fábricas, máquinas e equipamentos. Bancos, financeiras, telecomunicações, por exemplo, são serviços que exigem uma enorme infraestrutura e elevado capital. Há, também, produtos/serviços que proporcionam um retorno muito lento e no longo prazo, enquanto outros proporcionam uma lucratividade muito rápida.

Tabela 4.5. Estimativa de projeção do capital inicial para abrir uma loja.

Instalação da loja ________________	R$ ________________
Móveis e utensílios ________________	R$ ________________
Estoque inicial de mercadorias ________________	R$ ________________
Despesas gerais ________________	R$ ________________

(*continua*)

Tabela 4.5. (*continuação*) Estimativa de projeção do capital inicial para abrir uma loja.

Despesas com propaganda ________________	R$ ________________
Salários e encargos sociais ________________	R$ ________________
Despesas eventuais ________________	R$ ________________
Total ________________	R$ ________________.

O capital representa o maior risco ao empreendedor que assume incertezas do negócio. Os riscos do negócio podem ser: a obsolescência do produto ou do equipamento, as forças supervenientes (como incêndios, inundações, etc.), a incapacidade de competir com os concorrentes, os conflitos trabalhistas e, sobretudo, a má administração. O capital constitui o recurso financeiro básico da empresa: o investimento efetuado pelos proprietários ou acionistas para a criação e a operação dela. Contudo, não é somente o capital investido pelos acionistas que a dinamiza: ela utiliza capital de terceiros na operação de seus negócios. Assim, quanto à sua propriedade, existem dois tipos de capital:

- **capital próprio**: composto pelos itens do não exigível, ou seja, é o capital pertencente aos proprietários ou acionistas da empresa;
- **capital de terceiros**: corresponde ao capital obtido de terceiros para iniciar o negócio e provoca exigibilidades da empresa, como os empréstimos, debêntures e ações preferenciais (de participação limitada nos lucros da empresa).

Assim, de um lado, os acionistas que entram com algum capital esperam um determinado retorno e estão dispostos a correr algum determinado risco, desde que seja razoável. De outro, os terceiros (como fornecedores, bancos e financeiras) também podem fornecer capital para o negócio, e por isso também esperam retorno e assumem algum risco. O retorno significa um rendimento razoável pelo investimento de risco. O segredo é buscar meios que evitem que o empreendedor trabalhe apenas para pagar juros de empréstimos ou assegurar lucros para os investidores de capital.

QUAIS AS POTENCIALIDADES E OS RISCOS DO NEGÓCIO

As decisões em geral podem ser tomadas dentro de três condições ou situações:

- **Incerteza**: nas situações de incerteza, o tomador de decisão tem pouco ou nenhum conhecimento ou informação em que possa basear-se para atribuir probabilidade a cada estado da natureza ou a cada evento futuro. Nem sempre é possível estimar o grau de probabilidade de que o evento venha a ocorrer.
- **Risco**: nas situações de risco, o tomador de decisão tem informação suficiente para predizer os diferentes estados da natureza. Entretanto, a qualidade dessa informação e a sua interpretação pelas diversas pessoas podem variar amplamente e cada uma delas pode atribuir diferentes probabilidades, conforme sua crença ou intuição, experiência anterior, opinião, etc.
- **Certeza**: nas situações de certeza, o tomador de decisões tem completo conhecimento das consequências ou dos resultados das várias alternativas de cursos de ação para resolver o problema. É a decisão mais fácil de tomar, pois cada alternativa pode ser associada aos resultados que produzir. Todavia, essa é uma situação excepcional, que foge à regra.

O risco do negócio é sempre uma possibilidade de perda. Existem dois tipos de risco:

- **Risco econômico**: inerente ao negócio da empresa. É a incerteza ou a variabilidade relativa dos resultados da empresa, que depende do ramo de atividade, do tipo de operação, serviço ou produto (seja ele um bem de consumo ou de produção, durável ou perecível) e das características da demanda do mercado (venda sazonal, cíclica ou variável). Como esses fatores são determinados pelo ramo de atividade escolhido, na realidade, o risco econômico é consequência da estrutura dos ativos da empresa e das atividades por ela desenvolvidas.
- **Risco financeiro**: é aquele que ocorre quando não se obtém a remuneração do investimento. Está relacionado à remuneração do capital de terceiros e corresponde à variabilidade dos retornos para o acionista ordinário. Na verdade, o risco financeiro é consequência da estrutura das

fontes de recursos da empresa (dos passivos, exigíveis ou não), principalmente em termos de endividamento relativo. O risco financeiro está ligado à proporção de emprego de recursos que exigem remuneração fixa e prioritária à remuneração dos proprietários ou acionistas.

Quando o risco econômico é elevado, deve-se procurar reduzir o risco financeiro, evitando alto endividamento e baixando a proporção de capital de terceiros. A figura a seguir mostra duas empresas – as empresas A e B –, ambas do mesmo ramo de atividade (e, portanto, correndo o mesmo risco econômico), mas com riscos financeiros diferentes (diferentes remunerações do capital de terceiros).

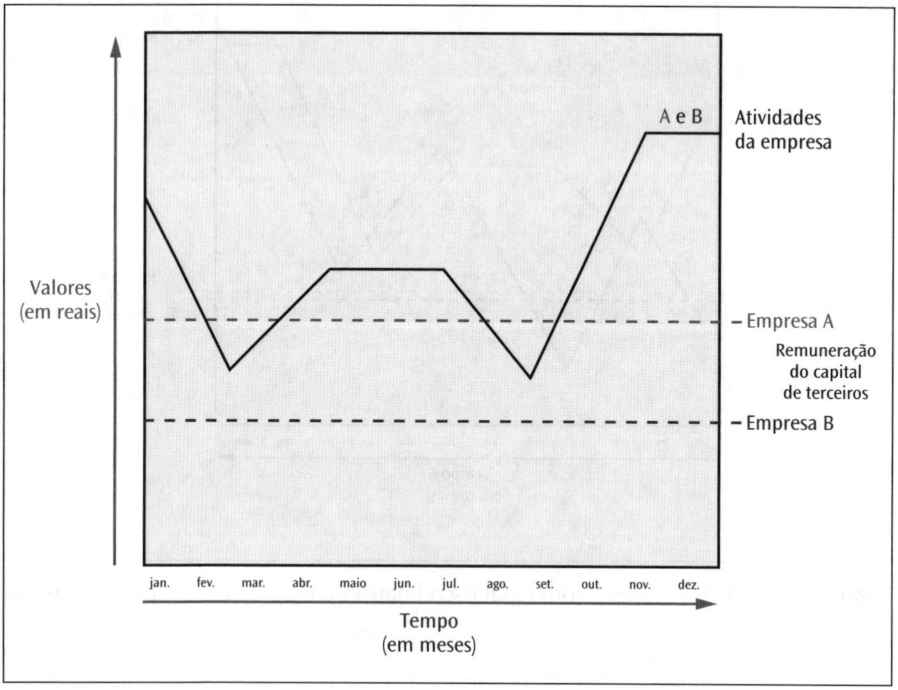

Figura 4.3. Duas empresas com igual risco econômico e diferentes riscos financeiros.

A empresa A corre maior risco financeiro que a empresa B, porque B tem menores encargos de remuneração do capital de terceiros, os quais sempre estão cobertos pelos resultados das atividades da empresa. Nota-se que a empresa A tem duas ocasiões em que precisa obter recursos externos para remunerar o capital de terceiros, pois os resultados de suas atividades não são suficientes para cobrir os encargos naquelas ocasiões.

Já na figura a seguir, comparamos duas empresas – A e B – de diferentes ramos de atividade (e, portanto, com diferentes riscos econômicos), mas com igual remuneração do capital de terceiros (ou seja, com igual risco financeiro).

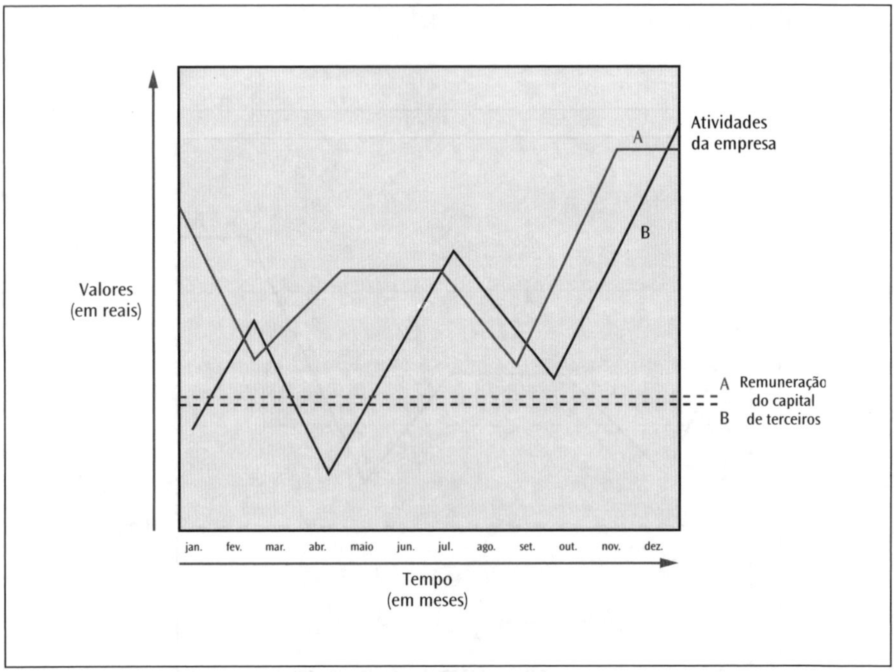

Figura 4.4. Duas empresas com igual risco financeiro e diferentes riscos econômicos.

Embora com risco financeiro do mesmo nível, a empresa A corre menor risco econômico, pois os resultados de sua atividade estão abaixo dos encargos de remuneração do capital de terceiros.

O desafio é buscar uma conciliação entre o risco e o retorno financeiro de uma empresa. O retorno (ou rentabilidade) é medido pelas receitas menos os custos incorridos. O risco é medido pela probabilidade de a empresa tornar-se insolvente, isto é, tornar-se incapaz de pagar suas contas e dívidas nos vencimentos. O risco é sempre uma possibilidade de perda.

O retorno financeiro de uma empresa é o lucro. O lucro é sempre uma possibilidade de ganho. Aumentar o lucro e diminuir os custos são as duas grandes preocupações do empreendedor.

O lucro pode ser aumentado de várias maneiras:

- aumentando o volume de receitas;
- reduzindo custos;
- investindo em ativos mais rentáveis e que produzam maiores receitas.

Os custos podem ser reduzidos de duas maneiras:

- pagando menos pelos itens ou serviços utilizados;
- administrando os recursos com maior eficiência.

Ao lado dos riscos, devemos também ponderar as potencialidades do negócio. O potencial do negócio representa o grau em que o negócio pode dar certo e, consequentemente, crescer, prosperar e expandir-se, tornar-se realidade no curto, médio ou longo prazo.

Tabela 4.6. Os riscos e potencialidades de um negócio.

Riscos	Potencialidades
Ameaças relacionadas com a concorrência	Oportunidades do mercado
Desvantagens em relação aos concorrentes	Vantagens quanto aos concorrentes
Dificuldades de fornecimento e abastecimento	Facilidades de fornecimento
Retração do mercado consumidor	Expansão do mercado consumidor
Perfil inadequado do produto/serviço	Perfil excelente do produto/serviço

Levando todos esses fatores em consideração, deve-se avaliar se o negócio almejado tem condições de seguir adiante. Então, vá em frente. E boa sorte.

ANALISE CUIDADOSAMENTE O SEU PRODUTO

Verifique se o seu produto apresenta vantagens competitivas em relação aos demais existentes no mercado. Para isso, confira os itens a seguir.

1. Defina padrões internos para o produto quanto:
   - à qualidade;
   - à segurança – a possibilidade de o produto provocar danos às pessoas ou às crianças;
   - ao *design* – o produto é fácil de usar ou manejar.
2. Compare a vida média do produto em relação aos:
   - produtos concorrentes;
   - produtos substitutos;
   - padrões internos de excelência ou obsolescência programada.
3. Avalie o desempenho do produto quanto:
   - à eficácia – se o produto faz o que realmente se propõe a fazer;
   - à garantia – se é suficiente ou apenas razoável;
   - à disponibilidade de serviços de atendimento;
   - ao preço – se o investimento do cliente na compra do produto vale a pena para ele;
   - à utilidade.
4. Embalagem do produto:
   - comparação com a embalagem dos concorrentes – tipos e características;
   - impacto ambiental – se o produto e a embalagem são recicláveis.

Em resumo, o que vimos sobre o que fazer e por onde começar é uma reflexão antecipatória a respeito do negócio a construir. Vale a pena refletir antecipadamente sobre o que vimos até agora antes de iniciar um novo negócio ou partir para a revitalização de um negócio já existente. Todo minuto aplicado nesse mister valerá anos de sucesso pela frente. Agora, vale a pena refletir sobre quem serão os aliados nessa empreitada. Ou seja, quem vai ajudar nela.

5 Quem serão os meus aliados?

Pessoa física ou pessoa jurídica?
A constituição jurídica da empresa
Espécies de sociedades empresariais
Outros tipos de associações

Se a decisão tomada for abrir um negócio ou ampliar seu negócio atual, saiba inicialmente com quem poderá contar e com quem poderá enfrentar os futuros desafios. O empreendedor pode fazer sozinho o seu trabalho, como também poderá contar com aliados: os sócios do negócio. Existem várias alternativas jurídicas para abrir uma sociedade, segundo a legislação sobre o assunto modificada pelo atual Código Civil. Sugerimos enfaticamente consultar o Sebrae[1] para ajudá-lo a definir a forma jurídica mais adequada para o seu empreendimento.

PESSOA FÍSICA OU PESSOA JURÍDICA?

Para desenvolver suas atividades e operações, a empresa precisa ser legalmente estabelecida e constituída. A legislação brasileira distingue as pessoas físicas das pessoas jurídicas. A pessoa física é o indivíduo ou pessoa com seus direitos e obrigações perante o Estado. A pessoa jurídica é a associação de duas ou mais

---

1 Vide: www.sebrae.org.br.

pessoas em uma entidade, com direitos e obrigações próprios e, portanto, distintos dos daqueles indivíduos que a compõem. Toda empresa – qualquer que seja sua constituição jurídica – funciona como uma pessoa jurídica, isto é, com uma personalidade distinta das pessoas individuais que a compõem e dirigem.

Nosso interesse está na figura da pessoa jurídica, isto é, na empresa, qualquer que seja sua constituição ou forma.

A BASE LEGAL DO ATUAL CÓDIGO CIVIL[2]

- **Quem é empresário:** é aquele que exerce profissionalmente uma atividade econômica organizada para a produção ou a circulação de bens ou de serviços. O empresário deverá formalizar sua inscrição na Junta Comercial.
- **Quem não é empresário:** é aquele que exerce profissão intelectual, de natureza científica, literária ou artística, mesmo contando com auxiliares ou colaboradores, salvo se o exercício da profissão constituir elemento de empresa. A pessoa física que atua individualmente, não considerada empresária, refere-se à figura do autônomo. É o caso de engenheiros, arquitetos, contadores e professores.
- **Como fica o artesanato:** o artesão não é empresário, mas autônomo.
- **Pequeno empresário:** não há ainda uma definição de pequeno empresário, mas ele deve receber tratamento simplificado, isto é, dispensa de exigências, como sistema de contabilidade, mecanizado ou não, com base na escrituração dos livros, bem como de balanço patrimonial anual e o de resultado econômico.
- **Produtor rural:** é a pessoa física – pessoa natural, que explora a terra visando à produção vegetal, à criação de animais (produção animal) e também à industrialização artesanal desses produtos primários (produção agroindustrial).

A CONSTITUIÇÃO JURÍDICA DA EMPRESA

As empresas podem assumir diferentes formas e tamanhos. Do ponto de vista jurídico, as sociedades empresariais podem ser classificadas em duas formas

2 Baseado em: *A pequena empresa e o novo Código Civil*. São Paulo: Sebrae, 2002.

jurídicas básicas: o empresário e a sociedade empresária. Vejamos cada uma dessas espécies de constituição de empresas.[3]

Empresário

A empresa é representada por um único proprietário. É a firma individual. O empresário exerce profissionalmente uma atividade econômica organizada para a produção ou circulação de bens ou serviços. Esse conceito substitui a firma individual do velho Código Comercial. Situação em que a empresa – considerada pessoa jurídica para efeitos ou fins tributários – é representada por um único empresário ou proprietário, o qual responde totalmente pelos seus negócios. O conceito de empresário reúne dois elementos conjuntos: atividade econômica em um estabelecimento.

Um único empresário ou proprietário responde pelos seus negócios. Opera em seu próprio benefício. Trata-se geralmente de uma pequena empresa (como uma oficina mecânica de automóveis, uma sapataria, uma mercearia, etc.), na qual o proprietário toma todas as decisões e age sozinho ou com alguns poucos empregados. O capital da firma individual advém de recursos próprios ou de empréstimos de curto prazo.

É impressionante a quantidade de firmas individuais que existem no mercado, porém, a sua participação é relativamente pequena no volume de faturamento de todas as empresas do país.

O conceito de empresário apresenta as seguintes vantagens:

- o proprietário é o seu próprio patrão; ele toma sozinho todas as decisões relacionadas com o negócio;
- o proprietário assume todo o lucro e todo o risco do negócio;
- os custos operacionais são baixos, pois não existem gerentes, chefes ou supervisores; a empresa individual é enxuta e sem excessos;
- proporciona economias fiscais, principalmente com o imposto de renda.

3 Ibid.

O conceito de empresário, porém, apresenta algumas desvantagens:

- responsabilidade ilimitada em relação aos credores; a riqueza total do proprietário – e não apenas o capital investido – responde pelas dívidas do negócio;
- limitação de capital, ou seja, a capacidade financeira do proprietário é limitada e pode restringir as operações maiores e o próprio crescimento da firma;
- o proprietário deve atuar em todas as posições do negócio, isto é, deve conhecer e dominar todos os aspectos técnicos, comerciais e financeiros da sua empresa; ele é o "faz-tudo" dentro da firma.

Tabela 5.1. As mudanças promovidas pelo Código Civil de 2002.

Legislação comercial anterior		Código Civil
Pequeno empresário		
O Estatuto da Micro e Pequena Empresa (MPE) e o Simples conceituam micro e pequena empresa, nada esclarecendo, porém, sobre o termo "pequeno empresário"	→	O Código Civil de 2002 oferece algumas vantagens ao pequeno empresário, entretanto, não o define nem estabelece se o porte relaciona-se às MPEs (Lei Complementar n. 123/2006)

Traços característicos do empresário segundo o Código Civil

Empresário é o nome dado à empresa individual. Suas características, segundo o atual Código Civil, são:

- **exercício de atividade econômica**: destinada à criação de riqueza pela produção ou circulação de bens ou serviços;

- **atividade organizada:** coordenação dos fatores da produção – trabalho, natureza e capital – em medida e proporções variáveis, conforme a natureza e o objeto da empresa;
- **profissionalismo:** exercício praticado de modo habitual e sistemático em nome próprio e com ânimo de lucro.

Sociedade simples e sociedade empresária

A sociedade empresária ocorre quando duas ou mais pessoas se associam e constituem uma entidade com personalidade jurídica distinta daquela dos indivíduos que a compõem. As firmas de sociedade também são denominadas sociedades comerciais ou sociedades de pessoas. São empresas constituídas de dois ou mais proprietários, que se associam no mesmo negócio, com o objetivo de obter lucro. O Código Civil em vigor define duas espécies de sociedades: a sociedade simples e a sociedade empresária.

Sociedade simples

É a sociedade constituída por pessoas que reciprocamente se obrigam a contribuir com bens ou serviços para o exercício de atividade econômica e a partilha entre si dos resultados, não tendo por objeto o exercício de atividade própria de empresário. Em geral, é uma sociedade formada por pessoas que exercem profissão intelectual – gênero, características comuns – de natureza científica, literária ou artística – espécie, condição – mesmo se contar com auxiliares ou colaboradores, salvo se o exercício da profissão constituir elemento de empresa. A sociedade simples é considerada pessoa jurídica, substitui o antigo conceito de firma individual e também a antiga sociedade de capital e indústria que deixou de existir. Como exemplo, temos o caso de dois médicos que constituem um consultório médico ou dois dentistas e um consultório odontológico. Embora quase sempre maior que o conceito de empresário, a sociedade simples não chega a assumir grandes proporções, como corretoras de seguros, imobiliárias, firmas atacadistas e varejistas, empresas de prestação de serviços etc. O representante legal da empresa passa a ser o administrador, que substitui a figura do sócio-gerente. O atual Código Civil conserva a figura do gerente, entretanto, ele passa a ocupar uma posição hierárquica inferior à do administrador, que pode ser destinada a um empregado de confiança.

A sociedade simples apresenta as seguintes características:

- **integralização**: os sócios podem integralizar o capital social em dinheiro ou em contribuição de serviços;
- **capital social**: é expresso em moeda corrente ou outra espécie de bens suscetíveis à avaliação pecuniária;
- **registro da empresa**: deve ser realizado no Cartório de Pessoas Jurídicas em até trinta dias após a constituição;
- **exclusão de sócio**: impossibilidade de excluir sócio na participação dos lucros ou perdas;
- **retirada de sócio**: com aviso-prévio de sessenta dias, em caso de contrato por prazo indeterminado; ou judicialmente, se o contrato for por prazo determinado;
- **regras próprias**: a sociedade simples poderá, se quiser, adotar as regras que lhes são próprias, ou, ainda, um dos seguintes tipos societários: sociedade em nome coletivo, sociedade em comandita simples ou sociedade limitada.

A sociedade simples apresenta várias vantagens, a saber:

- **proporciona economias fiscais**, pois permite redução de custos organizacionais e em relação a alguns tributos;
- **permite maior capital**, pois os recursos financeiros provêm de mais de um indivíduo ou sócio;
- **oferece maior facilidade de crédito**, principalmente quando os bens pessoais dos sócios garantem com mais segurança os valores emprestados;
- **proporciona cooperação e habilidades administrativas** de vários sócios envolvidos no negócio.

Todavia, a sociedade simples pode apresentar desvantagens:

- **responsabilidade ilimitada dos sócios**: os sócios respondem conjunta e solidariamente pelo negócio; no caso de liquidação da empresa, os bens de um dos sócios – quando os outros sócios não têm recursos suficientes – podem ser levados a garantir o prejuízo;

- **responsabilidade solidária**: os sócios respondem ou não subsidiariamente pelas obrigações sociais, conforme previsão contratual.

A administração da sociedade simples envolve novos aspectos. O sócio-gerente deixa de ser o principal responsável pelos atos da empresa e passa a ter uma função secundária, isto é, passa a ser o preposto do administrador. Em seu lugar, assume a figura do administrador, que pode, se quiser, nomear o empregado de sua confiança para exercer a função de gerente. Assim, o Código Civil de 2002 estabelece que:

- o administrador será nomeado em contrato ou em instrumento separado, devendo, nesse caso, averbá-lo no órgão de registro;
- são irrevogáveis os poderes do sócio investido na administração em contrato social, salvo justa causa, reconhecida judicialmente;
- são revogáveis, a qualquer tempo, os poderes conferidos ao sócio, por ato separado, ou a quem não seja sócio;
- responde por perdas e danos o sócio que agir contrariamente ao interesse da sociedade ou participar da deliberação que a aprove graças a seu voto;
- o administrador deve prestar contas detalhadas de sua administração aos sócios, tais como inventário anual, balanço patrimonial e de resultado econômico;
- deverá ocorrer quórum para deliberações sobre os negócios da empresa, ou seja, as deliberações serão tomadas por maioria de votos, ou pelo valor das cotas dos sócios; em caso de empate, a decisão caberá ao maior número de sócios ou, não sendo possível, pelo juiz; alterações do contrato social serão feitas por unanimidade dos sócios, sempre que houver mudança de endereço, razão ou firma social, capital social, sua forma de realização, participação nos lucros, etc.; as demais alterações do contrato se darão por maioria absoluta de votos dos sócios, caso o contrato não preveja unanimidade;
- a sociedade simples dissolve-se em um dos casos seguintes: no final do prazo de duração estipulado, por consenso unânime dos sócios, deliberação por maioria absoluta (se for por prazo indeterminado), por falta de pluralidade de sócios (falta do número de sócios que impeçam a continuidade da sociedade) não restituída no prazo de 180

dias, extinção de autorização para funcionar, em virtude de requerimento judicial ou conforme previsão contratual; para a dissolução, os administradores deverão investir (nomear, indicar) o liquidante para promover os atos decorrentes.

Tabela 5.2. As mudanças promovidas pelo Código Civil de 2002.

Legislação comercial anterior		Código Civil
Sociedade simples Não há nenhuma previsão no ordenamento jurídico vigente. O gênero de sociedade que mais se aproxima à sociedade simples é a sociedade civil prestadora de serviços	→	É uma sociedade ligada à profissão intelectual, de natureza científica, literária ou artística, podendo, contudo, optar por um dos tipos societários mencionados ou adotar suas próprias regras. O Código Civil de 2002 estabelece critérios mais rigorosos com relação às deliberações sociais (quórum), responsabilidades nas relações com terceiros e na dissolução societária Novas exigências: Capital social: dinheiro, bens ou serviços Responsabilidade ilimitada dos sócios Registro da empresa em Cartório de Pessoas Jurídicas Saída de sócio com aviso-prévio de 60 dias Nomeação/exclusão do administrador Prestação de contas do administrador Quórum para deliberações

O nascimento da TAM[4]

O comandante Rolim Adolfo Amaro era piloto da Varig, em 1968, quando comprou seu primeiro avião, por US$ 50 mil financiados. Com ele, criou na Amazônia uma empresa de táxi-aéreo. Em 1978, adquiriu a pequena Transportes Aéreos de

4 Baseado no: *Guia PEGN – como montar seu próprio negócio*. Rio de Janeiro: Globo, 2002. p. 17.

Marília, em São Paulo. Mas Rolim percebeu que os passageiros desejavam mais do que as companhias aéreas ofereciam. Eles queriam tapete vermelho e um tratamento mais que especial. Assim, desenvolveu uma estratégia de atendimento personalizado, investiu fortemente em tecnologia da informação e deu à empresa as características de inovação e foco no cliente. A TAM ficou com a cara de Rolim e se transformou em uma das maiores empresas aéreas do país.

Sociedade empresária

As firmas empresárias ou sociedades empresariais podem apresentar-se sob diferentes formas, de acordo com os interesses dos sócios e do tipo do negócio. A sociedade empresária é aquela que exerce profissionalmente atividade econômica organizada para a produção ou circulação de bens ou de serviços, constituindo elemento de empresa. É considerada pessoa jurídica.

ESPÉCIES DE SOCIEDADES EMPRESARIAIS

As principais formas de sociedades empresárias são:

- **Sociedade em nome coletivo**: é uma associação de duas ou mais pessoas, operando sob um nome ou uma firma em comum (seja comercial ou industrialmente), ficando os sócios responsáveis solidariamente pelos direitos e pelas obrigações da firma, sem qualquer limite de valor.
- **Sociedade em comandita simples**: é uma associação na qual o capital social é formado pelas contribuições de duas classes de sócios – os comanditários ou capitalistas – que respondem até o limite do valor do capital subscrito –, e os sócios comanditados, que respondem solidária e ilimitadamente pelas obrigações sociais, empenham seu patrimônio, seu trabalho e são os sócios comerciantes da sociedade. Na verdade, trata-se de uma sociedade na qual os sócios comanditários entram com o capital e respondem limitadamente até um certo ponto, enquanto os sócios comanditados entram com o capital e o trabalho e respondem ilimitadamente; essa sociedade é uma forma jurídica por meio da qual o empresário obtém capital vinculando os investimentos ao limite do valor da importância por ele investida.

- **Sociedade em comandita por ações**: assemelha-se à forma da sociedade anterior, com a diferença de que o capital é divido em ações. Apresenta as duas classes de sócios: os comanditários e os comanditados, que são os acionistas que subscreveram as suas ações; em sua gestão, respondem solidária e ilimitadamente pelas obrigações sociais. Assemelha-se bastante à sociedade anônima, exceto pelo fato de que a direção é exercida pelos próprios sócios ou acionistas. Trata-se de uma forma de sociedade rara em nosso país, já que a sociedade anônima a substitui com inúmeras vantagens.
- **Sociedade limitada**: é uma associação de duas ou mais pessoas, cuja responsabilidade diante dos direitos e das obrigações da firma é limitada ao valor do capital registrado em seu contrato social. Pode funcionar com o nome de um dos sócios ou adotar uma denominação social diferente; a denominação social – o nome dado à empresa – deverá estar relacionada com sua atividade econômica integrada pela palavra limitada ou sua abreviatura (ltda.), cuja omissão implica a responsabilidade solidária e ilimitada dos administradores. A responsabilidade dos sócios é restrita ao valor de suas quotas, mas todos respondem solidariamente pela integralização do capital social; é vedada a contribuição que consista em prestação de serviços. Passa a ser regida pelo Código Civil de 2002 e, nas omissões, pelas normas da sociedade simples ou pelas da sociedade anônima, se assim o contrato social estabelecer. O contrato pode instituir conselho fiscal composto de três ou mais membros e respectivos suplentes, sócios ou não. É assegurado aos sócios minoritários que representarem pelo menos um quinto do capital social o direito de eleger um dos membros do conselho fiscal e o respectivo suplente. As deliberações dos sócios serão tomadas em reunião – quando a sociedade tiver menos de dez sócios – e em assembleia – quando o número de sócios supere dez; as reuniões deverão ter atas e as assembleias (e seus editais) deverão ser publicadas em jornais e averbadas na Junta Comercial. As deliberações infringentes do contrato ou da lei tornam ilimitada a responsabilidade dos que expressamente as aprovaram; além disso, o sócio-gerente deixa de ser o principal responsável pelos atos da empresa e, em seu lugar, assume a figura do administrador, e o gerente

passa a ser preposto do administrador em uma função secundária. O administrador, se quiser, pode nomear o empregado de sua confiança para exercer a função de gerente.

Tabela 5.3. Exigências do Código Civil de 2002 quanto à sociedade limitada.

Legislação comercial atual		Código Civil
Sociedade limitada Administração: Sócio-gerente ou sócio-quotista		Administração: Administrador (sócio ou não) e gerente (confiado ao empregado mais antigo) e sócio-quotista
Conselho fiscal: Não havia previsão no Decreto n. 3.708/19, embora fosse possível adotá-lo com base na Lei n. 6.404/76		Conselho fiscal: Passa a ter previsão, sendo sua adoção facultativa
Registros: A legislação em vigor obrigava o empresário a registrar somente as alterações do contrato social	→	Registros: Novas exigências quanto aos atos, que deverão ser levados a registro, tais como: atos que possam alterar a situação patrimonial do empresário (doação, separação), nomeação, destituição e renúncia do administrador, procuração para representante em assembleia ou reunião, atas de reunião, aumento e/ou redução do capital social, nomeação de liquidante, encerramento da liquidação da sociedade, ato que delibere sobre fusões, etc.
Publicações: A lei comercial não faz exigências para que as sociedades limitadas façam publicações em jornais		Publicações: As sociedades limitadas passam a publicar atos no Diário Oficial e jornais de grande circulação, convocação e uma série de formalidades

- **Sociedade anônima**: é a sociedade por ações utilizada por grandes empreendimentos pelo fato de conferir maior segurança aos seus acionistas por meio de regras mais rígidas. O capital é dividido em ações e cada sócio ou acionista responde somente pelo preço de emissão das ações que adquiriu; rege-se pela Lei n. 6.404/76 e, nos casos de omissões, pelo Código Civil. A sociedade anônima não sofreu alterações pelo Código Civil de 2002.

Sociedade anônima

Por possuir características próprias e embora seja uma sociedade empresária, trataremos separadamente da sociedade anônima.

A sociedade anônima (S.A.) é uma associação na qual o capital social é divido em ações (nominais ou ao portador) de um mesmo valor nominal, constituído mediante subscrições. Cada pessoa adquire (subscreve) o número de ações que lhe convier, tornando-se acionista da sociedade anônima. A assembleia de acionistas elege periodicamente os dirigentes da empresa. A pessoa ou o grupo que tiver maior número de ações pode tornar-se o controlador e predominar com o seu poder de voto. Ela é administrada por um conselho de administração e por um presidente eleitos em assembleia de acionistas. O conselho de administração define os negócios e a política geral da empresa, e o presidente é responsável pela administração das operações diárias e pela implementação das políticas estabelecidas pelo conselho de administração, respondendo periodicamente a ele. Os acionistas são os proprietários da empresa pelo número de ações subscritas e votam periodicamente para escolher o conselho de administração e alterar os estatutos da sociedade. Os acionistas também têm o direito de receber dividendos na proporção de sua propriedade. Assim, os direitos e os deveres da sociedade e as obrigações sociais são assumidos pelos acionistas pelo número de ações que detenham. Quando o número de acionistas é grande, ocorre a separação entre a propriedade e a administração, isto é, os dirigentes deixam de ser unicamente os acionistas e passam a ser contratados como profissionais assalariados. Conforme a prioridade no recebimento de dividendos, as ações podem ser classificadas em ações ordinárias ou ações preferenciais.

As **ações ordinárias** são aquelas adquiridas pelos acionistas comuns, que são os verdadeiros proprietários da empresa. Na realidade, eles são os últimos a receber qualquer retorno de seu interesse societário. Ao adquirir ações ordinárias, esses acionistas esperam ser recompensados por dividendos periódicos em dinheiro ou pelo aumento ou, ao menos, pela não redução, do valor da ação. As ações ordinárias asseguram ao portador as seguintes vantagens:

- uma parcela proporcional da propriedade dos bens e do controle da administração da empresa garantido pelo direito de voto em assembleias gerais;
- direitos absolutos sobre os lucros residuais (lucro líquido, depois do imposto sobre a renda), ou seja, uma remuneração não fixada e sujeita aos riscos que o investidor assume quando investe em ações de uma empresa.

As **ações preferenciais** estão limitadas a dois terços do total das ações emitidas e têm prioridade no recebimento de dividendos com valor mínimo anual estabelecido nos estatutos da empresa. As ações preferenciais asseguram ao portador as seguintes vantagens:

- prioridade no recebimento de dividendos, conforme o que for estabelecido nos estatutos da empresa;
- acumulação dos dividendos atrasados;
- possibilidade de eleger, em votação separada, um ou mais membros de órgãos da administração da empresa;
- na ausência de dividendo fixo, possibilitam a participação nos lucros em iguais condições das ações ordinárias, quando os dividendos ultrapassarem o mínimo fixado pelos estatutos.

As duas modalidades de ações – ordinárias e preferenciais – afetam diferentemente o custo do capital, diante dos diferentes riscos e direitos dos investidores e das diferentes obrigações assumidas pela empresa.

A sociedade anônima traz inúmeras vantagens:

- **responsabilidade limitada**: cada acionista é um sócio com responsabilidade limitada, não podendo perder nada além daquilo que investiu no negócio, por meio da subscrição de ações;
- **maior dimensão do negócio**: o capital pode ser obtido a partir de muitos investidores, pela facilidade com que as ações são negociadas; a propriedade pode ser pulverizada entre uma infinidade de acionistas pequenos, médios ou grandes;

- **transferência da propriedade**: a propriedade é comprovada pelos certificados de ações, que podem ser facilmente transferidos a outras pessoas; as bolsas de valores facilitam enormemente a venda e a compra de ações;
- **vida ilimitada**: a sociedade anônima não se dissolve com a morte ou com a retirada de um proprietário e pode perdurar indefinidamente no tempo, mesmo com outros acionistas;
- **crescimento**: a sociedade anônima pode expandir-se indefinidamente pelo seu aumento de capital, em virtude do rápido acesso aos mercados de capitais e da inclusão de novos acionistas;
- **administração profissional**: a direção da empresa passa para administradores profissionais contratados, que podem ser promovidos ou substituídos quando necessário.

Todavia, a sociedade anônima pode apresentar algumas desvantagens, a saber:

- **imposto de renda**: o lucro da sociedade anônima é tributado pelo imposto de renda e novamente tributado quando distribuído aos acionistas na forma de dividendos; a carga tributária é bem maior do que nas firmas individuais e nas sociedades de pessoas;
- **regulamentação governamental**: como é uma entidade legalmente estabelecida, a sociedade anônima está submetida a regulamentações federais, estaduais e municipais, fazendo com que a empresa precise de alguns órgãos internos especializados apenas em prestar serviços burocráticos e atender a todas essas regulamentações; assim, a sociedade anônima precisa ter um departamento de acionistas, um departamento legal, um departamento pessoal, um departamento contábil, etc., para tratar da regulamentação governamental; a terceirização dessas áreas tem feito milagres, mas também faz com que os custos operacionais da sociedade anônima sejam bem maiores que nos outros tipos de firmas;
- **falta de sigilo**: como os acionistas devem conhecer o desempenho e a situação financeira da sociedade anônima, a companhia precisa publicar periodicamente suas demonstrações financeiras, o que a torna muito transparente aos olhos do público e dos concorrentes.

As sociedades anônimas são as empresas de maior tamanho e nas quais se pode visualizar a maior parte dos conceitos financeiros aqui expostos. Constituem o tipo de empresa dominante em nossa economia capitalista, na qual o pequeno investidor pode comprar ações a fim de aplicar a sua poupança no longo prazo. O desempenho das sociedades anônimas é medido com relação ao lucro líquido apresentado na demonstração do resultado. Daí a necessidade de um conhecimento mais profundo dos conceitos financeiros que serão tratados nos próximos capítulos.

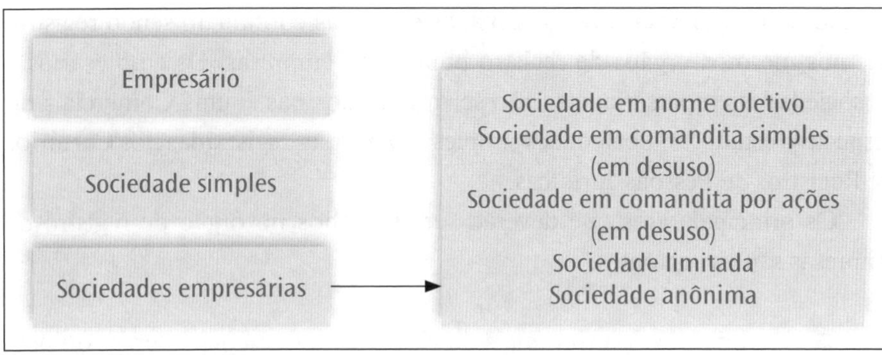

Figura 5.1. As formas jurídicas das empresas.

A escolha da forma ou espécie de firma ou sociedade a ser utilizada depende de um conjunto de fatores relacionados entre si, tais como a capacidade financeira dos sócios, o volume de capital necessário para o negócio, o tipo de produto/serviço que pretendem produzir, o risco maior ou menor do negócio, etc. Assim, com base nesses fatores é que se pode escolher a forma ou a espécie de sociedade a ser utilizada.

A UNIÃO FAZ A FORÇA[5]

O empreendedor Amador Aguiar (1904-1991) deixou uma herança espetacular. Foi agricultor e tipógrafo até que, em 1926, ingressou na filial do Banco Noroeste, na cidade de Birigui, em São Paulo, como *office-boy*. Após dois anos de trabalho, chegou

5 Idem, p. 19.

ao cargo de gerente da agência. Em 1943, com alguns amigos, comprou um pequeno banco falido de Marília, também em São Paulo, o qual rebatizou com o nome de Banco Brasileiro de Descontos – Bradesco. Daí em diante foi só crescimento. Na década de 1950, investiu na popularização dos serviços bancários, tornando o Bradesco, logo em seguida, o maior banco privado do país. Certa vez, Aguiar confessou: "Nunca li um livro de economia e, se tivesse lido, não faria tudo o que eu fiz".

Registro de empresas

De acordo com o atual Código Civil, as empresas continuam sendo registradas nos mesmos órgãos de registro público de empresas. Os empresários e as sociedades empresárias deverão ser registrados nas Juntas Comerciais do respectivo estado. As sociedades simples deverão ser registradas nos Cartórios de Registros de Pessoas Jurídicas.

Os principais atos que deverão ser averbados no órgão de registro de empresas são os seguintes:

- modificações patrimoniais do empresário (atos que alterem ou possam alterar a situação patrimonial do empresário, tais como separação judicial, doações de herança, pacto antenupcial, etc.);
- nomeação ou saída de administrador e gerente;
- redução do capital social;
- cessão de quotas;
- renúncia do administrador;
- atas da assembleia ou reunião;
- dissolução da sociedade;
- venda de estabelecimento (não confundir venda de estabelecimento comercial com cessão e transferência das quotas sociais).

Os principais atos que deverão ser publicados no *Diário Oficial da União* ou do Estado (conforme o local da sede do empresário ou da sociedade) e em jornal de grande circulação são:

- redução do capital social;
- renúncia do administrador;

- convocação de assembleias;
- dissolução da sociedade;
- venda de estabelecimento.

Por causa de todas essas novas exigências, não abra mão do seu advogado e do seu contador para assessorá-lo nas decisões sobre o seu negócio.

OUTROS TIPOS DE ASSOCIAÇÕES

Além das formas jurídicas anteriormente apontadas, existem algumas alternativas interessantes de associação com pessoas ou organizações que trazem benefícios da experiência alheia ou da parceria com quem já tem algum negócio próprio.

Cooperativa

Trata-se de uma associação voltada exclusivamente para suprir as necessidades e os interesses dos associados. O objetivo da sociedade cooperativa ou cooperativista é amparar, por meio da cooperação, os negócios dos associados, como é o caso de cooperativas de agricultores, de consumo etc. O capital é formado por quotas-partes e varia conforme aumenta ou diminui o número de associados, não podendo ser transferido a terceiros. O número de associados é ilimitado, sendo impedida a subscrição de quotas-partes por estranhos ao meio social amparado pela associação. Os associados participam das deliberações tomadas em assembleias gerais, por meio de voto, para eleger a diretoria da sociedade, decidir sobre os estatutos, as políticas e as diretrizes, os preços, etc.

O Código Civil de 2002 impõe os seguintes aspectos às sociedades cooperativas:

- variabilidade ou dispensa do capital social;
- um mínimo de sócios para compor a administração da sociedade, sem limitação de número máximo;
- limitação do valor das quotas do capital que cada sócio poderá tomar;
- intransferibilidade das quotas do capital a terceiros estranhos à sociedade, ainda que por herança;
- quórum para a assembleia geral funcionar e deliberar, de acordo com o número de sócios presentes à reunião e não com o capital social representado;

- direito a um só voto por cada sócio nas deliberações, tenha ou não capital da sociedade, independentemente do valor de sua participação;
- distribuição dos resultados proporcional ao valor das operações efetuadas pelo sócio com a sociedade, podendo ser atribuído juro fixo ao capital realizado;
- indivisibilidade do fundo de reserva entre os sócios, ainda que em caso de dissolução da sociedade;
- responsabilidade dos sócios limitada ou ilimitada;
- a cooperativa será sempre considerada uma sociedade simples.

Tabela 5.4. Alterações provocadas pelo Código Civil de 2002.

Legislação comercial anterior		Código Civil
Sociedade cooperativa		
Considerada sempre uma sociedade de pessoas registrada na Junta Comercial	→	Considerada sociedade simples, com registro na Junta Comercial, conforme Lei n. 5.764/71

Franquia (*franchising*)

A franquia refere-se ao licenciamento do uso de marcas. Constitui a transferência para um segundo empresário de toda a história de sucesso de determinada marca, incluindo, entre outros itens, o repasse de informações nos campos de tecnologia, gestão do negócio, treinamento e *merchandising*.[6]

A essência da franquia está na parceria, pois ela junta a capacidade mercadológica, tecnológica e gerencial do franqueador ao espírito empreendedor e à capacidade de trabalho do franqueado. O sucesso dependerá da competência e do trabalho harmônico de ambas as partes. Assim, o sistema de *franchising* constitui um casamento de interesses em que os dois parceiros – o franqueado e o franqueador – unem esforços em busca de um objetivo: o

6 CHERTO, M.; RIZZO, M. *Franchising: como comprar sua franquia passo a passo*. São Paulo: Makron Books, 1990.

sucesso comercial de ambos. Ao comprar uma marca já estabelecida no mercado, o franqueado, além de maiores chances de êxito, poupa-se do trabalho de reinventar a roda, já que adquire a experiência acumulada pelo franqueador. Queimam-se etapas, pois alguém já gastou o tempo e os recursos necessários para consolidar o negócio. O franqueado beneficia-se do fato de assumir um negócio amadurecido e pronto para render lucros. De igual modo, o franqueador beneficia-se com a possibilidade de cobrir um mercado maior com investimentos mais reduzidos.

Franquia é o termo genérico utilizado para designar o sistema como uma totalidade e pode ter dois significados bem distintos:

- unidade ou negócio operado e administrado por um franqueado;
- composição dos direitos concedidos por um determinado franqueador a cada um de seus franqueados.

Franqueador é quem concede e vende a franquia, seja pessoa física ou jurídica. Geralmente, o franqueador desenvolve e experimenta na prática o conceito do negócio e a tecnologia de operação que o envolve e concede a franquia, autorizando o franqueado a fazer uso dela na implantação, administração e operação de um negócio que deverá funcionar de acordo com aquele conceito.

Franqueado é quem adquire a franquia, seja pessoa física ou jurídica, pagando ao franqueador, quase sempre, uma taxa inicial, além de *royalties* periódicos e outros valores. O franqueado é o responsável pela instalação, operação e administração da franquia, operando conforme as normas ditadas pelo franqueador. Ele banca todos os custos de instalação e todas as despesas de operação e administração da franquia.

Há dois tipos de franquia conforme o ramo de atividade do franqueado: ela pode ser de indústria ou de varejo. A franquia de varejo pode ser subdividida em de produto, de serviços e híbrida ou mista.

Na **franquia de indústria,** o franqueado implanta e opera uma empresa industrial. É o caso da Cola-Cola: as fábricas engarrafadoras de bebida são de propriedade dos franqueados, que operam a produção e a distribuição, enquanto a Coca-Cola se limita a fornecer os xaropes concentrados e o *know-how*.

Na **franquia de varejo**, o franqueado instala e opera um negócio em que comercializa essencialmente produtos/serviços. No caso da franquia híbrida, o franqueado comercializa produtos/serviços em conjunto. Um exemplo típico de franquia de varejo de produtos é o O Boticário e um de franquia de varejo de serviços é a Livraria Nobel. Para exemplificar franquia híbrida ou mista, podemos citar a escola de idiomas Yázigi, em que o franqueado comercializa livros que demonstram o método de ensino mais a prestação de serviços de ensino de idiomas, equilibrando produtos/serviços de maneira intimamente relacionada.

Também existem três tipos de franquia conforme o estágio de desenvolvimento da operação: de primeira, segunda e terceira geração.

A **franquia de primeira geração** é a franquia de marca e produto. O franqueador outorga uma autorização para que o franqueado use sua marca para revender certos produtos ou prestar determinados serviços, que são geralmente fornecidos ao franqueado pelo próprio franqueador ou, pelo menos, sob sua licença. As principais características da franquia de primeira geração são as seguintes:

- o franqueador oferece ao franqueado suporte e orientação, que quase sempre se restringem ao projeto arquitetônico do ponto de venda seguindo um padrão visual próprio e específico; o custo do projeto geralmente está incluído no preço total que o franqueador cobra do franqueado pelos materiais e/ou mercadorias fornecidas;
- o franqueador oferece ao franqueado um manual ou um treinamento muito simples e elementar, que não contém quase nada a respeito da realidade com que este irá se defrontar; não há transferência de tecnologia para implantação, operação e administração do negócio;
- o franqueador não proporciona nenhum suporte operacional, financeiro, administrativo e mercadológico ao franqueado inexperiente para possibilitar seu sucesso no empreendimento;
- o franqueador não garante exclusividade na distribuição dos produtos/serviços de sua marca, mas apenas um canal alternativo ao franqueado; em outras palavras, os produtos/serviços de sua marca podem ser encontrados em outros negócios que não integram a sua rede.

A franquia de primeira geração é vantajosa apenas para quem tem grande experiência no ramo de atividade. Um franqueado inexperiente poderá contar apenas com seu talento e muita sorte, pois dificilmente teria garantia de sucesso no ramo de negócio escolhido por falta de suporte, orientação e serviços mais adequados ao franqueador.

A **franquia de segunda geração** tem as mesmas características da franquia de primeira geração, com a única diferença de que a rede de lojas com a marca do franqueador é usada como canal exclusivo para a distribuição dos produtos/serviços. Da mesma forma, esse tipo de franquia não oferece suporte do franqueador, dependendo exclusivamente do talento do franqueado.

A **franquia de terceira geração** é também denominada franquia de formato de negócio ou de negócio formatado. É o tipo mais avançado de franquia, pois assegura aos adquirentes condições básicas de implantação, operação e administração do negócio, ainda que os franqueados não tenham experiência anterior no ramo de atividade. As principais características da franquia de terceira geração são:

- o franqueador transfere ao franqueado toda a tecnologia que desenvolveu e testou na prática, devidamente ordenada e sistematizada, em relação ao planejamento, implantação, operação e administração do negócio que o franqueado instalará e operará;
- o franqueador oferece prestação de serviços.

A prestação de serviços que o franqueador oferece deve dispor de:

- análise mercadológica do ponto onde o franqueado instalará a franquia;
- seleção rigorosa dos franqueados com base em um perfil previamente definido;
- assistência na implantação da franquia, com fornecimento de projetos, especificação dos materiais, equipamentos e recursos, indicação de fornecedores habilitados, etc.;
- treinamento completo do franqueado ou de sua equipe, com reciclagens periódicas;
- orientação e assistência permanente sobre os aspectos mercadológicos, financeiros, administrativos e de recursos humanos;
- fornecimento e atualização de manuais com todas as informações sobre o negócio;

- uma unidade-piloto ou protótipo, isto é, uma unidade própria que o franqueador usa como laboratório de testes e desenvolvimento da tecnologia de novos produtos/serviços e de técnicas de gestão das franquias da rede.

Como lidar com as franquias[7]

A franquia pode ser um excelente negócio quando apresenta as seguintes condições:

- formato do negócio comprovadamente viável, com manual de operações e apoio promocional;
- concede o direito de uso do nome ou da marca;
- proporciona treinamento em venda e em negócios ao franqueado;
- o contrato define claramente os direitos e as obrigações de ambas as partes;
- apresenta uma pesquisa de mercado a longo prazo que vislumbra a sobrevivência do negócio diante de mudanças futuras;
- permite um amplo território de exclusividade para gerar renda suficiente;
- proporciona suporte e apoio antes, durante e após o início da atividade, incluindo consultoria de gestão.

A franquia pode ser um mau negócio quando:

- o franqueador tem apenas uma loja no mercado e a franquia não foi totalmente testada e experimentada na prática;
- as condições do franqueador são demasiadamente rígidas;
- a taxa inicial é muito elevada;
- os territórios são muito divididos e não há pesquisas sobre as diferentes áreas do país e de seus mercados;
- o franqueador subestima a concorrência;
- a expectativa de vendas é baseada nos resultados obtidos em outro país;
- o franqueador promete muitas vendas, mas sem comprovação.

7 Baseado em: HINGSTON, P. *Como abrir e administrar seu próprio negócio.* São Paulo: Publifolha, 2001. p. 24.

Cherto e Rizzo enumeram as vantagens da franquia para franqueador e franqueado:[8]

Vantagens para o franqueador:

- cobre o mercado com menor investimento próprio;
- disponibilidade de um canal de distribuição leal e exclusivo;
- maior eficiência em cada unidade, já que o dono (franqueado) estará presente em cada uma para assegurar o andamento do negócio.

Vantagens para o franqueado:

- maior garantia de sucesso pelo fato de entrar em um negócio dentro de um esquema pré-testado e pré-aprovado;
- aquisição da experiência acumulada durante anos pelo franqueador;
- possibilidade de fazer um menor investimento e muita economia por evitar erros decorrentes da inexperiência própria.

Mas a franquia também traz alguns desafios e limitações que também são apontados por Cherto e Rizzo.

Limitações para o franqueador:

- maior cobrança na atuação, pois o franqueado não é um subalterno ou um empregado, mas um parceiro que investe na implantação e na operação do negócio;
- perda de acesso direto ao consumidor final de seus produtos/serviços, pois o franqueado e sua equipe se colocam em contato direto com o mercado consumidor.

8 CHERTO, M.; RIZZO, M. Op. cit., p. ?.

Limitações para o franqueado:

- pouca independência, já que o franqueador exige ação uníssona de toda a rede para a manutenção do seu padrão criado e imposto;
- risco associado ao desempenho do franqueador (o franqueador deve ter uma equipe competente para estruturar a operação da franquia e manter-se atento às tendências do mercado);
- necessidade de pagar uma taxa inicial ao franqueador, além de *royalties* periódicos e um percentual previamente estipulado de seu faturamento bruto (os *royalties* remuneram o franqueador pelos serviços e pelas facilidades que presta ao franqueado; este precisa verificar a relação custo/benefício para avaliar se os serviços, as facilidades e os benefícios prestados valem o preço cobrado pelo franqueador).

Tabela 5.5. Lista de oportunidades com franquias disponíveis.[9,10]

Academias de esporte	*Fast-food*
Alimentação	Informática
Artigos para esporte	Joias, bijuterias e acessórios
Bebidas	Lazer
Calçados	Limpeza e conservação
Comunicação	Livrarias e papelarias
Concessionárias de veículos	Locação de automóveis
Construção	Ótica, cine, foto e som
Educação	Presentes e utilidades domésticas
Lojas de conveniência	Saúde e beleza
Móveis e decoração	Serviços automotivos
	Serviços especializados
	Turismo e hotelaria
	Vestuário

9 Fonte: Instituto Brasileiro de *Franchising*.

10 Fonte: Instituto Brasileiro de *Franchising*.

Parcerias

A parceria pode ser uma interessante opção para alguns empreendedores ou uma necessidade de mercado, pois com ela é possível dividir tarefas sem que exista concorrência entre as partes envolvidas, garantindo independência para ambas. A opção por parceria deve ser bem avaliada pelas partes envolvidas. É importante definir claramente quais são as responsabilidades e os deveres de cada um dos parceiros, para que não surjam dúvidas ou conflitos depois de iniciado o negócio. Também os retornos precisam ser bem definidos para evitar problemas posteriores. Algumas formas de sociedade privilegiam a parceria; é o caso da sociedade de capital e indústria, a sociedade de comandita simples ou comandita por ações e a sociedade cooperativa. No caso de parcerias temporárias e provisórias, isto é, não definitivas, deve-se escolher a forma societária mais adequada.

Joint ventures

As empresas locais e estrangeiras que passam a compartilhar o capital, os riscos e as decisões sobre os empreendimentos que realizarão em conjunto. Na *joint venture*, cada sócio conserva sua independência e realiza objetivos mediante uma empresa comum, com participação no capital social. É uma forma de a empresa expandir sua base econômica com objetivos específicos de lucro ou benefícios adicionais para o seu negócio.

A *joint venture* é utilizada por empresas que se unem para ampliar as vantagens comparativas e diferenciadas que já possuem, seja na área de mercado, tecnologia ou finanças. Em um mundo em que os negócios são globalizados e internacionalizados, a *joint venture* leva em conta elementos como o *know-how*, *royalties* e assistência técnica. Além disso, há a divisão dos riscos e os benefícios do empreendimento comum, a participação no controle financeiro de todas as transações realizadas e uma forma jurídica flexível, que permite adaptar-se às diferentes legislações nacionais e aos diferentes interesses empresariais. Na América Latina, onde cada país tem sistemas fiscais e tributários peculiares, um parceiro local pode apresentar vantagens ao investidor estrangeiro, servindo como intermediário entre eles e as autoridades locais. Atualmente, as organizações mundiais evitam assumir todo o risco de investir em novos mercados, preferindo formas associativas como

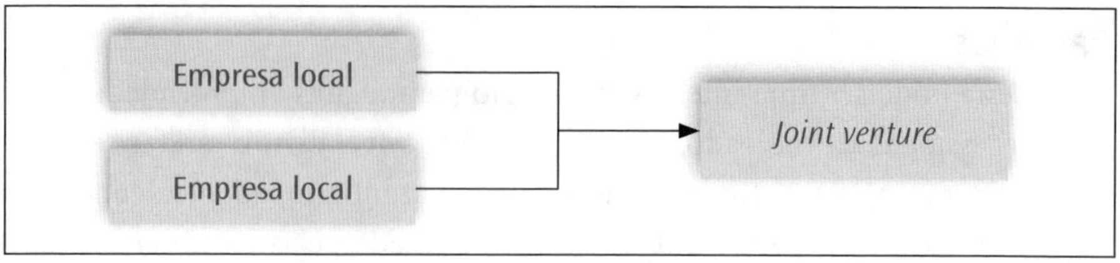

Figura 5.2. O esquema da *joint venture.*

o meio mais viável de conquistar novos espaços econômicos. No Mercosul, a *joint venture* poderá constituir uma forma jurídica para conciliar os interesses comuns dos quatro países envolvidos – Brasil, Argentina, Paraguai e Uruguai –, que apresentam estágios diferenciados e parques industriais com enorme discrepância tecnológica. A *joint venture* poderá apresentar-se como um meio de conjunção de interesses e de captação de tecnologia entre os países do Mercosul ou até mesmo entre esses países e um quinto país estrangeiro.

Forma-se uma *joint venture* quando há a intenção de se associar uma empresa nacional a uma estrangeira que detém a tecnologia a ser utilizada. No Brasil, predomina a *joint venture* em que o sócio brasileiro participa com parte do capital das empresas associadas e na qual o sócio estrangeiro transfere a tecnologia para a empresa local. Daí a importância de tal empreendimento no processo de desenvolvimento econômico e tecnológico de nosso país.

A *joint venture* não tem prazos predefinidos de duração, podendo resultar tanto da associação de capitais privados nacionais e multinacionais quanto de estatais. Quando ocorre a associação dos três capitais, denomina-se *joint venture* tripartite.

Terceirização

A terceirização ocorre quando uma empresa decide transferir para outra empresa a produção de bens ou de serviços que anteriormente realizava com seus próprios recursos. Assim, em vez de produzir certos serviços ou produtos, ela passa a comprá-los de fornecedores na medida de suas necessidades. Com isso, a empresa transforma seus custos fixos em custos variáveis, libera recursos e pessoas, espaço e administração. A terceirização é, portanto, uma subcontratação, uma transferência para terceiros de atividades anteriormente realizadas pela própria empresa. Dessa forma, a empresa pode concentrar-se melhor no seu próprio negócio, fazendo com que as atividades não essenciais sejam realizadas por empresas nelas especializadas e que sabem fazer o trabalho da melhor maneira, com substancial redução de custos e melhoria de qualidade.

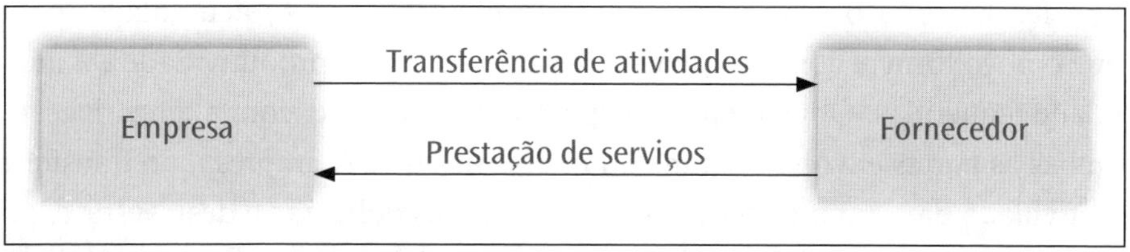

Figura 5.3. O esquema da terceirização.

A primeira etapa de terceirizações realizadas pelas grandes empresas envolveu refeitório e restaurante, serviços médicos e ambulatoriais, vigilância e segurança, faxina e limpeza, transporte de pessoal, transporte de dinheiro e valores, processamento de dados, serviços de advocacia e de contabilidade etc. Essas atividades passaram a ser realizadas por novos empreendedores ou empresas externas. Em uma segunda etapa, outros serviços passaram a ser terceirizados, como criação gráfica e embalagens, manutenção industrial, pesquisa de mercado, produção e propaganda, treinamento de pessoal, organização e métodos, serviço social, recrutamento e seleção de pessoal, avaliação do desempenho, pesquisas internas de clima organizacional, etc. Em uma terceira etapa, mais serviços passaram a ser terceirizados pelas empresas, como produção de determinados componentes e insumos industriais, contratação de mão de obra temporária para produção e escritórios, acabamento final e embalagem de produtos, estocagem e almoxarifado de produtos acabados, transporte, distribuição e entrega de produtos finais aos distribuidores e clientes, etc. Esta última etapa provocou um fenômeno até então inesperado: a necessidade de criar meios para administrar os trabalhos terceirizados. Aí surgiu a chamada quarteirização – os núcleos das empresas que administram os trabalhos de terceiros, planejamento e controle de suas atividades.

Com a terceirização estabelece-se um sistema de parceria entre a empresa e o fornecedor de serviços terceirizados. É como se o serviço ainda continuasse a ser executado dentro da empresa, tal a proximidade da parceria e o do comprometimento mútuo das partes envolvidas.

Ao terceirizar a atividade, a empresa proporciona ao empreendedor toda a assistência técnica necessária, todas as especificações do produto/serviço transferido, todo o seu conhecimento técnico (*know-how*) acumulado, para que o novo fornecedor seja capaz de produzi-lo com a produtividade e a qualidade requeridas. Obviamente, a expectativa é a de que, com a terceirização, ambas as partes envolvidas ganhem com o sistema. A empresa, ao transferir a atividade para uma terceira parte, procura desmobilizar e desinvestir e, ao mesmo tempo, ganhar flexibilidade e economia. O empreendedor ganha com um negócio próprio, com o suporte e o amparo técnico da empresa e conta ainda com a garantia de fornecimento programado.

Assim, as várias alternativas de composição societária terão de ser estudadas a fim de se escolher o melhor caminho para o novo negócio. O empreendedor deve ponderar cuidadosamente sobre qual é a melhor maneira de arquitetar a forma jurídica que adotará, comparando as vantagens e as desvantagens de cada um dos modelos aqui apresentados.

Associações

Associação é uma entidade de direito privado dotada de personalidade jurídica e que se caracteriza pelo agrupamento de pessoas para a realização e consecução de objetivos e ideais comuns, sem finalidade econômica, isto é, sem interesse de lucro. Assim, as associações somente poderão ser constituídas com fins não econômicos.

Suas principais características são:

- ausência de finalidade lucrativa;
- reunião de diversas pessoas para a obtenção de um fim ideal, que pode ser alterado pelos associados;
- o patrimônio é constituído pelos associados ou membros;
- reconhecimento de sua personalidade por parte da autoridade competente.

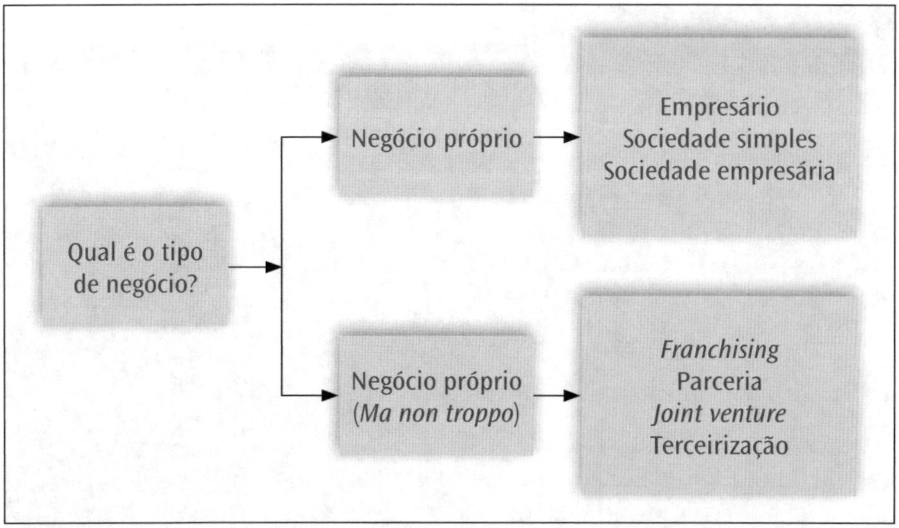

Figura 5.4. Os diferentes tipos de negócio.

Fundações

Para criar uma fundação, o seu instituidor deverá fazê-lo por escritura pública ou testamento à dotação (doação) especial de bens livres, especificando o fim a que se destina, declarando, se quiser, a maneira de administrar.

As características principais da fundação são:

- patrimônio ou conjunto de bens ou coisas com destinação específica;
- serve a fins de utilidade pública, que podem ser morais, religiosos, culturais, assistenciais, etc.;
- necessidade de patrimônio para a constituição;
- instituidor que faça doação especial de bens livres;
- as demais regras estão mantidas, inclusive quanto à fiscalização pelo Ministério Público.

Composição do contrato social

O contrato social da empresa deve conter os seguintes elementos:

- título;
- preâmbulo;
- corpo do contrato;
- cláusulas obrigatórias;
- fechamento.

As cláusulas obrigatórias são as seguintes:

- nome da empresa, que pode ser a razão social ou a denominação social;
- capital da sociedade, com participação de cada sócio e a forma e o prazo de sua integralização;
- município de sede, com endereço completo;
- objeto social (item essencial);
- responsabilidade dos sócios, ou seja, a definição de que a responsabilidade dos sócios se limita ao valor do capital social;
- prazo de duração da sociedade;
- data do encerramento do exercício social;
- nomeação do administrador;
- foro contratual.

O fechamento deve conter:

- local e data do contrato;
- nome dos sócios e sua identificação;
- nome das testemunhas e sua identificação;
- visto do advogado.

6 Quais serão os passos iniciais

A preparação inicial: equipe, produção, *marketing* e finanças
O que oferecer ao cliente?
A busca pela vantagem competitiva e pela sustentabilidade

Após a definição de qual será o negócio, visualizado o mercado a ser abordado, estabelecida a forma jurídica da empresa e a associação com outras pessoas como sócias – se isso for necessário – e, finalmente, aberta a empresa, resta dar os primeiros passos para que o negócio comece a funcionar. É a hora da largada.

Para dar a partida ao negócio, é necessário preparar a equipe com a qual você deverá trabalhar, além de preparar a produção, as vendas e as finanças. Esses são, efetivamente, os primeiros passos do novo negócio. E isso exige planejamento.

Fuja das armadilhas que cercam um novo negócio[1]

Evite alguns perigos inerentes ao novo negócio. São situações inusitadas, que o empreendedor pode enfrentar em condições desfavoráveis. Quase sempre essas armadilhas estão na cabeça do empreendedor. Veja cada uma delas a seguir.

---

1 Baseado no: *Guia PEGN – como montar seu próprio negócio*. Rio de Janeiro: Globo, 2002. p. 52.

Autossuficiência: você não pode buscar o sucesso sozinho. Isso exige muito trabalho. É preciso saber formar a equipe, liderar, motivar e desenvolver pessoas. A união faz a força.

Centralização: controlar é necessário, mas não exagere. Muito controle inibe ideias, bloqueia iniciativas e desmotiva a criatividade. Saiba delegar, desenvolver iniciativa própria e agilidade nas pessoas e cobrar resultados.

Dispersão: delegue atividades operacionais para seus funcionários e procure dedicar-se ao essencial: conhecer o cliente, liderar a equipe e buscar o alcance dos objetivos. Não se disperse nos detalhes, focalize o seu *core business*.

Arrogância: não pense que você sabe tudo a respeito do negócio. Seja humilde e aprenda com o cliente, com a sua equipe e com o mercado. Esteja sempre disposto a aprender.

Negligência: não deixe a peteca cair. Fique sempre atento. O olho do dono engorda o negócio. Procure dedicar-se a ele e não desvie sua atenção. Escolha parâmetros ou marcos de referência – um painel de indicadores de resultados – para fazer a leitura constante de como o seu negócio está caminhando.

Nepotismo: não misture os negócios com as amizades ou com a família. Saiba separar nitidamente a empresa e os interesses empresariais da família e dos interesses familiares.

Apatia: um empreendimento exige paixão, dedicação, suor e lágrimas. Não é possível construir uma empresa com apatia. Deus ajuda a quem cedo madruga. Mão na massa!

Introversão: não feche os olhos para o mercado. É nele que estão as oportunidades e as ameaças. Fique de antenas ligadas. Procure visualizar o ambiente, os cenários futuros, as tendências e as oportunidades.

A PREPARAÇÃO INICIAL: EQUIPE, PRODUÇÃO, *MARKETING* E FINANÇAS

Decidido qual será o novo negócio, os passos seguintes referem-se à preparação inicial: quem trabalhará na empresa, como produzir, como vender e como gerenciar as finanças. Em resumo, cuidar da equipe para que ela execute todas as atividades de produção, *marketing* e finanças. O seu negócio fatalmente precisará produzir ou comercializar algo e obter retornos financeiros com a ajuda de uma equipe valorosa. O seu cotidiano ficará sempre ao redor disso.

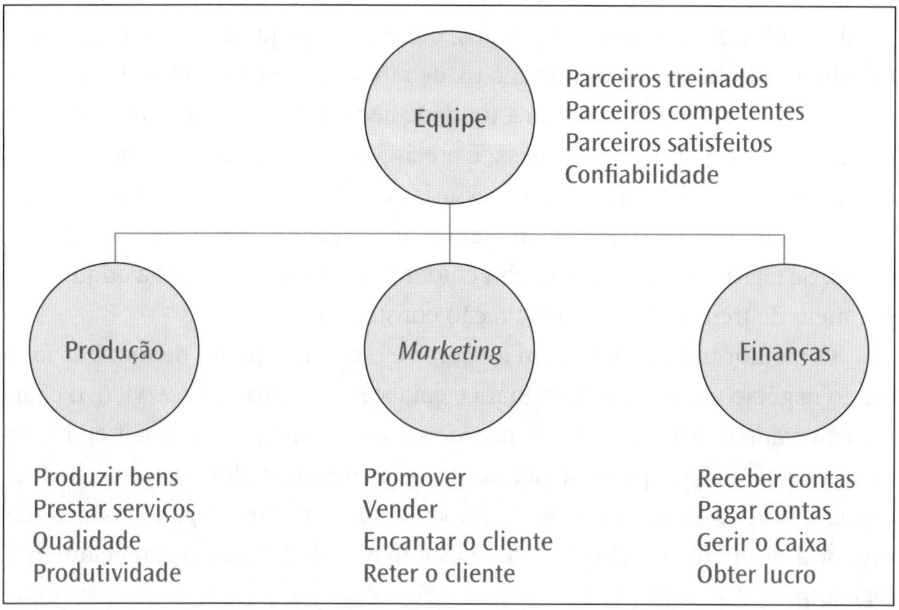

Figura 6.1. As quatro bases fundamentais para a hora da largada.

Certamente, os primeiros passos não serão perfeitos, mas a aprendizagem precisa ser constante. Aprender com cada acerto e também com cada erro. Que cada erro seja um aprendizado em direção à melhoria contínua. Aprender a aprender. Fazer com que todos da equipe que vai ajudá-lo a tocar o negócio – inclusive você – aprendam continuamente e construam sua experiência, seu conhecimento e sua *expertise*. O investimento em aprendizado deve ser feito cuidadosamente, pois ele – e somente ele – proporcionará o conhecimento necessário para garantir o desenvolvimento e o progresso do seu negócio. É preciso pensar em capital humano e em capital intelectual. Trata-se de ativos intangíveis e invisíveis que não se consegue visualizar, mas que são indispensáveis para ganhar vantagem competitiva no mercado.

A preparação da equipe

Para iniciar o negócio, você precisa ter o pessoal devidamente preparado – contratado, integrado e treinado – para desenvolver as diversas tarefas e atividades da empresa: quem e quais as pessoas vão colaborar no começo do empreendimento. Enquanto você analisa os dados sobre seu projeto com possíveis sócios, familiares ou amigos, é importante que a equipe com quem trabalhará também conheça todos os detalhes do negócio. Comunicação e mais comunicação. É ela que dá a unidade necessária à equipe. No momento de montar ou dinamizar a empresa, é preciso juntar as qualidades pessoais ao conhecimento e às habilidades necessárias no mundo dos negócios, e, sobretudo, contar com pessoas que também tenham esses conhecimentos e habilidades. Se elas não têm, você precisa cuidar para que elas passem a adquiri-los por meio de treinamento e capacitação constantes.

O melhor treinamento para a equipe é o conhecimento de todas as facetas do negócio em que ela trabalhará e colaborará: o produto/serviço, o cliente, o mercado concorrente, os fornecedores, etc., principalmente o atendimento ao cliente e a completa satisfação das suas necessidades e expectativas. O negócio precisa provocar elevado impacto sobre o cliente para marcar sua presença no mercado. O capítulo 9 deste livro é dedicado ao gerenciamento da equipe.

A preparação da produção

É preciso dar a partida nos seus processos de produção, seja de bens ou de serviços, isto é, mercadorias a serem produzidas ou atividades a serem prestadas aos usuários para iniciar o negócio. Você deve providenciar um local adequado para as instalações, um arranjo físico racionalmente estudado, além de máquinas e equipamentos, pessoal capacitado e treinado e um estoque satisfatório de matérias-primas e de produtos acabados. Deverá efetuar contatos com os fornecedores, principalmente os de tecnologia e de serviços dos quais o seu negócio provavelmente precisará. Todas essas providências são fundamentais para que a produção comece bem e seja eficiente. Se o seu empreendimento não é industrial, mas comercial ou prestação de serviços, todo cuidado preliminar é pouco. Procure antecipar-se aos eventuais problemas que possam vir a surgir ou às potenciais dificuldades implícitas no processo de produzir ou de prestar serviços. Troque ideias com sua equipe antes da largada final, para que todos os problemas possam ser resolvidos com rapidez e no momento em que aparecerem. Esteja preparado para possíveis erros ou situações imprevistas que podem provocar paradas ou demoras no seu processo produtivo.

Para maior detalhamento, dedicamos o Capítulo 10 deste livro ao gerenciamento da produção.

A preparação do *marketing*

No início do negócio, você precisa começar a desenvolver seus processos de venda ou comercialização. Você deverá dispor de um local e de instalações adequados para a exposição dos seus produtos/serviços, onde os clientes serão atendidos, bem como de pessoal perfeitamente treinado para tanto. É interessante que você faça simulações com sua equipe para melhorar o seu desempenho quanto à demonstração do produto, ao conhecimento profundo de suas características, qualidade, custos e preço. Contatos intensivos com os clientes deverão ser realizados para que sejam identificadas as suas necessidades e expectativas, bem como possíveis alterações no perfil do produto ou serviço.

Torna-se fundamental um esquema de reuniões periódicas – seja no café da manhã, no almoço ou no final do expediente – com a equipe de vendas para debater os resultados diários, receptividade do produto/serviço, verificar os problemas existentes, reprogramar os objetivos e melhorar gradativa e continuamente o desempenho. O Capítulo 11 deste livro é dedicado ao gerenciamento de *marketing*.

A preparação das finanças

Também o esquema financeiro deve estar previamente preparado quando você iniciar as atividades do seu negócio. Para adquirir ou alugar o local adequado, as máquinas e as instalações necessárias, os estoques de matérias-primas ou os produtos acabados, você deverá dispor de um capital suficiente, uma conta bancária, dinheiro em caixa etc. Além do mais, você precisará de um adequado capital de giro para financiar suas atividades operacionais ao longo do tempo.

Se você tiver condições, procure não depender financeiramente do negócio nos primeiros meses, a fim de reinvestir nele o resultado das operações iniciais e melhorar o seu capital de giro. Para tanto, você precisa montar seu planejamento financeiro para monitorar adequadamente o andamento do seu negócio sob o ponto de vista das finanças. Ao gerenciamento das finanças dedicamos o Capítulo 12 deste livro.

Contando com a ajuda de especialistas

Além de seu próprio discernimento, conhecimento e experiência pessoal, você precisa do apoio de especialistas ou organizações capazes de ajudá-lo em sua empreitada, como as citadas a seguir.

- **Contadores**: não deixe de consultar um contador antes de iniciar ou alterar seu próprio negócio. Informe-se a respeito de impostos que incidem sobre suas atividades e como fazer seu planejamento tributário para reduzir custos desnecessários. Escolha e contrate um bom contador e ele lhe trará certamente ideias excelentes.
- **Advogados**: consulte um advogado antes de abrir ou de fazer alterações legais contratuais em seu negócio, antes de alugar instalações ou para esclarecer questões legais.
- **Gerentes de banco**: são pessoas que, em geral, têm bons conhecimentos sobre os negócios e os mercados e que podem ajudar o empreendedor sobre questões financeiras.
- **Organizações de apoio à empresa**: Sebrae, Simpi (Sindicato da Micro e Pequena Indústria do Estado de São Paulo) e outras instituições são extremamente úteis tanto para solucionar dúvidas, como para dar indicações. Promovem, periodicamente, cursos e palestras sobre assuntos relacionados a empreendimentos e empreendedores.
- **Governo**: dúvidas sobre impostos, licenças e regulamentações podem ser esclarecidas com os órgãos governamentais correspondentes.
- **Universidades**: muitas universidades têm grupos de alunos coordenados por professores e especialistas que promovem assessorias a pequenos negócios por meio de entidades como escola júnior ou laboratório de administração. Pesquisas de mercado, projetos, trabalhos de consultoria e outras atividades especializadas podem ser oferecidos por essas entidades a custos baixíssimos.

O QUE OFERECER AO CLIENTE?

Já tocamos nesse assunto e vamos repeti-lo dada a sua importância. Qualquer tentativa séria de afirmar qual é o negócio da empresa deve partir sempre do cliente, considerando a sua realidade, sua situação, seu comportamento, suas expectativas e necessidades e seus valores pessoais. Enfim, daquilo que é importante e valioso para o cliente. Assim, a definição do negócio deve partir de fora para dentro e do ponto de vista do cliente e não do produto/serviço que você pretende oferecer. Essa afirmação deve considerar duas questões fundamentais:

- Quem é o cliente? (Para quem trabalhamos?)
- O que tem valor para o cliente? (O que é importante e prioritário para ele?)

A partir daí pode-se pensar no produto/serviço a ser oferecido e adequá-lo àquilo que o cliente necessita ou que o mercado requer. Trata-se, portanto, de inverter o processo tradicional de pensar antes no produto/serviço para depois pensar em quem se interessa em comprá-lo. Deve-se partir da perspectiva do cliente para identificar a perspectiva de produto/serviço mais adequada a ele. Logicamente, o ponto de partida será o produto/serviço que você pretende criar ou desenvolver, mas utilizando sempre a perspectiva do cliente para adequá-lo às suas reais necessidades e expectativas. Esse é o caminho para o sucesso do negócio. Daí a necessidade do foco do cliente. Não se trata do foco no cliente, pois é algo mais do que isso. O foco no cliente significa que você está dirigindo seus esforços concentrados no cliente e na sua satisfação e encantamento. O foco no cliente significa que você está se colocando no lugar dele quando ele decide qual produto/serviço é mais interessante comprar ou adquirir. O foco no cliente requer que você conheça – não apenas quem é o seu cliente – mas como é o seu cliente, quais são suas características, seus hábitos de compra, suas necessidades, aspirações e motivações. O foco no cliente envolve o foco no cliente e mais um conhecimento profundo a respeito do seu perfil. Para tanto, você deve exercitar sua empatia: colocar-se no lugar de quem vai comprar seu produto/serviço e agir como se fora ele. Isso mais se parece a um foco no foco do cliente. Afinal, é para ele que estamos trabalhando.

A BUSCA PELA VANTAGEM COMPETITIVA E PELA SUSTENTABILIDADE

Lembre-se de que você não estará sozinho no mercado com o seu novo negócio. Muitos concorrentes certamente estarão oferecendo produtos/serviços similares aos seus e com muitas vantagens e benefícios para os mesmos clientes que você tem como foco. Você não será o único a fazer determinado negócio, o que significa que você não tem total arbítrio nem total liberdade para trabalhar, pois terá pela frente o balizamento já imposto pelo mercado e pelos concorrentes. Além do mais, você não terá total independência no seu negócio, pelo contrário, você deverá saber manejar as interdependências naturais, como a dependência em relação aos fornecedores de matérias-primas, serviços, de propaganda, etc., que nem sempre estarão totalmente à sua disposição, pois têm seus prazos programados, seus clientes, seus compromissos, suas restrições e seus problemas. De outro lado, você dependerá também dos clientes e de suas opções e preferências pessoais.

Na realidade, você não estará só no mundo dos negócios, mas muito bem acompanhado por ameaças e oportunidades que aparecem intempestivamente e sem nenhum sinal de aviso prévio. A concorrência é um desafio sério. Mais ainda, fazendo uma analogia ao judô, que transforma a força do adversário a seu favor, você deverá fazer com que as ameaças se tornem oportunidades para o seu negócio. Como? Usando seu talento e intuição para transformar cada limão em uma boa limonada. Além disso, o que representa uma ameaça para uns pode significar oportunidades para outros. Uma guerra significa uma ameaça para quem sofre a represália, mas uma oportunidade para quem fabrica armamentos, tanques e canhões. A falta de água significa uma ameaça para quem precisa dela, mas uma oportunidade para quem oferece refrigerantes ou bebidas não alcoólicas. Tudo depende da maneira como você encara a questão. Se você encara uma situação como ameaça potencial ou real, você se coloca na posição de sujeito passivo dela e busca fugir dela ou neutralizá-la para escapar de sua ação nefasta, mas se você a encara como uma oportunidade de mudança, você está se colocando na posição de sujeito ativo ou proativo em busca de uma solução ou alternativa que a transforme em provável oportunidade para reorientar seu negócio.

Vantagem competitiva significa uma condição vantajosa que você tem e que os concorrentes ainda não têm ou ainda não conseguiram alcançá-la. Em geral, a vantagem competitiva é passageira ou fugaz, pois os concorrentes costumam imitá-la ou copiá-la imediatamente. Algumas delas levam algum tempo para serem imitadas. A vantagem competitiva sustentável é aquela de difícil imitação pelos concorrentes e quase sempre apresenta aspectos intangíveis relacionados com a cultura organizacional da empresa e o estilo de gestão participativa e inovadora. A inovação é o que permite que uma vantagem seja constantemente renovada e inovada. Assim, a melhor maneira de se construir vantagem competitiva está na criação de equipes que valorizem o conhecimento, a imaginação, a criatividade e a inovação dentro da empresa. Pense nisso.

Além disso, há de se pensar em sustentabilidade do negócio. Fazer hoje sem prejudicar o amanhã. Ou ainda melhor, fazer hoje para melhorar a lucratividade, a sociedade e o ambiente. Assim, todo negócio deve atender a requisitos econômicos, sociais e ecológicos. Em outras palavras, o negócio deve proporcionar benefícios ao empreendedor, benefícios aos clientes e consumidores e respeitar a natureza. Esse é o tripé da sustentabilidade.

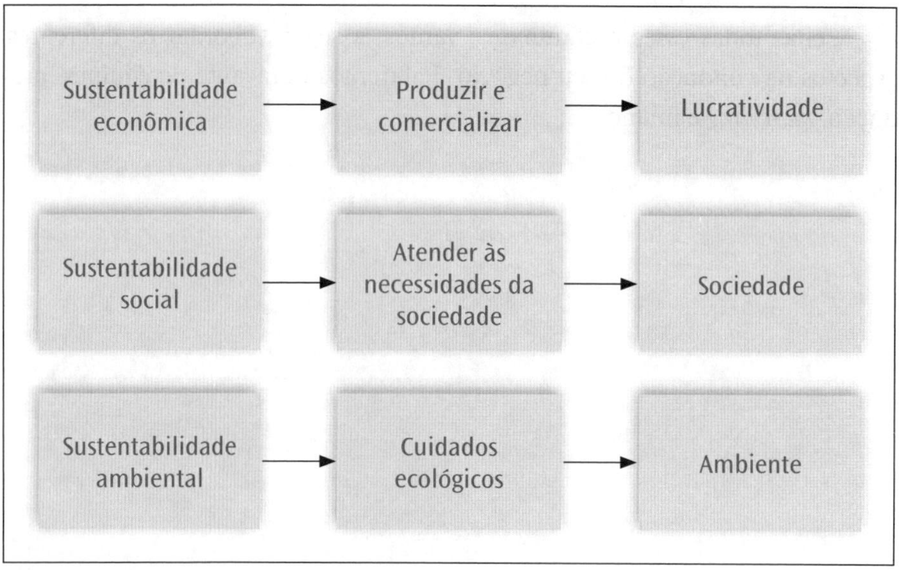

Figura 6.2. O tripé da sustentabilidade.

Você não se esqueceu de nada?

Faça apontamentos, anotações, revisões; tenha uma visão ampla e genérica e, ao mesmo tempo, uma visão detalhada de todos os aspectos de seu negócio. Não confie na memória. Disponha em seu computador de todos os arquivos necessários para tocar o seu negócio. Crie agendas, portfólios e calendários para todos os seus compromissos. Comunique intensamente aos seus parceiros os objetivos a serem alcançados, lembre-os sempre das metas e ajude-os a alcançá-las. Não se esqueça de reconhecer o bom trabalho, entusiasmar a equipe e recompensar abertamente pelas metas atingidas e, se for o caso, ultrapassadas. As pessoas constituem o aspecto mais importante do seu negócio. Clientes também. Mas, se você focar nas pessoas que os atendem, eles ficarão ainda mais felizes pelo bom atendimento que você proporcionou. Esse é o começo de sua vantagem competitiva: conquistar e reter clientes, fidelizá-los. O trabalho de conquistar um novo cliente custa várias vezes mais do que o de manter um cliente conquistado.

Feitas todas essas preliminares, vamos, a seguir, abordar os diferentes aspectos na condução do seu negócio. Falaremos doravante de equipes, produção, *marketing* e finanças.

PARTE III

Planejando o Voo

Todo piloto precisa de um plano de voo para conduzir o avião, qualquer que seja o tamanho, as características ou o objetivo. O plano de voo assegura que a aeronave alcance seu objetivo da melhor maneira possível, com o máximo de rendimento e economia e com toda segurança, mesmo que o piloto não conheça profundamente o trajeto a seguir ou as condições climáticas do percurso.

Um empreendimento não é exatamente um avião, mas também precisa de um planejamento prévio antes de levantar voo.

O plano de negócio é uma construção de ideias sobre o projeto do empreendimento em forma de relatório, que configura todos os aspectos de um negócio atual ou futuro para permitir um conhecimento amplo e abrangente dele.

O plano de negócio é importante para que o empreendedor e outros atores vinculados a ele, como investidores, financiadores, etc., possam ter uma ideia geral a respeito do negócio a ser empreendido. Para tanto, o plano de negócio deve ser claro, objetivo e sobretudo motivador para quem o leia e interprete.

7 O plano de negócio

A necessidade de um plano de negócio
Pondo as cartas na mesa
Como detalhar o plano de negócio
Utilidades do plano de negócio

Para ser bem-sucedido, o empreendedor precisa planejar o seu negócio. Improvisar jamais. Saltar no escuro não é exatamente uma boa pedida. Planejar significa estudar antecipadamente a ação que será realizada ou colocada em prática e quais os objetivos que se pretende alcançar. Visa a proporcionar condições racionais para que a empresa seja organizada e dirigida com base em certas hipóteses a respeito da realidade atual e futura. Se o futuro vai chegar – e ele chega de qualquer maneira –, por que deixar que ele surja sem que se esteja devidamente preparado para enfrentá-lo, a ponto de se improvisar soluções repentinas e apressadas, que nem sempre são as melhores ou mais adequadas à nova situação?

O planejamento produz um resultado imediato: o plano. Todos os planos têm um propósito comum: a previsão, a programação e a coordenação de uma sequência lógica de eventos, os quais, se bem-sucedidos, deverão conduzir ao alcance do objetivo que se pretende. Geralmente, um plano é um curso predeterminado de ação sobre um período especificado de tempo e proporciona respostas às seguintes questões: o que, quando, como, onde e por quem. Na verdade, é uma tomada antecipada de decisões sobre o que fazer, antes de a ação ser necessária. Planejar consiste em simular o futuro desejado e estabelecer previamente os cursos de ação necessários e os meios adequados para atingi-los.

O planejamento é uma relação entre coisas a fazer e o tempo disponível para realizá-las. Como o passado já se foi e o presente vai andando, é com o futuro que o planejamento se preocupa. O planejamento pode ser aplicado a qualquer atividade. O planejamento físico serve para definir arranjos espaciais, como localização da fábrica, distribuição de equipamentos, arranjo de lojas, escritórios ou agências bancárias. O planejamento de *marketing* envolve a previsão de vendas, o programa de propaganda, as promoções e permite o planejamento de entradas de dinheiro. O planejamento financeiro envolve o orçamento de despesas, o fluxo de caixa, o programa de investimentos, etc. Finalmente, o planejamento global é uma combinação de todos os planos existentes na empresa e é o processo que amarra todos os seus planos internos ao esquema maior. Na verdade, cada plano influencia os demais, e, para fechar o exercício anual, há de se fazer ajustes em todos eles para proporcionar um resultado global e final.

A NECESSIDADE DE UM PLANO DE NEGÓCIO

Se você pretende abrir um novo negócio, precisa ter algum projeto em mente para colocá-lo em prática. É como se você quisesse fazer uma longa viagem de carro por vários estados do país: você precisa de um roteiro, de um mapa detalhado, de um projeto e de um cronograma para guiá-lo nessa empreitada. No caso da abertura de um negócio, a viagem é bem mais longa e complicada, além de estar sujeita a problemas de travessia, chuvas e trovoadas. O roteiro do plano de negócio não elimina os possíveis erros, mas ajuda a enfrentá-los e a direcionar melhor os seus esforços.

O plano de negócio – *business plan* – é documento que abarca um conjunto de dados e informações sobre o futuro empreendimento e define suas principais características e condições para proporcionar uma análise da sua viabilidade e dos seus riscos, bem como para facilitar sua implantação. É uma espécie de plano de viabilização de uma ideia, um pequeno *checklist* para não deixar passar nada despercebido em um empreendimento. O Sebrae desenvolveu um esboço de plano de negócio para ajudar os futuros empreendedores que ali procuram socorro. A tabela na sequência mostra os seus itens principais.

Tabela 7.1. Roteiro esquematizado para o projeto do negócio, segundo o Sebrae.[1]

Plano de negócio
1. *Ramo de atividade:* Por que escolheu este negócio?
2. *Mercado consumidor:* Quem são os clientes? O que tem valor para os clientes?
3. *Mercado fornecedor:* Quem são os fornecedores de insumos e serviços?
4. *Mercado concorrente:* Quem são os concorrentes?
5. *Produtos/serviços a serem ofertados:* Quais são as características dos produtos/serviços? Quais são os seus usos menos evidentes? Quais são as suas vantagens e desvantagens diante dos concorrentes? Como criar valor para o cliente por meio dos produtos/serviços?
6. *Localização:* Quais são os critérios para a avaliação do local ou do "ponto"? Qual é a importância da localização para o seu negócio?
7. *Processo operacional:* Como sua empresa vai operar etapa por etapa? (Como fazer?) Como fabricar? Como vender? Como fazer o serviço? Qual trabalho será feito? Quem o fará? Com que material? Com que equipamento? Quem tem conhecimento e experiência no ramo? Como fazem os concorrentes?
8. *Previsão de produção, previsão de vendas ou previsão de serviços:* Qual é a necessidade e a procura do mercado? Qual é a sua provável capacidade de produção? Qual é a disponibilidade de matérias-primas e de insumos básicos? Qual é o volume de produção/vendas/serviços que você planeja para seu negócio?

(*continua*)

1 Vide: www.sebrae.org.br.

Tabela 7.1. (*continuação*) Roteiro esquematizado para o projeto do negócio, segundo o Sebrae.

Plano de negócio
9. *Análise financeira:*
Qual é a estimativa da receita da empresa?
Qual é o capital inicial necessário?
Quais são os gastos com materiais?
Quais são os gastos com pessoal de produção?
Quais são os gastos gerais de produção?
Quais são as despesas administrativas?
Quais são as despesas de vendas?
Qual é a margem de lucro desejada?

O plano de negócio deve ser um projeto vivo, interessante e motivador para ser consultado por vários atores – como investidores, financiadores, fornecedores, clientes e consumidores, equipe de trabalho, etc. – e principalmente para conquistar sua aprovação e adesão. Sua constante atualização é imprescindível.

Geralmente, o plano de negócio é dividido em capítulos para melhor compreensão dos vários aspectos envolvidos, a saber:

1. **Sumário executivo**: é uma introdução ao negócio, contendo dados pessoais do empreendedor e sócios, experiência profissional, atribuições, bem como informações gerais sobre o empreendimento, missão do negócio, fontes de recursos, etc.
2. **Análise do mercado**: contendo um estudo do público-alvo, isto é, dos clientes e seu comportamento de compra, mercado de fornecedores, concorrentes, para dar uma ideia do posicionamento do negócio.
3. **Plano de *marketing***: com a descrição dos produtos e serviços a serem oferecidos, características, preço, estrutura e maneiras de comercialização e distribuição, estratégias promocionais e localização do negócio.
4. **Plano operacional**: apresentando o arranjo físico das instalações, processo produtivo, máquinas e equipamentos, pessoal operacional, volume de produção inicial para proporcionar uma ideia da capacidade produtiva.
5. **Plano financeiro**: estimativa dos investimentos em máquinas e equipamentos, móveis e utensílios, veículos, bem como da necessidade de

capital de giro, fluxo de caixa, prazo médio de vendas e de compras, necessidade média de estoques, estimativa do faturamento mensal da empresa, custo unitário de matéria-prima e de materiais diretos e terceirização, além dos custos de comercialização, de mão de obra e de depreciação. Deve apresentar um demonstrativo de resultados, projeções financeiras, indicadores de viabilidade, ponto de equilíbrio, lucratividade, rentabilidade e prazo de retorno do investimento efetuado.

6. **Avaliação estratégica**: contendo uma análise da matriz de oportunidades, ameaças, pontos fortes e fracos do negócio.

Assim, o plano de negócio funciona como um projeto para que se possa analisar e decidir quanto à viabilidade do empreendimento. Deve apresentar todas as informações possíveis e pode ser estruturado de várias maneiras para convencer investidores, bancos e órgãos de fomento para buscar capital ou convencer outros sócios a investir pesadamente na ideia.

PONDO AS CARTAS NA MESA

O plano de negócios deve envolver todos os aspectos importantes do novo empreendimento. Ele representa um levantamento exaustivo de todos os elementos que compõem o negócio, internos – o que deverá ser produzido, como, onde e quanto – ou externos – para quem produzir, qual é o mercado, características dos clientes ou consumidores, quais são os concorrentes, etc.

Na verdade, o plano de negócio deve esclarecer sobre as principais dúvidas em um novo empreendimento, tais como:

1. **O negócio**: se possível, definir o negócio em uma frase apenas, quais produtos e serviços serão oferecidos, as oportunidades a serem aproveitadas, razões para se estimar o sucesso futuro e os objetivos a serem alcançados.
2. **A gestão do negócio**: quem serão os administradores, sua formação e experiência, as qualificações da equipe de trabalho, a estrutura organizacional e qual será a missão e a visão de futuro.
3. **O mercado**: volume esperado de clientes potenciais, como abordá-los, concorrentes principais, fornecedores, diferencial competitivo do negócio, meios de propaganda e divulgação, distribuição e logística.

4. **Aspectos financeiros e econômicos**: fontes de recursos e de capital, projeção de faturamento e orçamento de despesas para os dois anos iniciais, projeções mensais de fluxo de caixa para o primeiro ano, volume de negócios para alcançar o ponto de equilíbrio, condições de venda e de faturamento, valor do capital imobilizado em instalações e equipamentos.

Como cada negócio é um negócio, o seu projeto deve ser montado de maneira específica e diferenciada. Cada plano de negócio é um plano de negócio.

Tabela 7.2. Passos necessários para elaborar o plano de negócio.

Faça uma análise completa do setor em que a nova empresa irá funcionar	→	Perfil do cliente Características do mercado Características da concorrência Cenário econômico, social e tecnológico
Faça um levantamento completo sobre as características do novo empreendimento	→	Característica produto/serviço a ser ofertado Preço e condições de venda Formação jurídica do empreendimento Estrutura organizacional
Elabore um plano estratégico para o novo empreendimento	→	Definição da missão, da visão e dos valores Definição do negócio Determinação dos objetivos estratégicos de longo prazo Estabelecimento da estratégia do negócio
Elabore um plano operacional para o novo empreendimento	→	Previsão de vendas Planejamento da produção Previsão de despesas gerais e fluxo de caixa Balancete simulado
Faça um resumo executivo das informações	→	Condensação e resumo de todas as informações acima relatadas
Revise cuidadosamente todo o conjunto para obter consonância	→	Relação de todos os custos, preços, previsões e despesas que compõem o plano para verificar sua viabilidade e confiabilidade

AMPLIE CONTINUAMENTE O SEU NEGÓCIO

1. Defina seu produto/serviço do modo mais detalhado possível.
2. Procure identificar uma característica diferencial para seu produto/serviço.
3. Focalize o mercado-alvo. Observe os limites do mercado, seja do ponto de vista geográfico ou do ponto de vista do perfil dos clientes.
4. Busque várias alternativas e opções para colocar seu produto/serviço no mercado: *shopping centers*, lojas, revendedores, vendas por telefone, *marketing* direto, internet, etc.
5. Se você pretende ser um comerciante e quer vender um determinado produto, é necessário decidir entre produzi-lo ou consegui-lo com um fornecedor.
6. Ponha no papel todos os aspectos necessários para tocar a sua atividade: instalações, espaço físico, equipamentos, investimentos e, sobretudo, equipe de trabalho.
7. Adote uma postura de crítica sistemática: seja crítico em relação ao seu projeto e procure encontrar e solucionar possíveis falhas. Mais do que isso, nunca se satisfaça com o padrão de excelência alcançado. Você pode sempre melhorar seu negócio.

COMO DETALHAR O PLANO DE NEGÓCIO

Todo novo empreendimento deve ser visualizado do ponto de vista de um plano de negócios completo e que contenha todos os elementos importantes para caracterizá-lo adequadamente. O plano deve conter a descrição do setor, a natureza jurídica do negócio, a estrutura organizacional da empresa, os relatórios financeiros simulados, um plano estratégico e um plano operacional.

Se houver necessidade de maior detalhamento do plano de negócio, seguem algumas sugestões para sua elaboração, desde um sumário executivo, uma análise completa e detalhada do setor em que se vai operar, até um resumo contendo simulações financeiras e o plano estratégico e operacional do negócio:[2]

2 WILLIAMS, E. E.; THOMPSON, J. R.; NAPIER, H. A. *Plano de negócios: 25 princípios para um planejamento consistente*. São Paulo: Publifolha, 2002. p. 26-7.

1. Sumário executivo:

- visão geral e abrangente do negócio;
- deve conter um resumo do plano de negócio e deve ser redigido posteriormente, quando o plano já estiver montado;
- texto de um parágrafo sobre a natureza do negócio e os aspectos mais importantes do empreendimento; inclui missão e visão do negócio;
- texto de um parágrafo sobre as necessidades que a empresa vai atender no mercado; inclui o papel do empreendimento em relação à responsabilidade social;
- resumo das características do mercado em que a empresa vai operar; mostra como o mercado está se comportando em relação ao produto/serviço a ser oferecido;
- breve relatório sobre os sócios do empreendimento;
- breve relatório sobre os recursos financeiros necessários.

2. Análise completa e detalhada do setor:

- principais características do setor: inclui as variáveis econômicas, sociais, demográficas e políticas que influenciam o mercado;
- oportunidades encontradas no mercado;
- identificação dos fornecedores de entradas (matérias-primas, dinheiro e crédito, tecnologia, mão de obra, etc.).

3. Natureza jurídica e estrutura organizacional da empresa:

- currículo dos sócios do empreendimento, com a formação e as competências pessoais de cada um;
- funcionários necessários para o empreendimento, com o perfil profissional e técnico de cada um.

4. Simulação de relatórios financeiros:

- balanço de abertura da empresa;

- previsão de receitas, fluxo de caixa e balanço para o período coberto pelo planejamento.

5. Plano estratégico:

- definição da missão e da visão da empresa;
- definição do negócio;
- estabelecimento dos objetivos específicos da empresa;
- definição da estratégia da empresa;
- declaração de premissas do planejamento;
- estabelecimento dos objetivos estratégicos de longo prazo.

6. Plano operacional:

- previsão de vendas;
- planejamento da produção;
- orçamento de despesas gerais;
- previsão do lucro operacional;
- previsão do fluxo de caixa e balancete;
- balanço patrimonial simulado;
- previsão de índices operacionais e financeiros.

7. Apêndices:

- contatos pertinentes;
- informações técnicas.

A última parte do plano de negócio deve conter os relatórios financeiros simulados. O balanço de abertura simulado deve relacionar os bens patrimoniais e os compromissos financeiros da empresa no início de suas operações, bem como o ativo e o passivo, e os bens nos quais os recursos foram alocados. Se a empresa já estiver em atividade, o balanço deve refletir a situação do empreendimento no início do período abrangido pelo plano. A previsão de receita e o fluxo de caixa devem ser alterados na medida em que houver alterações nos objetivos do empreendimento.

Uma boa ideia é seguir o modelo de plano de negócio que o Sebrae disponibiliza em seu *site*.[3]

Os banqueiros e capitalistas de risco exigem um plano de negócio para aprovar empréstimos ou financiamentos para todo e qualquer novo empreendimento. Muitos candidatos a sócios querem analisar o plano de negócio para avaliá-lo e decidir sobre sua participação. Relatórios financeiros simulados são importantes para que tanto investidores como os sócios saibam antecipadamente quais serão os futuros desdobramentos do empreendimento. De qualquer maneira, o novo negócio precisa ter uma forma específica e ser bem administrado para alcançar o sucesso. O plano de negócio deve ser simultaneamente conciso e abrangente, de tal maneira que quem o leia e o analise tenha uma ideia completa do empreendimento.

Contudo, o plano de negócio é um projeto a ser implementado e desenvolvido ao longo do tempo. Portanto, requer execução por parte das pessoas envolvidas no negócio. Não se deve esquecer que as pessoas ocupam um papel determinante na realização do plano e no sucesso do empreendimento. Daí a necessidade de incluir os currículos profissionais dos sócios empreendedores.

Um exemplo de plano de negócio

Resumo executivo

Descrição da atividade:	Comércio de roupas femininas.
Localização:	São Paulo.
Sócios:	José Paulino e Márcia Nogueira.
Equipe de trabalho:	Três vendedoras.

3 *Vide*: http://www.biblioteca.sebrae.com.br/bds/bds.nsf/797332C6209B4B1283257368006FF4BA/$File/NT000361B2.pdf.

Mercado:	O público-alvo é composto de consumidoras de classe alta e moradoras da capital paulistana. A loja mais próxima fica a 5 km de distância.
Instalações:	A loja tem 650 m² em ponto de excelente localização.
Nome da loja:	La Bella Donna.
Faturamento:	Estimativa de R$ 600.000,00 para o primeiro ano e de R$ 900.000,00 para o segundo ano.
Financiamento:	O capital necessário é estimado em R$ 300.000,00, dos quais os sócios contam com R$ 150.000,00. O restante será integralizado por meio de financiamento bancário de R$ 100.000,00, financiado em dois anos, mais um investimento inicial de R$ 50.000,00 para formação de estoque.
Cronograma:	O início das atividades será junho, para ofertar moda típica de inverno. O pedido dos produtos será feito com antecedência de 60 dias.
Introdução:	O objetivo é montar uma loja de roupas femininas em bairro de classe A. Os produtos oferecidos se diferenciam pela alta qualidade para clientes de alto nível. O objetivo deste plano de negócio é obter recursos financeiros para a implantação do empreendimento.
Pesquisa de mercado:	Durante sua longa experiência no setor, os sócios perceberam que a maior parte das clientes de alto nível se desloca até outros bairros para encontrar boas lojas de roupas. A pesquisa de mercado constatou que existe forte expectativa para uma loja deste nível no bairro. Além disso, o mercado abrange clientes de outros bairros próximos. A concorrência direta de outras lojas similares é muito pequena. Os principais concorrentes atuam em outros bairros da capital. O preço está ajustado a um público com alto poder aquisitivo, que se preocupa mais com estilo, qualidade e caimento do que apenas com o preço das roupas.

Instalações:	O empreendimento requer uma loja a ser alugada com cerca de 650 m^2 no bairro de Moema. Quatro imóveis estão sendo cogitados e a previsão do fluxo de caixa será condizente com o aluguel e impostos. Os proprietários propõem um contrato de locação de três anos.
Gerenciamento:	A loja ficará sob a gestão direta dos dois sócios. José Paulino é engenheiro químico e possui ampla experiência no setor de tecidos e tecelagem. Márcia Nogueira é modelista de modas e recebeu o Prêmio Nacional por seus trabalhos no setor.
Equipe:	É formada por três vendedoras a serem recrutadas, selecionadas e treinadas com 60 dias de antecedência à abertura da loja.
Fornecedores:	Márcia Nogueira participou de várias feiras de moda e conhece profundamente o mercado fornecedor. Os principais fornecedores oferecem prazo de 30 dias. Esse crédito está previsto no fluxo de caixa.
Aspectos jurídicos:	A sociedade será de responsabilidade limitada, com capital inicial anteriormente mencionado, com participação de 50% para cada sócio.
Anexos:	
	Utilização do capital inicial Projeção de lucros e perdas

UTILIDADES DO PLANO DE NEGÓCIO

O plano de negócio é um projeto indispensável para definir os rumos atuais e futuros do novo empreendimento. As utilidades do plano de negócio são muitas, mas podemos citar algumas:

- cobre os aspectos internos e externos do negócio;
- abrange todos os aspectos atuais e futuros do negócio; funciona como uma visão integrada e sistematizada dele;

- serve como um guia abrangente para a condução do negócio;
- informa o mercado – principalmente os investidores, bancos e financeiras – a respeito do negócio;
- divulga aos parceiros internos e externos as características do negócio;
- funciona como um meio de avaliação dos desdobramentos do negócio.

Na verdade, o plano de negócio permite melhores condições para planejar, organizar, dirigir, avaliar e controlar o negócio. Em outras palavras, ele serve para retratar o início, o meio e o fim de um empreendimento. É imprescindível fazer revisões contínuas no plano de negócio para mantê-lo atualizado e dinâmico. Lembre-se de que ele se assemelha a um plano de voo: indica o início, o meio e o fim de uma viagem e deve levar em conta todos os acidentes de percurso, a influência do clima externo e as possíveis turbulências do caminho.

8 Definindo missão, visão, objetivo e estratégia

Definindo a missão do negócio
Definindo a visão de futuro
Definindo os objetivos globais do negócio
Definindo a estratégia do negócio

Todo negócio deve ter uma missão para cumprir. Deve ter uma visão do futuro que o norteie. Deve definir os valores que pretende consagrar. Tudo isso precisa ser muito claro para que todos os parceiros saibam exatamente o que fazer, como, quando e onde. Conceitos como missão, visão, valores e objetivos globais são fundamentais para nortear os rumos do negócio. Quando todos esses conceitos são bem definidos e estabelecidos, o negócio se torna mais racional, uma vez que todas as decisões e ações são regidas e orientadas para o alcance de determinados fins que se tem em vista. A racionalidade decorre da escolha dos meios certos para atingir determinados fins. Os meios escolhidos são racionais se eles conduzem aos resultados desejados. Toda empresa tem a sua racionalidade. Se os fins são econômicos – como lucro ou simplesmente o ganho financeiro – os meios devem se ajustar a uma racionalidade econômica. Se os fins são legais – como a escolha da melhor composição jurídica para o negócio –, os meios devem se ajustar a uma racionalidade legal. E assim por diante. Se o novo negócio pretende utilizar uma tecnologia sofisticada para aumentar sua eficiência e eficácia, os meios devem se ajustar a uma racionalidade técnica ou tecnológica. Uma vez definida a missão, a visão, os valores e os objetivos globais, o passo seguinte é definir a estratégia para conduzir esses aspectos em direção ao alcance dos objetivos estabelecidos.

DEFININDO A MISSÃO DO NEGÓCIO

A missão significa a razão de ser do próprio negócio. Por que ele foi criado. Para que ele existe. O empreendedor pode abrir um negócio por muitas razões diferentes. Algumas dessas razões são positivas e construtivas: prestar um novo e diferente serviço à sociedade, satisfazer novas expectativas dos consumidores, aproveitar e incrementar novas tecnologias, ajudar a comunidade em determinados setores mais carentes, expressar criatividade e inovação ou investir a poupança em um negócio rentável. Outras razões são fugidias: um meio de se livrar de um emprego desagradável, pagar menos impostos, ficar menos tempo em casa ou simplesmente ter o que fazer.

A missão da empresa sempre está centrada na sociedade. Em síntese, a missão da empresa define os produtos/serviços, os mercados e a tecnologia, refletindo os valores e as prioridades do negócio.

Dessa maneira, o mercado, os produtos/serviços e a tecnologia – o modo de fazer as coisas – quase sempre são considerados os três componentes indispensáveis na formulação da missão da empresa. São os três componentes econômicos que guiam a direção estratégica de quase todos os negócios viáveis, definindo as atividades da organização no presente e o potencial futuro do negócio.

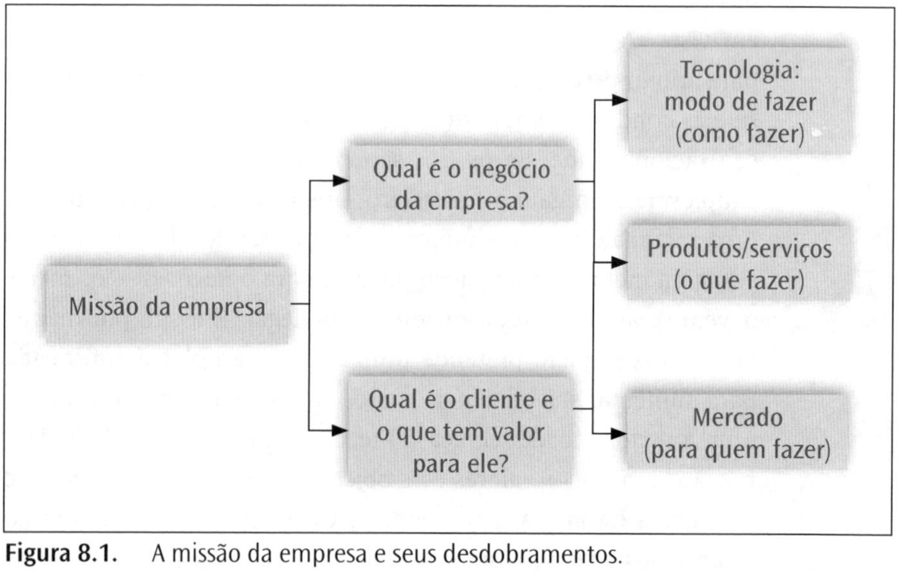

Figura 8.1. A missão da empresa e seus desdobramentos.

Assim, a missão da empresa está voltada para a definição do negócio e do cliente, a fim de saber o que fazer (produto/serviço), como fazer (tecnologia a ser utilizada) e para quem fazer (mercado).

O simples desejo de ter um negócio próprio ou de obter lucro com um determinado negócio não justifica a existência de uma empresa nem é suficiente para que ela alcance sucesso. É necessário muito mais do que isso. O lucro é uma decorrência do negócio e não deve ser considerado uma missão ou um objetivo global do negócio. Lucro não é missão, mas pode ser um objetivo importante ou uma decorrência fundamental do negócio. Ninguém trabalha de graça. Sem dúvida, é necessária uma forte motivação econômica focada em ganhos financeiros, mas ela não deve ser o elemento determinante de um novo negócio. Para prosperar, uma empresa precisa produzir bens e serviços que os clientes se interessem em comprar em quantidades suficientes e a determinados preços. Preço, qualidade, concorrência e confiabilidade são aspectos fundamentais em qualquer negócio. A primeira preocupação que o empreendedor precisa ter quando pretende abrir um novo negócio – ou mesmo dar-lhe continuidade – é definir por que sua empresa precisa existir.[1] Convém expor essas razões por escrito em um texto curto e simples, capaz de refletir suas ideias, para que todas as pessoas possam conhecê-las. Em seus contatos e reuniões com os parceiros, o empreendedor deve sempre relembrar a missão do negócio. Insistir sempre nesse assunto: qual é a nossa missão. Por essa razão, o empreendedor deve trabalhar como um missionário, tendo sempre a missão do negócio em sua cabeça e em seu coração e, se possível, na cabeça e no coração de seus parceiros. A missão constitui o DNA do negócio, o seu código genético.

1 CHIAVENATO, I. *Administração nos novos tempos.* Rio de Janeiro: Campus, 2007.

Tabela 8.1. Alguns exemplos de missão organizacional.[2]

Empresa	Propósito organizacional (missão)
McDonald's®	Servir alimentos de qualidade com rapidez e simpatia, em um ambiente limpo e agradável
Danone®	Assegurar que as pessoas do mundo todo cresçam, vivam bem e sejam providas diariamente com alimentos cada vez melhores, de diversos sabores, visando a uma saúde melhor
Hospital das Clínicas de São Paulo	Salvar vidas
Universidade de Brasília (UnB)	Ser uma universidade contemporânea, pública e autônoma, que garanta a formação do cidadão como intelectual e ser social, voltada para a produção e a transmissão do conhecimento, com qualidade para projetar a sociedade para o futuro
Caixa Econômica Federal (CEF)	Promover a melhoria contínua da qualidade de vida da sociedade por meio da intermediação de recursos financeiros
Instituto Nacional de Tecnologia (INT)	Participar ativamente do desenvolvimento e da modernização do país pela incorporação de soluções tecnológicas criativas, atividades de produção e gestão de bens e serviços, contribuindo para a melhoria da qualidade de vida da sociedade
Disney®	Divertir e alegrar as pessoas
Wal-Mart®	Dar às pessoas comuns a oportunidade de comprar as mesmas coisas que os mais abastados
Nike®	Viver a alegria do avanço e usar a tecnologia em benefício do público

(continua)

2 Baseado em: VASCONCELOS FILHO, P.; PAGNONCELLI, D. *Construindo estratégias para vencer: um método prático, objetivo e testado para o sucesso da sua empresa.* Rio de Janeiro: Campus, 2001. p. 95-124.

Tabela 8.1. (*continuação*) Alguns exemplos de missão organizacional.

Empresa	Propósito organizacional (missão)
Revista *Exame*	Transformar a informação em conhecimento, dar sentido a fatos aparentemente desconexos, antecipar ideias e conceitos
Editora Senac	Disseminar conhecimentos na forma de livros e vídeos
Senac	Desenvolver pessoas e organizações para o mundo do trabalho por meio de ações educacionais
Fiat	Produzir automóveis que as pessoas desejem comprar e que tenham orgulho de possuir
3M	Solucionar, de maneira inovadora, problemas que não são solucionados

Além de explicitada, muitas vezes a missão organizacional precisa ser detalhada. Vasconcelos e Pagnoncelli[3] dão o exemplo da missão de uma empresa chamada Nansen Instrumentos de Precisão, que é oferecer soluções em mecânica de precisão, medição e controle por meio de produtos/serviços com tecnologia e qualidade que assegurem a satisfação do cliente. Essa definição é assim destrinchada:

- **oferecer**: ir ao encontro do cliente com atitude proativa e antecipatória;
- **soluções**: respostas da empresa às necessidades do cliente;
- **mecânica de precisão**: transformação de materiais em produtos de precisão por meio de processos mecânicos;
- **medição**: determinação de um valor pela comparação com um padrão;
- **controle**: atuação no processo a fim de garantir os resultados esperados;
- **serviços**: atividades que fazem parte das soluções oferecidas ao cliente;
- **tecnologia**: conjunto de conhecimentos utilizados para gerar produtos/serviços.

3 Ibid., p. 92.

É necessário que a missão seja assimilada e compreendida de uma maneira uniforme por toda a equipe da empresa, a fim de que haja consonância e convergência. Quanto maior a equipe, tanto maior a necessidade do detalhamento da missão.

A MISSÃO ORGANIZACIONAL TAMBÉM EVOLUI

Já tratamos anteriormente da criação da Federal Express (FedEx). Quando Smith inventou a companhia, ele estava preocupado em oferecer um serviço de malote capaz de funcionar no *overnight*. Algo como "entregue hoje e amanhã a encomenda estará nas mãos do destinatário até as dez horas da manhã". Para tanto, Smith integrou todo um esquema de logística – áreas de recepção e entrega, aviões, caminhões, rastreadores eletrônicos, um poderoso sistema de informação, etc. – para operar a companhia. A missão original era a de assegurar a remessa de encomendas. A ideia era oferecer ao cliente total confiabilidade quanto a prazos e às entregas. Hoje, a FedEx é uma empresa bem-sucedida. Smith está continuamente analisando o seu negócio e chegou à conclusão de que a missão da empresa é deixar tranquilo e sossegado o cliente que lhe confiar uma encomenda. Em outras palavras, o negócio da FedEx passou a ser a tranquilidade. Algo como o Sedex 10, que a Empresa Brasileira de Correios e Telégrafos (ECT) está oferecendo ao mercado brasileiro.

DEFININDO A VISÃO DE FUTURO

Enquanto a missão se refere à essência do negócio e da sua própria razão de ser e de existir, a visão está focada no futuro e no destino. A visão é a imagem que o empreendedor tem a respeito do futuro do seu negócio. É o que ele pretende que o negócio seja dentro de um certo horizonte de tempo.

O empreendedor não deve tocar o seu negócio a esmo, ao sabor dos ventos. É preciso ter um direcionamento, uma ideia de futuro, quase um sonho a ser realizado e transformado em um empreendimento saudável e bem-sucedido. Para tanto, é preciso enxergar longe, rumo ao futuro pretendido. A visão de futuro consiste em olhar para o horizonte e visualizar qual é a imagem que se tem da empresa quando se chegar lá. Isso permite que o empreendedor estabeleça objetivos e metas, indicadores de desempenho e mensuradores de resultados futuros para saber se está ou não alcançando aquilo que projetou. Assim, a visão é o componente que permite desdobrar os objetivos a serem alcançados.

Tabela 8.2. Uma definição da visão empresarial.

Nosso perfil hoje	O que queremos para o próximo ano	O que queremos para daqui a dois anos
Uma empresa que publica revistas de moda feminina	Ser uma das melhores revistas de moda feminina do país	Ser a melhor revista de moda feminina do país
Nossa circulação mensal é de 50.000 exemplares	Uma circulação mensal de 70.000 exemplares	Alcançar uma circulação mensal de 100.000 exemplares
Temos 30.000 assinantes cadastrados	Alcançar 50.000 assinantes cadastrados	Chegar a 90.000 assinantes cadastrados
Fazemos publicidade para cerca de 20 empresas do ramo de moda feminina	Fazer propaganda para cerca de 40 empresas do ramo da moda feminina	Fazer propaganda para 90 empresas do ramo da moda feminina
Nosso faturamento mensal bruto é de R$ 500.000,00	Alcançar um faturamento de R$ 700.000,00	Atingir um faturamento de R$ 900.000,00
Utilizamos tecnologia gráfica de terceira geração	Utilizar tecnologia gráfica de quarta geração	Utilizar tecnologia gráfica de quinta geração
Nossa produtividade atual é de 80%	Chegar a uma produtividade de 90%	Manter uma produtividade de 95%
Nossa rentabilidade atual sobre o patrimônio é de 12%	Chegar a uma rentabilidade de 15%	Manter uma rentabilidade de 18%

Quanto mais o empreendedor divulga a visão de futuro do seu negócio, tanto mais seus parceiros e colaboradores entenderão exatamente o que devem fazer para chegar lá e ajudar a empresa a alcançar seu sucesso. O empreendedor precisa transmitir o que tem em mente para o seu negócio, e a visão constitui a imagem mais apropriada para isso. Por essa razão, o empreendedor deve trabalhar como um visionário, alguém dotado de uma imagem mental do que deverá ser seu empreendimento ao longo do tempo. É para essa direção que o negócio deve caminhar com todas as forças e os esforços devem ser conjugados. A visão funciona como uma bússola para os parceiros envolvidos. Além disso, a visão tira a empresa da chamada zona de conforto, que é a gradativa acomodação profissional que caracteriza certos negócios.

Tabela 8.3. Diferenças entre missão e visão.[4]

Missão	Visão
Inclui o negócio da empresa	É o sonho no negócio
É o ponto de partida	É o lugar para onde vamos
É o documento de identidade da empresa	É o passaporte para o futuro
Identifica "quem somos"	Projeta "quem desejamos ser"
Dá rumo à empresa	Fornece energia para a empresa
É orientadora	É inspiradora
Tem o foco do presente para o futuro	Tem o foco no futuro
Tem vocação para a eternidade	É mutável, conforme os desafios

Todavia, não basta apenas definir a missão e a visão. É preciso ir mais além e divulgá-las de maneira intensa e ampla para toda a equipe da empresa.

4 VASCONCELOS FILHO, P.; PAGNONCELLI, D. Op. cit., p. 225.

PARA QUE SERVE A VISÃO DO NEGÓCIO?[5]

Vasconcelos Filho e Pagnoncelli asseguram que a explicitação da visão do negócio traz os seguintes benefícios:

- incrementa a parceria entre a empresa e o empregado na construção do futuro;
- promove continuamente a inovação;
- levanta uma bandeira de iniciativa e responsabilidade;
- funciona como uma bússola para a equipe;
- reduz a dependência dos funcionários em relação aos líderes ou gênios da empresa – proporciona autonomia e firmeza;
- tira a empresa da zona de conforto e de acomodação – promove a mudança;
- motiva e inspira a equipe.

DEFININDO OS OBJETIVOS GLOBAIS DO NEGÓCIO

Do conceito de visão organizacional decorrem os objetivos globais da empresa. Comumente, o mercado fala em objetivos, metas e resultados. Há uma certa confusão em relação a esses termos, que são utilizados de maneira indiscriminada. Objetivos são estados desejáveis que se pretende alcançar e realizar. Enquanto o objetivo não é alcançado, constitui um alvo, uma meta; quando é atingido, deixa de ser algo desejável para se tornar uma realidade e, então, deve-se definir outro objetivo provavelmente mais desafiador e complexo que o anterior.

Os objetivos básicos de um negócio podem ser assim expressos:

- o lucro é a força motivadora do empreendedor;
- o serviço ao cliente e a oferta de valores econômicos desejados (bens ou serviços) justificam a existência do negócio;
- há a responsabilidade social de acordo com os códigos éticos e morais estabelecidos pela sociedade na qual a empresa opera.

5 VASCONCELOS FILHO, P.; PAGNONCELLI, D. Op. cit., p. 227.

Todo objetivo deve ser formulado de maneira abrangente para estimular a criatividade e, ao mesmo tempo, de maneira restrita para oferecer uma direção ao negócio. Na prática, toda empresa tem uma variedade de objetivos: financeiros, comerciais, administrativos, tecnológicos, sociais, comunitários etc. Alguns são convergentes entre si, e cada objetivo auxilia o alcance de outro: objetivos de propaganda e venda se ajudam mutuamente. Quanto mais se anuncia um produto, mais a venda tende a crescer. Outros objetivos são totalmente divergentes, e cada um deles atrapalha ou impede o alcance de outro: reduzir custos e aumentar benefícios do pessoal são objetivos incompatíveis entre si. A redução de custos implica diminuição de benefícios, e o aumento de benefícios implica ampliação de custos. Assim, muitas empresas pretendem alcançar objetivos discordantes – que mais se antagonizam e competem entre si do que se ajudam de maneira cooperativa ou colaborativa.[6] O efeito decorrente é tipicamente oposto: cada objetivo caminha para um lado e nenhum ajuda os demais. Resultado: a eficiência e a eficácia da empresa se perdem.

Para colocar as coisas em ordem, muitas empresas definem hierarquias de objetivos de acordo com suas prioridades e importâncias relativas. Geralmente, as empresas definem três tipos de objetivo:

1. **Objetivos globais ou estratégicos**: são os objetivos mais importantes da empresa. São globais porque envolvem a empresa como um todo e se estendem a longo prazo. Por essa razão, são alcançados em períodos de tempo mais dilatados e requerem um esforço integrado e coeso de toda a empresa. Em geral, os objetivos globais envolvem um período de 3 a 5 anos. Exemplo: ter, em até 24 meses, cerca de um milhão de clientes ou produzir um milhão de garrafas por mês, ou ainda aumentar em 25% o faturamento da empresa.
2. **Objetivos táticos ou departamentais**: são os objetivos de cada divisão ou departamento da empresa. Podem ser objetivos financeiros (lucro anual, orçamento anual, despesas financeiras mensais e custo mensal das vendas), mercadológicos (vendas, faturamento mensal e participação no mercado), administrativos (despesas administrativas,

6 CHIAVENATO, I. *Introdução à teoria geral da administração*. Rio de Janeiro: Campus, 2000.

aumento da eficiência e da produtividade), de produção (produção mensal, custos industriais mensais, produtividade das máquinas e equipamentos) etc. São objetivos de médio prazo e com uma dimensão de tempo a médio prazo. Esse médio prazo, em geral, é o período contábil de um ano.

3. **Objetivos operacionais**: são os objetivos de cada tarefa ou atividade da empresa. Referem-se aos objetivos cotidianos de cada atividade ou produto da empresa, como produção diária, vendas diárias, estoque diário, tempo médio de atendimento ao cliente, percentagem de visitas com pedidos etc. Exemplo: aumentar o número de visitas a clientes em 5% no próximo mês ou reduzir o custo operacional de produção em 3% em dois meses.

Na medida em que operam, as empresas podem mudar ou ampliar seus objetivos, criando novas oportunidades. A maior parte das empresas de petróleo julgava que seu objetivo era perfurar, refinar ou comercializar petróleo e derivados, ou as três coisas em conjunto. Atualmente, essas companhias consideram-se empresas de energia, fornecendo petróleo, gás, eletricidade, carvão, energia solar e outras formas alternativas de energia. Os bancos transformaram-se em grandes corporações e passaram a oferecer todo tipo de serviço financeiro. Os jornais estão se aproximando cada vez mais do ramo das comunicações e se distanciando gradativamente do antigo ramo editorial. Todas essas empresas ampliaram seu campo de ação para apresentar um crescimento maior do que as que continuaram sua definição histórica e tradicional.

Tabela 8.4. Exemplos de objetivos, meios e indicadores para um hotel.

Objetivos	Meios	Indicadores e medidas
Aumento da participação no mercado	Bom serviço	Proporção de clientes que retornam
		Taxa de ocupação
		Retroação informal

(*continua*)

Tabela 8.4. (*continuação*) Exemplos de objetivos, meios e indicadores para um hotel.

Objetivos	Meios	Indicadores e medidas
Aumento da participação no mercado	Moral do pessoal	Rotatividade do pessoal Falta de assiduidade do pessoal Retroação informal
Estabilidade financeira	Imagem no mercado financeiro	Proporção entre preço e retorno Participação dos custos no preço
	Lucratividade	Margem de lucro por cliente Lucro operacional bruto Tendências dos custos Fluxo de caixa
	Força da equipe gerencial	Rotatividade do pessoal Lucro por área de atividade Proporção entre clientes/empregados Retroação informal
Satisfação dos proprietários ou acionistas	Fluxo de caixa adequado	Taxa de ocupação Vendas Lucro operacional bruto Lucro por divisão ou departamento

Balanced scorecard (BSC)[7]

O BSC é uma ferramenta administrativa que procura compatibilizar objetivos diferentes no sentido de integrá-los a uma estratégia empresarial e balancear seu alcance. O BSC parte do princípio de que toda empresa – independentemente do seu tamanho ou característica do negócio – está focalizada em quatro perspectivas básicas:

- **perspectiva financeira**: para analisar o negócio do ponto de vista financeiro; envolve os indicadores e as medidas financeiras e contábeis e permite avaliar a empresa em relação à lucratividade e ao retorno sobre o investimento;
- **perspectiva do cliente**: para analisar o negócio do ponto de vista dos clientes; inclui indicadores e medidas como satisfação, participação no mercado, retenção de clientes e aquisição de clientes potenciais;
- **perspectiva dos processos internos**: para analisar o negócio do ponto de vista interno da empresa; inclui indicadores sobre a qualidade intrínseca aos produtos e processos, inovação, criatividade, capacidade de produção, alinhamento com as demandas, logística, qualidade das informações, da comunicação interna e das interfaces;
- **perspectiva da aprendizagem/crescimento organizacional:** para analisar o negócio do ponto de vista daquilo que é básico para alcançar o futuro com sucesso; considera as pessoas pela capacidade, competência, motivação e *empowerment*, bem como os investimentos no seu futuro; essa perspectiva garante a solidez e constitui o valor fundamental para as organizações de futuro.

A próxima figura dá uma ideia da integração dessas quatro perspectivas.

É importante que cada um desses objetivos ajude os demais para provocar uma cadeia multiplicadora de efeitos sinergísticos. O BSC começa de baixo para cima – isto é, da perspectiva de aprendizado e crescimento para os processos internos, clientes e finanças – a fim de proporcionar uma cadeia crescente de valor, como mostra a figura a seguir.

7 KAPLAN, R. S.; NORTON, D. P. *Organização orientada para a estratégia: como as empresas que adotam o* balanced scorecard *prosperam no mundo dos negócios*. Rio de Janeiro: Campus, 2001.

Figura 8.2 O *balanced scorecard* (BSC).

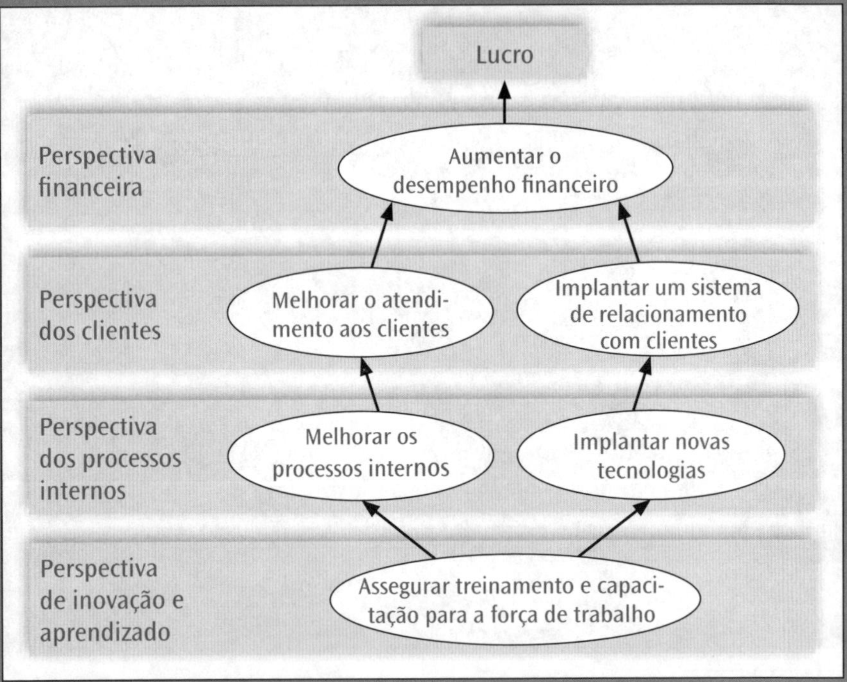

Figura 8.3 O mapa da estratégia segundo o BSC.[8]

8 KAPLAN, R. S.; NORTON, D. P. *A estratégia em ação*: balanced scorecard. Rio de Janeiro: Campus, 1997.

O BSC permite conjugar os vários objetivos empresariais de maneira que todos saiam ganhando reforço recíproco.

DEFININDO A ESTRATÉGIA DO NEGÓCIO

Definida a missão organizacional, a visão de futuro, os valores fundamentais e os objetivos, o passo seguinte é definir a estratégia capaz de conduzir ao alcance do sucesso planejado. Assim, a estratégia é o meio para chegar lá, ou seja, para transformar os objetivos em realidade.

A formulação da estratégia empresarial é feita por meio de várias e diferentes análises, como veremos a seguir. Na verdade, a formulação faz parte de um todo maior que denominamos gestão estratégica. Ela envolve:

- **A definição da missão, visão, valores e objetivos globais**: são os ingredientes iniciais da gestão estratégica e que lhe dão base para guiar o negócio.
- **Os fatores internos da empresa**: é a análise interna da empresa, que detecta suas forças e potencialidades – a fim de utilizá-las e aplicá-las –, bem como suas fraquezas e fragilidades – para corrigi-las ou melhorá-la.
- **Os fatores externos do mercado**: é a chamada análise ambiental, que focaliza as oportunidades e as ameaças do ambiente; pode ser feita por meio de uma pesquisa do mercado para identificar os fatores externos sobre os quais a empresa não tem controle; o empreendedor deve sempre buscar informação sobre os fatores externos em revistas especializadas, publicações do IBGE ou do BNDES (Banco Nacional de Desenvolvimento Econômico e Social) ou ainda em diversas fontes, como a internet (o *site* do Banco do Brasil oferece dados a respeito da conjuntura nacional; o Sebrae é uma fonte inigualável de informações e assessoria; as delegacias da Receita Federal disponibilizam informações sobre impostos e material para seus respectivos recolhimentos).
- **A compatibilização adequada**: de um lado, a visão interna da empresa e, de outro lado, a visão externa do ambiente fornecem uma ideia de como adequar e ajustar a empresa às oportunidades que aparecem no mercado, bem como escapar ou isolar-se das ameaças ambientais. A matriz SWOT – do inglês *strenghts/weakness and opportunities/threats* – fornece uma ideia sobre as forças e as fraque-

zas empresariais, as oportunidades e as ameaças ambientais, como mostra a figura a seguir.

Forças empresariais	Fraquezas empresariais
Excelente organização interna da empresa Atendimento impecável ao cliente Alta qualidade do produto/serviço Custos operacionais baixos Conhecimento do mercado Conhecimento e experiência do empreendedor Criatividade e inovação da empresa Capacidade financeira da empresa Talentos e competências dos funcionários Capacidade para oferecer crédito aos clientes Máquinas, equipamentos e tecnologia adequados	Pessoal com pouco treinamento e qualificação Gerenciamento precário Endividamento exagerado da empresa Imagem precária no mercado Falta de fornecedores adequados Infidelidade dos clientes Pouco conhecimento do mercado Falta de experiência do empreendedor Dificuldade de competir com os concorrentes Máquinas, equipamentos e tecnologia inadequados Capital insuficiente
Oportunidades ambientais	**Ameaças ambientais**
Economia nacional e global em crescimento Ambiente político e econômico satisfatório Aumento da renda *per capita* da população Desenvolvimento econômico e social Nova tecnologia revolucionária a ser usada Aumento das oportunidades de exportação Facilidades governamentais para novos negócios Redução dos impostos Oferta de créditos e financiamentos oficiais Incentivo do governo à pequena e média empresa Aumento do poder aquisitivo da população Necessidade de produtos/serviços pelo mercado	Aumento da inflação e do desemprego Dificuldade de obter crédito e financiamento Juros elevados e câmbio instável Entrada de novos concorrentes Mercado consumidor em baixa Maior importação de produtos estrangeiros Aumento de impostos sobre as empresas estrangeiras Aumento de impostos sobre pessoas físicas Perda do poder aquisitivo dos clientes Substituição de produtos/serviços por outros Saturação do mercado Economia nacional e global em queda

Figura 8.4. Exemplo de matriz SWOT.

- **A formulação da estratégia**: em virtude de forças e fraquezas da empresa e de oportunidades e ameaças do ambiente externo, procura-se o melhor caminho para alcançar os objetivos globais para aproveitar ao máximo as forças internas e as oportunidades externas e neutralizar as fraquezas internas e as ameaças externas. Trata-se de esgueirar entre as vantagens e as restrições, tanto internas como externas.

- **A implementação da estratégia**: definida a estratégia empresarial, o passo seguinte é a sua implementação, ou seja, inicia-se processo de ação pelas pessoas que tocam o empreendimento. Implementar uma estratégia é tão importante e fundamental quanto formulá-la. A maior parte dos desafios estratégicos decorre da sua implementação. Implementar significa explicar a todos os parceiros como tudo vai funcionar, comunicar a missão, a visão, os valores, os objetivos globais e quais os caminhos escolhidos para alcançá-los.
- **A avaliação da estratégia**: consiste em acompanhar os resultados da estratégia empresarial e promover os ajustes e as correções necessários para adequá-la às mudanças que acontecem no meio do caminho. Todo planejamento é feito antes de os eventos ocorrerem e nada

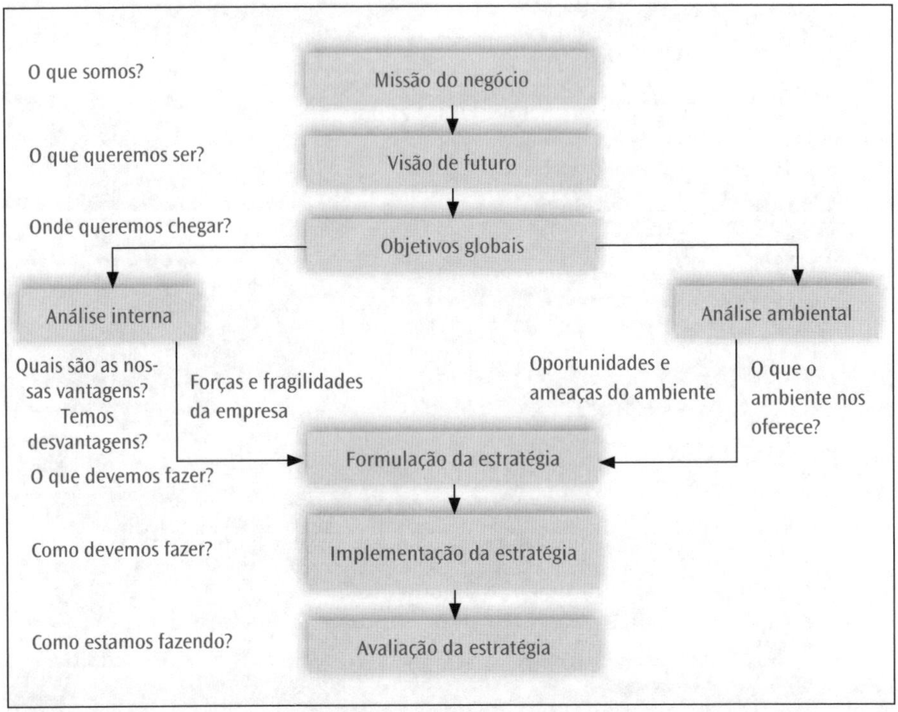

Figura 8.5. A gestão estratégica da empresa.

é mais natural do que adequá-lo e ajustá-lo continuamente às mudanças que acontecem interna e externamente durante sua consecução.

Exemplo de um plano estratégico

Um planejamento estratégico deve conter os seguintes elementos:

* Missão da empresa: a empresa Alpha Ltda. deseja oferecer a Campinas (região onde está localizada) rações alimentícias para cães (produto/serviço que será oferecido) de alta qualidade.
* Visão da empresa: a Alpha Ltda. pretende, em três anos, tornar-se a melhor empresa em seu ramo de negócios em Campinas.
* Valores essenciais da empresa: qualidade, preço, confiabilidade e presteza.
* Objetivos da empresa:
  - oferecer produtos de alta qualidade;
  - ser reconhecida como uma empresa ética e socialmente responsável;
  - oferecer aos investidores um retorno justo e compensador do investimento;
  - proporcionar aos empreendedores a independência pessoal e financeira, bem como a satisfação por um trabalho benfeito.
* Estratégia da Alpha Ltda.:
  - contratar funcionários talentosos e fornecer treinamento e desenvolvimento;
  - valorizar e compensar os funcionários de acordo com a capacidade e a contribuição que demonstrarem;
  - desenvolver e manter uma empresa que conquiste a confiança do mercado;
  - definir os preços dos produtos em um nível justo e competitivo;
  - alcançar um nível de crescimento e lucratividade que conquiste a posição de liderança entre as empresas do setor.
* Premissas básicas do planejamento:
  - as instalações deverão estar prontas para que as atividades tenham início na data estabelecida;
  - os funcionários deverão ser contratados e treinados trinta dias antes do início das atividades;
  - o financiamento necessário deverá ser integralizado trinta dias antes do início das atividades.

PARTE IV

Gerenciando Recursos e Competências

Capítulo 9 Gerenciando a equipe
Capítulo 10 Gerenciando a produção
Capítulo 11 Gerenciando o *marketing*
Capítulo 12 Gerenciando as finanças

Após terem sido tomadas as decisões iniciais, as providências decorrentes e definido o plano de voo, chega a hora de colocar o empreendimento em marcha, tocar a empresa, colocá-la em atividade, fazê-la funcionar e produzir resultados compensadores para todos os que estão nela envolvidos direta ou indiretamente. A empresa é constituída de uma composição mesclada e inteligente de recursos físicos, tecnológicos e materiais para suprir todas as suas necessidades, produzir algo e atender às expectativas dos clientes e do mercado.

Tal como o equilibrista de pratos no circo, o empreendedor precisa trabalhar simultaneamente com vários e diferentes elementos em conjunto: sua equipe de trabalho, a produção, o *marketing* e as finanças. Todos esses aspectos precisam funcionar em um estado de equilíbrio dinâmico e mutável em função das circunstâncias externas. Um empreendimento não é uma máquina constituída de peças articuladas. Longe disso, ele é um organismo vivo – pois é constituído por pessoas – que nasce, cresce, engorda, emagrece e pode até morrer. Mais ainda, ele é um sistema aberto que envolve vários subsistemas intimamente inter-relacionados entre si. Qualquer influência interna ou externa sobre um dos subsistemas afeta a totalidade do sistema.

Como os recursos são inertes e estáticos, eles requerem competências para permitir sua plena utilização e o alcance de resultados satisfatórios. Ao contrário dos recursos que são ativos tangíveis, as competências constituem ativos intangíveis e invisíveis. Elas estão na cabeça das pessoas que constituem a equipe que deverá integrar a empresa.

9

Gerenciando a equipe

A empresa como um sistema sociotécnico
A administração participativa
O *empowerment*
Como liderar e motivar uma equipe dinâmica

São as pessoas que fazem o negócio. Tanto aquelas que empreendem, aquelas que trabalham no negócio, como as que compram seus produtos ou serviços. Embora a empresa seja dotada de máquinas, equipamentos, prédios, instalações, tecnologia e uma porção de outros recursos físicos, na realidade esses elementos concretos apenas não conseguem fazê-la funcionar nem atingir os seus objetivos. Todos os recursos físicos e financeiros que a empresa reúne precisam ser ativados e manejados para que consigam operar e proporcionar resultados. E isso é feito pelas pessoas. São elas que dão vida, inteligência, emoção e ação para a empresa. São elas que garantem a dinâmica do negócio por meio de seus conhecimentos, habilidades e competências. Nenhuma empresa consegue funcionar sem as pessoas. Mais do que isso: são as pessoas que proporcionam excelência, qualidade, produtividade e competitividade para a empresa. Daí a sua importância vital para o sucesso do negócio. Além disso, convém não esquecer que o cliente avalia a sua empresa e o seu produto pelas pessoas que o servem e o atendem.

Provavelmente, o passo mais importante para o sucesso do empreendedor é a escolha da equipe certa para o seu negócio. A equipe que terá em suas mãos a tarefa de comprar, produzir, comercializar e garantir o sucesso financeiro e comercial do negócio. E equipe não significa apenas um grupo de pessoas que trabalha cada qual em sua atividade separada e isolada. Atualmente, as pessoas não mais trabalham sozinhas e isoladas; ao contrário, as empresas bem-sucedidas estão juntando – e não mais separando – as pessoas. O conceito de cargo está sendo substituído pelo de equipe. Quando as pessoas trabalham em equipe podem trocar ideias e experiências, intercambiar soluções e trabalhar em conjunto. A união faz a força. O esforço em equipe proporciona responsabilidade solidária e transforma o trabalho em uma atividade social, não meramente técnica ou operacional. Nesse sentido, tanto o empreendedor como seus parceiros diretos precisam aprender a trabalhar em equipe, a aceitar diferentes pontos de vista, a confiar nas pessoas, a delegar responsabilidades, a permitir que as pessoas falhem e aprendam com os erros para evitá-los no futuro.

Gerenciar equipes é uma das tarefas mais importantes para o empreendedor, principalmente porque cada pessoa é única, com sua individualidade, sua personalidade, sua história e suas experiências, assim como seus objetos pessoais, suas habilidades, etc.

Construa criteriosamente a sua equipe

Uma excelente equipe não é formada ao acaso. Ela precisa ser construída dia a dia. Isso requer um grande investimento de tempo e de concentração por parte do empreendedor. Para você construir uma equipe, são necessárias as ações que descrevemos a seguir.[1]

- **Escolha da equipe**: implica recrutar e selecionar os candidatos que farão parte de sua equipe. Esteja sempre atento às pessoas que podem ajudá-lo a alcançar o sucesso no seu empreendimento. Procure cercar-se de talentos e não de mediocridades.

1 CHIAVENATO, I. *Gerenciando pessoas: como transformar gerentes em gestores de pessoas*. Rio de Janeiro: Elsevier/Campus, 2006. p. 72-3.

- **Desenho das atividades**: significa definir o que cada pessoa da equipe deverá fazer, o cargo que deverá ocupar, as funções, como avaliar seu desempenho e integrar suas atividades com as demais atividades da empresa, etc.
- **Treinamento**: significa treinar e capacitar as pessoas para que elas possam exercer suas atividades na empresa. O treinamento não deve ser esporádico ou eventual: você precisa dedicar algumas horas diárias para treinar, ensinar, capacitar e desenvolver seu pessoal. Se necessário, utilize meios externos para isso: cursos, seminários, palestras, conferências, MBAs (Master in Business Administration), etc.
- **Liderança**: você precisa conduzir sua equipe. Isso significa orientar, definir rumos e metas, ajudar as pessoas a ultrapassar suas dificuldades e desafios, monitorar o trabalho delas, impulsionar e motivar a equipe. Deixe de lado o comando e a hierarquia e dê liberdade e autonomia para as pessoas, apontando as metas e os resultados que elas devem alcançar.
- **Motivação**: procure sempre motivar a equipe. Utilize meios financeiros – prêmios, recompensas, participação nos resultados diretos e no alcance de objetivos – e meios não financeiros – reconhecimento público pelo desempenho excelente, "tapinhas nas costas", etc.
- **Remuneração**: não se esqueça de que dinheiro compra a satisfação de muitas necessidades humanas. A remuneração é um importante motivador. Defina um sistema de recompensas com base no desempenho individual e grupal.
- **Avaliação do desempenho**: não deixe de monitorar e avaliar o que a equipe está fazendo. Avalie o seu desempenho, não de vez em quando, mas continuamente, diariamente, trocando ideias com as pessoas a respeito do seu trabalho e dando sugestões e orientações. Proporcione retroação e autodesenvolvimento à sua equipe.

A EMPRESA COMO UM SISTEMA SOCIOTÉCNICO

As empresas estão envolvidas em um processo de transformação de recursos em produtos/serviços. Como toda empresa é constituída de pessoas, ela é, na realidade, um sistema social. Ao analisar o trabalho empresarial como uma totalidade, alguns autores salientam a existência de um sistema sociotécnico: toda organização consiste em uma combinação administrada de tecnologia e de pessoas, de tal forma que ambos os lados estão intimamente inter-relacionados. Assim, o sistema sociotécnico é constituído por três subsistemas principais:

1. **Subsistema técnico**: também denominado sistema tecnológico, inclui o fluxo de trabalho, as tarefas a serem executadas e a tecnologia existente. As máquinas, os equipamentos, as instalações, as técnicas de produção estão aí inseridos. É o subsistema técnico que determina quais são os conhecimentos, as habilidades, as experiências, as aptidões, enfim, todas as características que as pessoas deverão possuir para ingressar e permanecer na empresa. É também o subsistema técnico que determina o que deve ser feito, como, quando e onde. Estabelece a chamada estrutura organizacional da empresa, que é a organização oficialmente aceita, representada pelo organograma da empresa.
2. **Subsistema social**: também denominado subsistema humano ou cultural, é constituído pelas pessoas que ingressam e permanecem na empresa, com suas características próprias de personalidade, seus conhecimentos e suas habilidades, suas experiências e o trabalho que realizam de acordo com as exigências técnicas. São as pessoas que ocupam os cargos e executam as tarefas definidas pelo subsistema técnico. Na verdade, as pessoas não se adaptam com passividade às imposições técnicas, mas atuam dinamicamente no sentido de alterá--las de maneira constante e contínua. Por outro lado, as pessoas não trabalham isoladamente nem são seres mecânicos. Elas são seres sociais, isto é, vivem em grupos sociais e compartilham ideias e expectativas entre si. Daí surge a organização informal, constituída pelos grupos sociais que naturalmente surgem dentro da empresa e pelos padrões de comportamento e normas de conduta que tais grupos aceitam ou rejeitam socialmente. A organização informal é a rede de grupos sociais que se forma naturalmente, as relações de amizade ou de inimizade que predominam na empresa, o comportamento espontâneo das pessoas e de grupos. A organização informal não aparece no organograma e pode facilitar ou dificultar o funcionamento da organização formal. O ideal é fazê-la colaborar e não atrapalhar. Para tanto, é necessário levar a organização informal em conta nas tarefas da empresa. Isso significa que as pessoas devem ser envolvidas em todo o trabalho por meio de

parcerias, em colaboração, como sujeitos ativos e não simplesmente como sujeitos passivos ou recursos inertes. Não se trata de impor soluções de cima para baixo, mas de fazer com que as pessoas participem ativamente da tarefa de organizar e desempenhar o seu trabalho de baixo para cima e de melhorar continuamente aquilo que fazem, porque são elas que conhecem melhor do que ninguém as tarefas que executam no seu cotidiano.

3. **Subsistema gerencial**: constitui o aparato administrativo que cuida da gestão da empresa. Envolve os diretores, gerentes e supervisores que atuam no nível institucional, tático e operacional da estrutura organizacional das médias e grandes empresas. Nas pequenas empresas, esses três níveis constituem um só. É o sistema que garante a integração entre o componente humano e o tecnológico. Esses dois subsistemas – social e técnico – precisam ser devidamente integrados e coordenados para que possam funcionar em constante interação. Esse é o papel do sistema gerencial: proporcionar um elo estreito entre o subsistema social e o técnico.

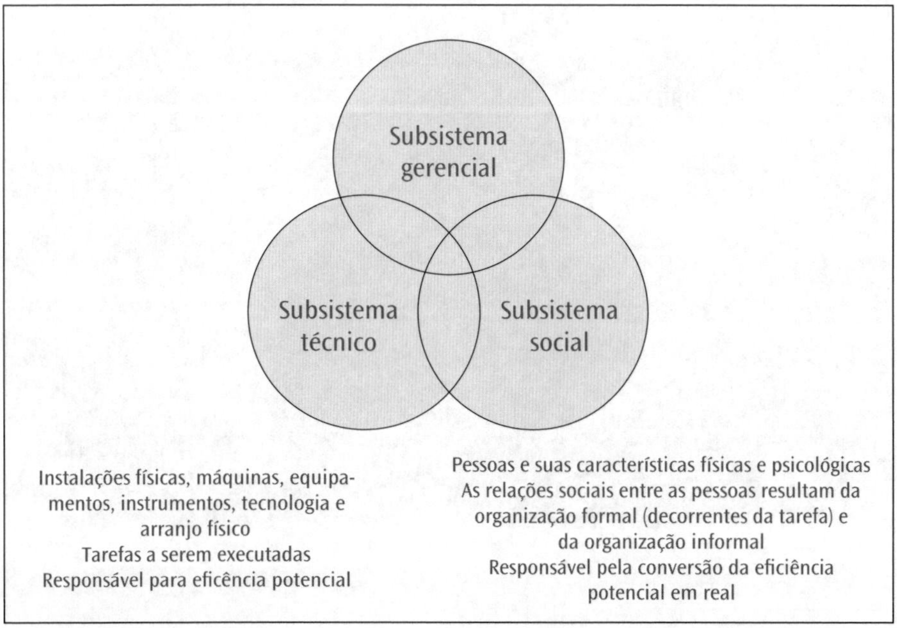

Figura 9.1. A empresa como um sistema sociotécnico.

Por essa visão abrangente, a empresa constitui um sistema sociotécnico, ou seja, um sistema técnico e um sistema social integrados entre si pelo sistema gerencial, e que operam simultaneamente. A integração desses dois subsistemas provoca um efeito multiplicador, que é denominado sinergia ou efeito sinergístico. Em outros termos, quando adequadamente integrados, cada sistema auxilia o outro e alavanca seus resultados, provocando uma influência recíproca e positiva. Na realidade, o sistema técnico e o social não podem ser encarados isoladamente, mas no contexto da organização total. Qualquer alteração em um deles certamente provocará forte influência no outro.

COMO AVALIAR A EFICIÊNCIA DE SUA EQUIPE?[2]

Utilize os itens a seguir em uma escala que vai de um (eficiência mínima) até dez (eficiência máxima):

Objetivos claros: a missão e os objetivos da equipe devem ser bem definidos e aceitos por todos os membros. O objetivo de cada membro da equipe também deve ser apoiado pela equipe toda. Deve haver ajuda mútua. Solidariedade é fundamental.

Visão coordenada: os membros da equipe devem ter uma visão conjunta e coerente da situação. A equipe gera a definição da missão e da visão do negócio, determina as direções de seus movimentos, define seus propósitos e problemas e especifica suas atividades com a ajuda do empreendedor.

Distribuição das posições: os membros da equipe são designados para suas posições de acordo com suas propensões, habilidades, competências e tipos de personalidade. Os papéis devem ser esclarecidos para que possam desempenhar seus deveres com as melhores habilidades e competências.

Decisões colaborativas: a equipe deve evitar formalidades e burocracia. O compromisso com metas e objetivos deve ser alcançado por meio da discussão e do consenso espontâneo entre os membros.

---

2 CHIAVENATO, I. 2006, p. 63.

Liderança compartilhada: as funções de liderança do empreendedor podem ser delegadas a cada membro da equipe dependendo da situação e das necessidades.

Novas ideias: a equipe deve aceitar o desacordo como uma maneira de discutir novas ideias e resolver os problemas de maneira inovadora e criativa.

A ADMINISTRAÇÃO PARTICIPATIVA

O empreendedor deve fazer com que sua equipe não fique limitada ou confinada em cargos isolados e superespecializados, com tarefas repetitivas e monótonas. Ao contrário, deve tornar cada tarefa um evento grupal, um trabalho de equipe e de cooperação entre as pessoas envolvidas. Deve delegar total responsabilidade à equipe para que melhore continuamente as tarefas e resolva os problemas operacionais, trazendo à tona as soluções encontradas e não simplesmente os problemas ocorridos. Deve acostumar a equipe à mudança e à inovação, tendo em mente a melhoria contínua da qualidade e da produtividade e, sobretudo, o atendimento ao cliente. Deve desenvolver padrões de excelência e de otimização das atividades. O empreendedor precisa fazer com que a preocupação e a resistência das pessoas com relação às mudanças sejam totalmente substituídas por cooperação, interesse e desejo para mudar. Para tanto, deve transformar uma mudança, que possa ser encarada como um risco pessoal, em algo que signifique realmente uma oportunidade pessoal de melhoria e de desenvolvimento.

A administração participativa exige três aspectos fundamentais:[3]

- envolvimento mental e emocional das pessoas;
- motivação para contribuir;
- aceitação da responsabilidade.

A participação é um processo compartilhado entre o empreendedor e sua equipe de trabalho. O empreendedor deve incentivar continuamente a participação do pessoal por meio dos três aspectos fundamentais anterior-

3 CHIAVENATO, I. 2006, p. 53.

mente citados. A administração participativa, baseada nas pessoas, tem sido apontada como a alavanca para o progresso. Ela representa o envolvimento das pessoas na gestão do negócio, além de uma evolução do processo democrático. É importante ressaltar que ela não se baseia simplesmente na democracia da maioria – tão utilizada na nossa vida política e na atividade sindical –, mas na democracia do consenso. Na democracia da maioria, prevalece a vontade da parcela que for maior em detrimento da parte que tiver o menor número de pessoas: quando a maioria ganha, a minoria perde. Já na democracia por consenso, prevalece o resultado das negociações entre todas as partes, incluindo também a vontade das minorias e de todas as partes envolvidas.

Para desenvolver uma equipe coesa e altamente eficiente, o empreendedor precisa conhecer os itens a seguir.

- **Como formar a equipe**: promova adequadamente o recrutamento e a seleção do pessoal, procurando sempre pessoas dinâmicas que possam agregar valor à empresa. Forme sua empresa com pessoas que você julgar serem melhores que você, para que elas tragam resultados ao seu negócio. Considere-as suas parceiras no negócio.
- **Como preparar a equipe**: proporcione o contínuo treinamento e desenvolvimento das pessoas. Faça com que, diariamente, cada pessoa agregue mais valor às suas habilidades, aos seus conhecimentos e ao seu trabalho. Ao investir na melhoria das pessoas, você estará apostando diretamente na melhoria do seu próprio negócio.
- **Como remunerar a equipe**: assegure salários e remunerações condizentes, além de benefícios materiais. Estabeleça objetivos desafiadores e oriente as pessoas em direção a eles, sem deixar de avaliar, reconhecer publicamente e recompensar o desempenho excelente. Cada conquista merece ser festejada, cada vitória precisa ser comemorada.
- **Como desenvolver clima e cultura**: crie uma atmosfera calorosa e agradável de trabalho e de espírito de equipe que possibilite a inovação, a melhoria contínua, a excelência, a participação e o comprometimento das pessoas.

Em suma, o empreendedor deve utilizar o que existe de mais importante em cada pessoa: o seu cérebro, a sua inteligência, as suas competências e a sua participação emocional. Saber gerenciar pessoas é saber extrair delas o que têm de melhor para fazer um trabalho excelente, ser uma extensão do empreendedor na melhoria contínua do trabalho e na excelência do produto/serviço e no ótimo atendimento ao cliente.

Afinal, quem são os seus parceiros?[4]

Quando se fala em parceiros do negócio, muitos acreditam que o assunto trata dos sócios da empresa. Ledo engano. Toda empresa funciona como um sistema aberto, que recebe entradas e insumos de seu ambiente externo, processa-os e transforma-os em produtos/serviços para devolvê-los ao ambiente externo e colocá-los no mercado. Para obter entradas e insumos, a empresa depende de seus fornecedores de recursos – materiais e matérias-primas, máquinas e equipamentos, tecnologia, capital e financiamentos, serviços especializados, habilidades, conhecimentos e competências. No seu interior, todos esses recursos são processados e transformados por meio de operações, e o resultado final são os produtos/serviços que devem ser colocados no ambiente externo. Esse sistema aberto funciona em um processo cíclico de transações com o ambiente e com o concurso de diversos participantes, que contribuem direta ou indiretamente para o seu sucesso. Pela empresa, esses participantes ou parceiros efetuam trocas entre si. Sendo assim, vemos a seguir os principais parceiros de uma empresa:

- **empregados**: são as pessoas que contribuem com seu tempo e esforço para a empresa, fornecendo habilidades e conhecimentos em troca de salários e de outros incentivos que a empresa proporciona;
- **investidores**: são pessoas ou instituições que contribuem com os investimentos financeiros a fim de proporcionar o capital e os meios financeiros para as operações da empresa, esperando um retorno para o seu investimento;

4 CHIAVENATO I. *Recursos humanos: o capital humano das empresas*. Rio de Janeiro: Elsevier, 2006, p. 48.

- **fornecedores**: são pessoas ou instituições que contribuem com recursos para a produção, sejam materiais, matérias-primas, tecnologia, serviços (consultoria, assessoria, contabilidade, propaganda e manutenção), energia e componentes em troca de atrativos, como remuneração de seus produtos/serviços e continuidade de suas operações;
- **distribuidores**: são pessoas ou instituições que adquirem os produtos/serviços produzidos pela empresa e os distribuem para o mercado de clientes ou consumidores em troca de atrativos, como remuneração de suas atividades e continuidade de suas operações;
- **consumidores**: são pessoas ou instituições que adquirem os produtos/serviços produzidos pela empresa para utilizá-los e consumi-los na expectativa de satisfazer suas necessidades.

Como formar a equipe

Para formar uma equipe é necessário recrutar, selecionar e integrar pessoas talentosas. Trata-se de um desafio fundamental para o sucesso do negócio. Afinal, será a sua equipe, mesmo que ela seja constituída por uma ou duas pessoas, e não você que executará todo o trabalho a ser realizado. Para que você esteja no comando, a execução deve ser excelente e isso vai depender de sua equipe.

Recrutar significa buscar pessoas no mercado para fazer parte da empresa. O recrutamento é uma ferramenta para localizar talentos e trazê-los à empresa. Isso pode ser feito pela *web*, por indicações de amigos e conhecidos, por anúncios em jornais locais e até por agências de recrutamento. Mas para que o recrutamento tenha eficácia e funcione realmente é necessário saber onde recrutar, isto é, onde estão as fontes de recrutamento para o seu negócio: nas escolas ou universidades, em determinados locais de aglomeração de pessoas como metrô, linhas de ônibus, *shopping centers* etc. O fundamental é informar ao mercado que você precisa de gente para trabalhar e onde pode recebê-la e informar melhor. O recrutamento é eficaz quando traz candidatos para um contato presencial ou virtual. Essa eficácia pode ser aumentada quando o recrutamento traz candidatos realmente interessantes para a empresa. É importante que os candidatos preencham uma solicitação de emprego ou entreguem um *curriculum vitae* básico, que pode ser enviado pela internet.

Curriculum vitae básico

Dados pessoais

Nome:

Endereço:

Telefone ou *e-mail*:

Objetivo:

Escolaridade ou formação educacional

Escolas:

Cursos efetuados:

Ano de conclusão:

Línguas:

Experiência Profissional

Empresas onde trabalhou:

Cargos ocupados:

Datas de admissão e de desligamento:

Atividades desempenhadas:

Habilidades e competências

Data: ___/___/______

Selecionar significa escolher entre os candidatos que se apresentam aqueles que realmente têm condições para serem admitidos na empresa. Essa escolha pode ser feita de várias maneiras, quase sempre adotadas em conjunto.

O primeiro passo é uma entrevista de triagem entre os candidatos para avaliar quem pode prosseguir no processo seletivo. A entrevista de triagem é relativamente rápida e superficial e pode obedecer à sequência dos dados do *curriculum vitae*. Sua função básica é separar os candidatos que interessam daqueles que não interessam no momento. Recomendam-se anotações no *curriculum vitae* para ambos os casos, pois pode aparecer algum candidato potencialmente interessante para o futuro e os seus dados devem ser arquivados para posterior avaliação.

O segundo passo para quem superou a entrevista de triagem é uma entrevista mais profunda para melhor conhecer o candidato. Em geral, o candidato é avaliado com a utilização de vários indicadores a respeito de seu trabalho futuro na empresa. Esses indicadores variam conforme a atividade e podem ser medidos em uma escala de 0 a 10, envolvendo, por exemplo, relacionamento humano, espírito de equipe, facilidade de expressão, capacidade de organização pessoal, atitude frente ao trabalho e ao futuro, competências, liderança, etc. Essa escala permite comparar os resultados dos vários candidatos entrevistados.

Indicadores da entrevista pessoal										
	1	2	3	4	5	6	7	8	9	10
Relacionamento humano										
Espírito de equipe										
Facilidade de expressão										
Organização pessoal										
Atitude frente ao trabalho										
Atitude frente ao futuro										
Outros										

O terceiro passo é uma prova prática – escrita ou oral – a respeito dos conhecimentos e habilidades que se requer do candidato. Se a atividade é de balconista, nada melhor que uma simulação de atendimento ao cliente; se é de costura, a alternativa é solicitar um trabalho desse tipo; se é de motorista, o melhor é avaliar o candidato na prática dessa função.

O quarto passo consiste em comparar os resultados do desempenho dos vários candidatos e escolher o mais adequado às necessidades do empreendimento.

Integrar significa incluir e agregar o candidato ao negócio da empresa. Em outras palavras, conseguir engajá-lo nas atividades que vai realizar. Para tanto, deve conhecer os produtos/serviços da empresa, familiarizar-se com as normas e expectativas a respeito do seu trabalho, conhecer o perfil da clientela, entender as metas e objetivos esperados de sua atividade, saber como realizar seu trabalho de maneira excelente, etc.

Como preparar a equipe

Toda equipe precisa de preparação intensiva e continuada. É o que chamamos de treinamento e desenvolvimento para alcançar a formação e a capacitação das pessoas. Uma tarefa que não tem fim. E isso é de responsabilidade do empreendedor: saber treinar e preparar sua equipe de trabalho e dotá-la das competências necessárias. Uma maneira de saber como preparar a equipe é definir antecipadamente quais as competências que cada membro dela necessita: as chamadas competências necessárias. Simultaneamente, avaliar as competências disponíveis, isto é, as competências atuais de cada membro da equipe, e comparar o *gap* entre elas. Essa discrepância entre ambas é que define as carências de treinamento que o empreendedor deve saber reduzir para que elas sejam equivalentes e sua equipe tenha um desempenho cada vez melhor. Essas carências de treinamento devem compor o programa de treinamento a ser dado a cada membro da equipe. O empreendedor tem dois caminhos pela frente: o primeiro é ele próprio ser o treinador de sua equipe, o *coach*; o segundo é fazer com que cada membro da equipe participe de algum programa externo de treinamento ou de alguma universidade.

Uma equipe despreparada põe qualquer empreendimento em perigo. Equipe preparada abre as portas para o sucesso de qualquer empreitada.

Como remunerar a equipe

Se a ideia é meramente fazer com que a equipe faça o seu trabalho de maneira rotineira e sempre igual, um salário fixo é necessário e suficiente. Mas se a ideia é alcançar e ultrapassar metas e objetivos ele é necessário, mas não suficiente. É preciso estimular e incentivar as pessoas a trabalhar tendo em vista metas e objetivos que precisam ser cumpridos e ultrapassados dentro de certos prazos de tempo. Assim, a remuneração precisa variar de acordo com metas, objetivos e prazos, para que as pessoas sintam que todo esforço a mais tem um retorno adequado. A remuneração variável pode envolver bônus de final de exercício e participação no resultado de cada atividade da empresa (um percentual para a empresa e outro para o colaborador).

Como desenvolver clima e cultura

A empresa deve ter um ambiente de trabalho excelente, agradável e gostoso, dentro do qual as pessoas gostam de permanecer e compartilhar. A isso se dá o nome de clima organizacional: a maneira pela qual as pessoas se sentem satisfeitas e percebem positivamente o seu ambiente de trabalho. O clima depende da cultura organizacional, a qual representa a maneira de pensar, sentir e agir de uma empresa, o modo como as pessoas se relacionam, como elas são tratadas, como são consideradas e como são valorizadas. A cultura decorre da maneira como o empreendedor visualiza seu negócio e a participação de sua equipe no seu sucesso. Daí a importância de uma cultura democrática, participativa e envolvente, na qual as pessoas se sentem donas, sócias ou proprietárias do negócio.

O *EMPOWERMENT*

Para ter realmente a ajuda e colaboração das pessoas, é preciso que isso seja recíproco. Dar e receber devem estar presentes no relacionamento com as pessoas. O importante é usar novas maneiras de trabalhar com elas, adotando o compartilhamento de ideias e objetivos. Estamos nos referindo ao *empowerment*, que se fundamenta em cinco pilares, a saber:[5]

1. delegação de responsabilidade às pessoas pelo alcance de metas e resultados;
2. liberdade para que as pessoas escolham métodos e processos de trabalho, programas de ação com a ajuda e o apoio do empreendedor;

---

5 CHIAVENATO, I. 2006, op. cit., p. 64.

3. atividade grupal e solidária e trabalho em equipe (tudo deve ser feito em conjunto; a equipe precisa estar coesa, integrada, orientada e apoiada pelo empreendedor);
4. participação da equipe nas decisões relacionadas ao seu trabalho e ao negócio (quando participam das decisões, as pessoas realmente se sentem responsáveis por elas);
5. autoavaliação do desempenho pela própria equipe (a autoavaliação é um importante meio de retroação e de melhoria constante do trabalho).

Na tentativa de sintetizar, podemos dizer que o *empowerment* significa, entre outras coisas, a participação, a delegação, a responsabilidade por metas e resultados, a liberdade, a autonomia, a autoavaliação do desempenho. Para tanto, o empreendedor precisa utilizar quatro alavancadores para proporcionar *empowerment* à sua equipe:

1. **autoridade**: dar poder às pessoas para que elas possam tomar decisões independentes sobre ações e recursos (o empreendedor deve "soltar as rédeas" e não controlar e obstruir o trabalho da equipe);
2. **informação**: fomentar o acesso à informação e torná-la útil e produtiva para a equipe, além de disseminar a informação e facilitar a tomada de decisões, buscando novos caminhos e soluções;
3. **recompensas**: proporcionar incentivos à equipe a fim de que promovam o alcance dos objetivos da empresa (um dos maiores motivadores é a recompensa pelo trabalho benfeito);
4. **competências**: ajudar as pessoas a aprender e a desenvolver habilidades e competências para melhor utilizar a informação e a autoridade.

Quando as pessoas trabalham isoladas em seus respectivos cargos, proporcionam um somatório de esforços. Entretanto, quando trabalham em equipe, elas alcançam resultados incrementados. É a sinergia resultante da equipe. Na verdade, o trabalho em equipe representa a multiplicação dos esforços dos membros na medida em que cada um deles ajuda e incentiva os demais.

EXISTEM COISAS QUE PODEM SER ADMINISTRADAS; OUTRAS, NÃO[6]

O gerenciamento pode caminhar bem até certo ponto. Alguns comportamentos e ações podem ser comandados e controlados pelo empreendedor, como horários de trabalho, reuniões, refeições ou repouso. Determinadas ações sequenciais e movimentos repetitivos, como métodos e procedimentos de trabalho, podem ser gerenciados. A rotina igualmente. O comportamento polido e educado com os clientes e colegas também. Mas existem certas habilidades e competências que não podem ser administrados da maneira convencional ou enquadrados na padronização e na homogeneização que caracterizam o antigo modelo burocrático de gerenciamento. Existem comportamentos e ações que precisam ser liderados, mas não devem ser administrados. São comportamentos que precisam ser encorajados, apoiados, reforçados e alavancados, como:

- atitude;
- dedicação;
- confiabilidade;
- coragem;
- criatividade;
- curiosidade;
- sinergia;
- consenso;
- perseverança;
- valores;
- iniciativa;
- colaboração espontânea;
- empatia;
- compreensão;
- paixão.

O empreendedor deve ter o comando nas mãos. Esse é o momento de liderar sua equipe.

COMO LIDERAR E MOTIVAR UMA EQUIPE DINÂMICA

As pessoas são capazes de realizar feitos incríveis. No entanto, é preciso saber conduzi-las e estimulá-las por meio da liderança e da motivação. Liderança e motivação constituem as bases da administração participava das pessoas. O

---

6 CHIAVENATO, Idalberto. *Construção de talentos:* coaching & mentoring. Rio de Janeiro: Campus, 2004. p. 17-8.

empreendedor deve saber cultivar seu espírito de liderança e sua maneira de motivar e entusiasmar as pessoas que com ele trabalham.

Liderança

A liderança é um tipo de influência pessoal por meio da qual o empreendedor – o líder – influencia o comportamento dos subordinados para direcioná-lo e impulsioná-lo rumo aos objetivos que se pretende alcançar. A preocupação maior das grandes empresas está em transformar gerentes e executivos em verdadeiros líderes, para que suas equipes possam trabalhar melhor.

Existem três tipos tradicionais de liderança: a autocrática, a liberal e a democrática. A primeira caracteriza-se pela condução coercitiva e impositiva das pessoas: o líder dá ordens e espera o seu cumprimento. A segunda caracteriza-se pela extrema liberalidade com relação às pessoas: o líder apenas sugere e não tem qualquer ascendência sobre as pessoas. A primeira é uma liderança extremamente dura, enquanto a segunda é uma liderança apagada, sem força. Na primeira, as pessoas são coagidas a fazer alguma coisa, enquanto na segunda elas simplesmente fazem o que querem, sem nenhuma ação de coordenação do líder. O ideal é a terceira opção, a liderança democrática, na qual o líder expõe a situação atual e os objetivos pretendidos, delineia as alternativas e discute com a equipe os melhores cursos de ação. Os subordinados têm, então, plenas condições de participar ativamente nas decisões a respeito do seu trabalho, mas dentro da panorâmica traçada pelo líder.

Liderança autocrática	Liderança liberal	Liderança democrática
O líder define os objetivos	A equipe define os objetivos	Líder e equipe definem os objetivos
O líder comanda	A equipe faz o que quer	Líder e equipe comandam juntos
O líder é o responsável	A equipe é irresponsável	Líder e equipe corresponsáveis
O líder ignora a equipe	A equipe ignora o líder	Líder e equipe compartilham

Motivação

O que leva as pessoas a se comportarem de uma determinada maneira? O que as leva a lutar por objetivos pessoais de maneira incrivelmente constante e permanente? A motivação está por trás disso tudo e define a tônica do comportamento humano.

A motivação diz respeito à dinâmica do comportamento das pessoas. Ela é a mola propulsora do desempenho pessoal. Motivar significa estimular e incentivar as pessoas a fazer algo ou a se comportar rumo a determinada direção. A motivação está intimamente relacionada com a satisfação de necessidades pessoais que recebem o nome de motivos. Assim, as necessidades direcionam o comportamento no sentido de satisfazer carências, expectativas ou necessidades pessoais. Tudo o que leva a alguma satisfação dessas necessidades motiva o comportamento, isto é, provoca as atitudes das pessoas. As necessidades humanas básicas podem ser representadas em uma hierarquia que lembra uma pirâmide. Observe a figura a seguir.

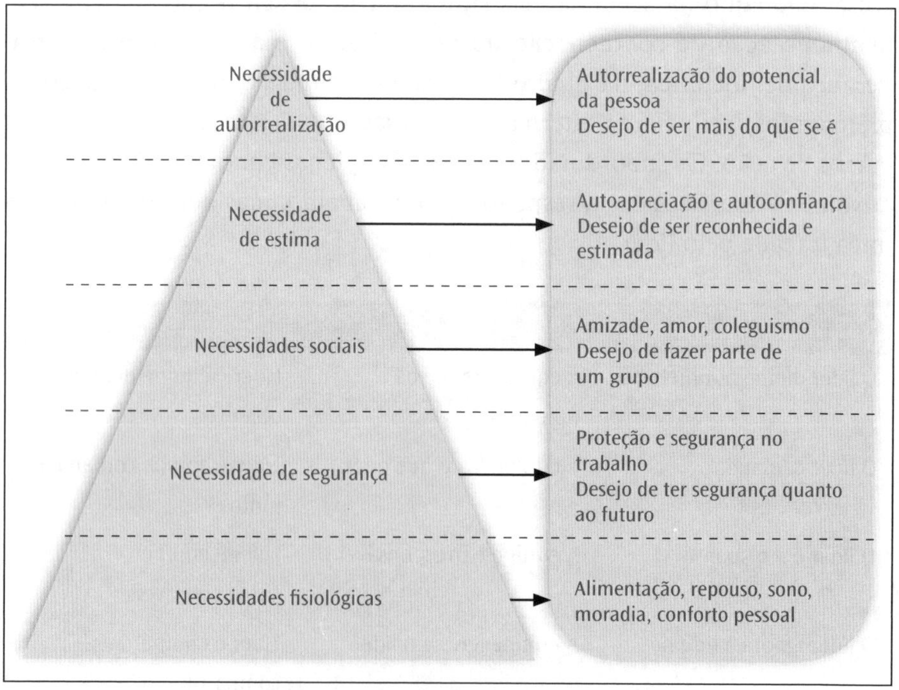

Figura 9.2. Pirâmide das necessidades humanas básicas.

A Figura 9.2 mostra que as necessidades que estão na base da pirâmide são as mais emergentes e cotidianas. As pessoas precisam comer, dormir, vestir-se, enfim, satisfazer suas necessidades do dia a dia. Quando essas necessidades inadiáveis atingem um grau de satisfação garantida, as necessidades de segurança afloram no comportamento das pessoas. A partir daí elas passam a se preocupar com a proteção contra o perigo (real ou potencial), a segurança no emprego, a estabilidade emocional etc. Quando esse nível está relativamente sob controle, emergem as necessidades sociais: a busca por amizade, amor, afeto, relacionamento humano, reconhecimento alheio e contato com as pessoas. Quando essas estão satisfeitas, surgem as necessidades de estima: a autoapreciação, autoconfiança, autoestima, autoconceito, a maneira como cada pessoa se vê e se avalia. E, finalmente, quando todas as demais necessidades estão relativamente satisfeitas, emerge a necessidade de autorrealização: a necessidade de realizar todo o potencial individual para crescer, criar, gerar e conquistar.

Cada pessoa tende a desenvolver um tipo de necessidade prioritária sobre as demais. Cabe ao empreendedor descobrir e localizar em cada pessoa as necessidades que lhes são mais importantes e levá-las à satisfação por meio do trabalho. Algumas pessoas dão maior importância à segurança e à estabilidade no trabalho, enquanto outras enfatizam o ambiente humano. Algumas preferem o reconhecimento pelo que fazem e outras ambicionam o poder. Porém, quase sempre o alcance de certos objetivos pessoais (objetivos finais) é conseguido por meio de objetivos intermediários. Quando objetivos intermediários alavancam a concretização de objetivos finais, diz-se que eles têm elevada instrumentalidade. Se a cenoura mata a fome (objetivo final), o propósito é consegui-la (objetivo intermediário). Se o dinheiro (objetivo intermediário) traz segurança pessoal (objetivo final), ele é utilizado como instrumento para alcançar seus objetivos pessoais. O empreendedor precisa levar em conta todos esses aspectos da motivação humana.

Reciprocidade

As pessoas agem para alcançar objetivos pessoais, os quais são determinados pelas suas necessidades individuais. Na medida em que o trabalho conduz direta ou indiretamente ao alcance de seus próprios objetivos, as pessoas tendem a realizá-lo mais e melhor. Como o trabalho está voltado para o alcance dos objetivos empresariais, torna-se importante relacioná-lo também com o alcance dos objetivos pessoais daqueles que o realizam. À proporção que o alcance dos objetivos empresariais favoreça paralelamente o alcance dos objetivos pessoais, todos se desdobrarão para alcançá-los, pois as pessoas se esforçam desde que o seu empenho lhes traga algum retorno compensador. É uma espécie de reciprocidade: as pessoas investem seu trabalho e sua dedicação para obter retorno desse investimento. À medida que obtêm esse retorno, elas tenderão a manter ou aumentar seus investimentos. Da mesma forma, as empresas investem nas pessoas a fim de obter retorno de suas atividades. As empresas investem em remuneração, benefícios, incentivos, entre outras coisas, na expectativa de conseguir níveis mais elevados de trabalho e de produtividade das pessoas. Conforme vão obtendo retorno, tenderão a manter ou aumentar seus investimentos. O resultado é uma série de transações entre as empresas e as pessoas, cada qual querendo investir na outra parte e obter retorno de seus investimentos.

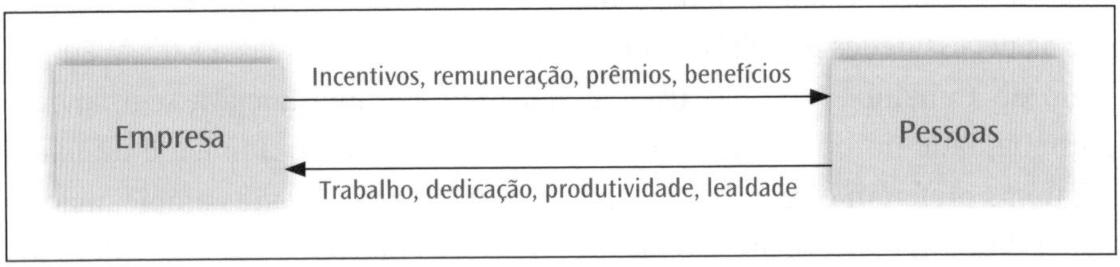

Figura 9.3. As relações de reciprocidade: investimento e retorno.

O segredo para conquistar as pessoas e transformá-las em verdadeiros parceiros do negócio é estimular seu comportamento para que deem o melhor de si mesmas em troca de incentivos que signifiquem, para elas, um excelente retorno do seu investimento pessoal.

É dando que se recebe. E também é recebendo que se dá. A reciprocidade representa o aspecto mais dinâmico das transações que a empresa faz com as pessoas que nela trabalham. E qual a melhor maneira de garantir essa reciprocidade? É simples: por meio da conjunção dos objetivos empresariais do negócio com os objetivos individuais das pessoas que dele participam. À medida que as pessoas alcançam objetivos empresariais – lucro, produtividade, qualidade, satisfação do cliente –, elas também podem alcançar seus objetivos individuais – participação direta nos resultados imediatos, reconhecimento pelo trabalho, premiação pelo desempenho excelente e tudo o mais que possa reafirmar e reforçar o bom trabalho. Use sua criatividade para conquistar a mente das pessoas que trabalham com você e transformá-las em parceiros dinâmicos e proativos de seu negócio.

VOCÊ SABE O QUE É UMA ORGANIZAÇÃO QUE APRENDE?

A empresa que aprende é aquela que desenvolve uma capacidade contínua de adaptação e mudança por meio do aprendizado. Na prática, todas as empresas aprendem – seja esta uma escolha consciente ou não –, porque esse é o requisito fundamental para sua existência e continuidade. Entretanto, algumas empresas conseguem fazer isso melhor que as outras. A organização de aprendizagem é aquela que está continuamente desenvolvendo e mudando a forma de se manter competitiva ao longo do tempo. Isso requer uma visão comum, além de objetivos que estejam na cabeça da equipe e em termos compreensíveis. Afinal, são as pessoas que transformam as visões e os objetivos em ações específicas. E esse processo requer uma mudança de comportamento e o desenvolvimento gradativo de competências profissionais. Cabe ao empreendedor exercer o papel de gestor do conhecimento organizacional de sua empresa. E onde está esse conhecimento? Quase sempre na cabeça das pessoas que trabalham com ele. Esse é o momento de fazer com que o conhecimento seja revigorado, aumentado, expandido e transformado em resultados tangíveis para o negócio. Trata-se do maior desafio do empreendedor: transformar conhecimentos em ações e retornos financeiros.

Em resumo, a equipe representa o cerne do negócio, ela constitui a maneira como se produzem produtos ou serviços, o atendimento ao cliente e a conquista de liderança, competitividade e sustentabilidade no negócio. O empreendedor precisa saber tirar proveito dessas características e provocar o entusiasmo pelo trabalho benfeito e realizado.

10 Gerenciando a produção

Projetando a localização e a área de trabalho
Como planejar e programar a produção
Armazenamento e rotação de estoques
Compras
O processo operacional

Toda empresa existe para produzir algo. Para fazê-la funcionar e produzir algo é preciso gerenciar sua produção. Esse é o núcleo do negócio. O gerenciamento da produção está relacionado aos trabalhos de compra e recepção das matérias-primas, seu processamento em atividade predominantemente industrial, acabamento e disponibilidade para a comercialização (*marketing*). A tônica está na transformação de materiais em produtos acabados. Se o negócio do empreendedor está voltado para a industrialização, este capítulo terá enorme utilidade. Caso o negócio do empreendedor não seja industrial, sugerimos uma breve leitura das partes relacionadas à atividade não industrial.

É por meio do processo de produção que os produtos (bens ou mercadorias) são fabricados e os serviços prestados. Em uma indústria, a produção fabrica os produtos ou mercadorias. Em empresas prestadoras de serviços, a produção encarrega-se da prestação dos serviços aos usuários. A produção representa a parte mais íntima da empresa, o seu núcleo técnico em que se utiliza a tecnologia disponível para fabricar os bens ou prestar os serviços. Quando tratamos de tecnologia, queremos nos referir ao aparato de máquinas, equipamentos e processos de produção utilizados. Assim, existem dois tipos de tecnologia: a incorporada e a não incorporada:

- **tecnologia incorporada**: representada por máquinas, equipamentos, instalações, etc.; é a tecnologia fisicamente visível, ou seja, o produto, o resultado final da tecnologia; também é denominada *hardware*;
- **tecnologia não incorporada**: consiste em conhecimentos, habilidades, métodos e processos de trabalho, programas, etc.; também é denominada *software*.

A primeira é física e concreta, já a segunda é abstrata e conceitual, mas ambas constituem dois aspectos distintos da tecnologia. Quando um volume grande de máquinas e equipamentos (*hardware*) é empregado nas operações, costuma-se dar o nome de produção de capital intensivo. Ao contrário, quando se utiliza pouco equipamento e muita mão de obra (*software*) – o que ocorre nas empresas manufatureiras –, dá-se o nome de produção de mão de obra intensiva. Toda empresa utiliza alguma forma de tecnologia para suas operações. A tecnologia pode ser avançadíssima (usando o computador, a tecnologia da informação, a eletrônica, etc.) ou rudimentar (usando a vassoura e o esfregão, a roda e a cremalheira). Quando bem escolhida e selecionada, a tecnologia permite a melhor utilização e aplicação dos demais recursos empresariais.

PROJETANDO A LOCALIZAÇÃO E A ÁREA DE TRABALHO

A localização da empresa refere-se ao local específico escolhido para as instalações da empresa, seja fábrica, oficina, loja ou escritório de serviços. A escolha de um local para situar as instalações depende de vários fatores, os quais variam se a empresa é produtora de bens ou prestadora de serviços, se é industrial ou comercial, etc.

Tabela 10.1. Fatores de localização industrial e localização comercial.

Localização industrial	Localização comercial
Proximidade de mão de obra	Proximidade dos clientes
Proximidade de matérias-primas	Facilidade de acesso

(continua)

Tabela 10.1. (*continuação*) Fatores de localização industrial e localização comercial.

Localização industrial	Localização comercial
Proximidade dos mercados	Facilidade de transporte
Facilidade de transporte	Facilidade de estacionamento
Infraestrutura energética	Infraestrutura para recreação
Incentivos fiscais	Adequação do local
Custo do terreno	Visibilidade
Facilidade de localização	Baixos custos imobiliários
Adequação do local	Baixos custos condominiais
Infraestrutura urbana	Aparência do local

A localização ideal é aquela em que todos os fatores citados anteriormente – ou quase todos – são satisfeitos total ou parcialmente. Muitas vezes, pode existir um fator predominante ao qual os demais estão subordinados, como geralmente acontece com a proximidade de matérias-primas ou disponibilidade de mão de obra. Em uma indústria de papel, a disponibilidade de eletricidade, a facilidade de transporte pesado e a proximidade das matérias-primas constituem os três fatores de localização predominantes. Os fatores de localização devem ser avaliados objetivamente para que se pondere sobre o local em que empresa será instalada.

A escolha do ponto é fundamental

Se o seu negócio precisa de uma loja focada no mercado consumidor ou de um escritório de vendas, você tem as seguintes alternativas pela frente:

- procurar pessoalmente um local adequado para instalar a loja ou o escritório;
- utilizar uma consultoria imobiliária que tenha várias alternativas de imóveis comerciais;

- procurar um advogado para o contrato de locação ou compra e para certificar-se de que a documentação está em ordem, bem como a autorização de funcionamento.

Você também pode:

- consultar os anúncios classificados em jornais locais;
- recorrer a corretores especializados em imóveis comerciais;
- colocar um anúncio em jornais locais para procurar o imóvel adequado.

Tome os seguintes cuidados:

- lembre-se de que a escolha do ponto é uma das principais decisões no período inicial da sua empresa;
- descarte os locais inadequadamente situados;
- faça uma pesquisa com o corretor de imóveis e levante várias cotações para tomar uma decisão racional;
- avalie cuidadosamente o local e o espaço disponível, já antecipando uma posterior expansão;
- faça uma boa negociação quanto ao preço e às condições de pagamento do imóvel;
- analise com atenção o contrato de locação ou compra e consulte um advogado;
- faça suas contas para verificar se o preço do imóvel compensa o investimento e se os custos decorrentes não vão prejudicar o empreendimento;
- faça um contato com o corretor de seguros, compare cotações e tome uma decisão a respeito.

Arranjo físico

O projeto da área de trabalho é denominado arranjo físico e é o planejamento do espaço físico a ser ocupado para as operações do negócio. Representa a melhor disposição possível das máquinas e dos equipamentos, das mesas e dos móveis e de todos os recursos materiais ao longo do processo de produção, para implementá-lo e facilitá-lo. Em geral, é o fluxo do trabalho que determina qual é o melhor arranjo das coisas e pessoas ao seu redor. O arranjo físico é retratado por meio do *layout*, que, em inglês, significa dispor, ordenar, esquematizar em um gráfico de tamanho proporcional ao mapa da situação. O *layout* assemelha-se a uma planta baixa (desenho simples) de um apartamento ou uma casa com os seus respectivos cômodos e a localização dos móveis e utensílios.

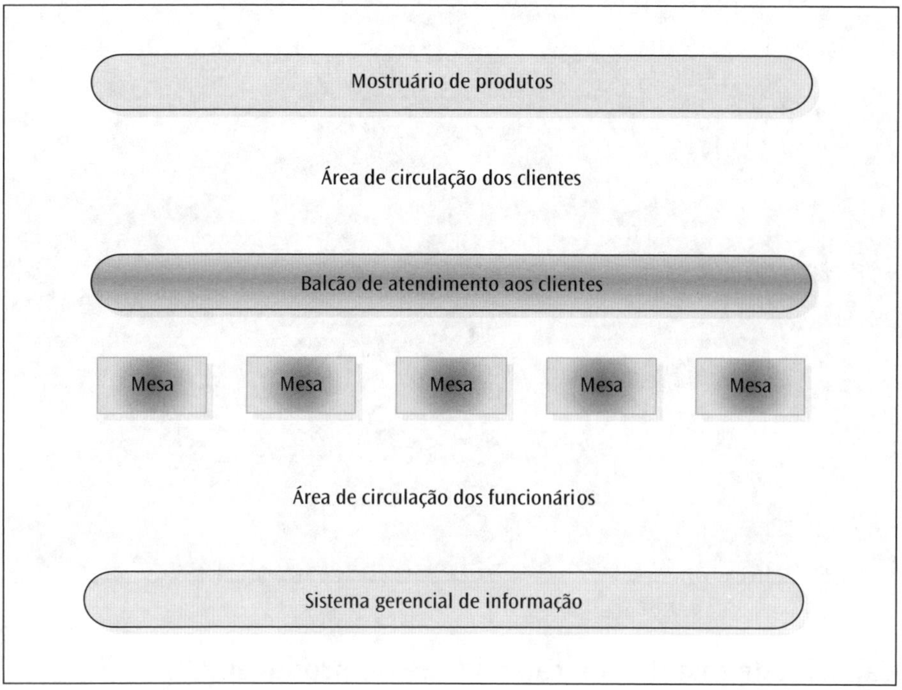

Figura 10.1. Exemplo de *layout*.

Antes de instalar definitivamente as máquinas, os equipamentos e as mesas de trabalho, convém elaborar ou simular um *layout* em papel para analisar o arranjo físico, as áreas de passagem de pessoas e materiais, os locais de contato com terceiros, bem como os locais de armazenamento. Certamente, o *layout* evitará mudanças de instalação de máquinas ou equipamentos e esforços físicos de transferência de local para melhor adequação das partes.

O *LAYOUT* DE UMA LOJA

Montar uma loja requer conhecimento e experiência no setor. O comércio representa um segmento altamente competitivo, e os clientes exigem padrões visuais da melhor qualidade. Procure contar com a ajuda de um profissional e observe cuidadosamente os seguintes aspectos:

- disposição interna da loja: vitrinas, apresentação dos produtos, espaço para movimentação de pessoas, iluminação, ventilação, caixa, sistema de telefonia e de cartões de crédito, etc.;
- distribuição e apresentação dos produtos;
- vitrinas e exposições externas;
- área de atendimento ao cliente;
- visual do letreiro externo;
- comodidades e conforto para os clientes;
- segurança interna;
- entrada e reposição de mercadorias.

O ponto de partida é o desenho do *layout* da loja. A disposição interna deve permitir um fluxo confortável das pessoas pela loja, de modo que elas possam passar pelas diversas áreas antes de chegar ao caixa para o pagamento final.

Capacidade instalada e capacidade de produção

A capacidade instalada representa todo o potencial que a empresa possui para produzir produtos/serviços com seus equipamentos, instalações e máquinas. Representa a capacidade máxima que a empresa pode atingir com a plena utilização de todos os seus recursos, tendo por base as instalações e os equipamentos. Dificilmente, a empresa consegue manter-se no limite máximo de sua capacidade, isto é, em 100%, pois isso exige total utilização de seu potencial, o que nem sempre é possível. Imagine que o empreendedor possa contar com dez operários na atividade produtiva: qualquer atraso ou falta de um deles poderá comprometer seu objetivo; qualquer problema de manutenção ou reparo em máquinas ou equipamentos impossibilitará seu objetivo de manter-se no limite de 100% da capacidade instalada.

Quando a empresa utiliza apenas uma pequena parte de sua capacidade instalada, ocorre a capacidade ociosa, que é uma utilização parcial da capacidade instalada. Quando o objetivo for a utilização da capacidade instalada em 85%, significa que a empresa tem ainda 15% de produção potencial que poderia realizar. A capacidade instalada determina a capacidade de produção por meio de máquinas, equipamentos e instalações disponíveis.

Enquanto a capacidade instalada é definida pelo arsenal de instalações e equipamentos – que são dados estáticos –, a capacidade de produção representa a produção possível com a capacidade instalada, mais os recursos materiais (matérias-primas), os recursos humanos (pessoal e mão de obra) e os recursos financeiros (disponibilidade de capital para financiar as operações da empresa). Não se deve esquecer que a capacidade instalada é estática. Ela precisa ser dinamizada pelas pessoas e alimentada por recursos materiais e financeiros. Assim, o conceito de capacidade de produção envolve o de capacidade instalada e os recursos necessários para fazer com que a produção funcione adequadamente.

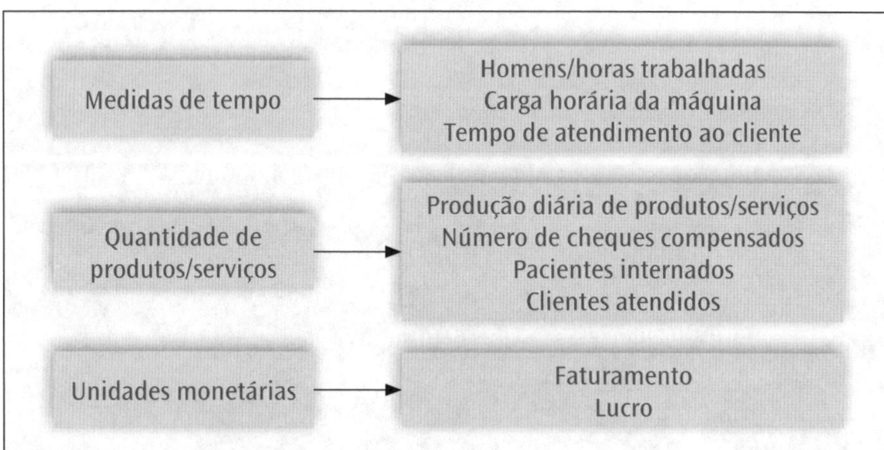

Figura 10.2. As unidades de medida da capacidade de produção.

Cada empresa escolhe a unidade de medida mais adequada às suas características para determinar sua capacidade de produção. Em geral, as empresas utilizam indicadores de desempenho relacionados a essas unidades de medida para avaliar o desempenho da empresa.

Analise cuidadosamente o espaço físico disponível

Se você vai utilizar um imóvel para loja ou escritório, procure avaliar detalhadamente o espaço disponível para suas operações atuais e futuras. Dê especial atenção para:

- **área útil**: meça a área total e o espaço adequado para o empreendimento; deixe sempre algum espaço disponível para possíveis expansões;
- **arranjo físico**: faça um pequeno modelo em papel para dispor todos os móveis necessários ao empreendimento – locais de passagem, equipamentos, arquivos, etc.; dimensione o espaço para cadeiras, bancos, mesas, balcões de atendimento ao cliente e pense em como tudo isso vai funcionar na prática; racionalize o espaço e a localização física;
- **piso**: verifique o revestimento do piso e se é necessário consertá-lo ou trocá-lo;
- **iluminação**: confira a distribuição da iluminação, se há luminosidade natural pelas janelas e se há necessidade de melhorá-la;
- **tomadas de força**: não se esqueça da quantidade e da distribuição das tomadas de força para suas necessidades atuais e futuras;
- **telefone**: verifique se há pontos suficientes e em que lugares estão situados;
- **decoração**: analise como será a decoração do local, se já existe alguma mobília, se ela será útil e se há necessidade de uma redecoração do local;
- **segurança**: observe se foram instalados equipamentos de segurança, alarmes contra roubo ou incêndio, saídas de emergência, etc.;
- **seguro do imóvel**: confirme se o imóvel já está segurado e quem deve pagar a apólice de seguro;
- **contrato do imóvel**: em caso de locação, veja o prazo de vigência e as condições de renovação e de rescisão;
- **estacionamento**: verifique se há local apropriado para estacionamento, se o imóvel conta com vagas próprias ou se há necessidade de entrar em contato com alguma empresa de estacionamento de carros;
- **acesso ao local**: observe como é o acesso ao local, se há necessidade de elevador ou de escadas;
- **despesas adicionais**: reserve uma previsão para gastos extras, como taxas especiais, custos de pessoal de recepção e segurança, etc.

COMO PLANEJAR E PROGRAMAR A PRODUÇÃO

O planejamento determina antecipadamente quais são os objetivos a serem atingidos e o que deve ser feito para alcançá-los da melhor maneira possível. O planejamento está voltado para a continuidade da empresa e focaliza o futuro. A sua importância é esta: definir os cursos de ação necessários para alcançar os objetivos da empresa. Sem o planejamento, a empresa fica perdida no caos. A mesma situação ocorre com o planejamento da produção: sua finalidade é planejar a produção a fim de aumentar sua eficiência e eficácia.

A eficiência refere-se ao modo de fazer as coisas, aos meios utilizados, aos métodos e aos processos aplicados. A eficácia refere-se aos resultados obtidos e aos objetivos alcançados.

A eficiência está relacionada aos meios; a eficácia está voltada para os fins. Ambas são importantes para o sucesso do empreendimento: fazer bem e chegar aos resultados. Observe a figura a seguir:

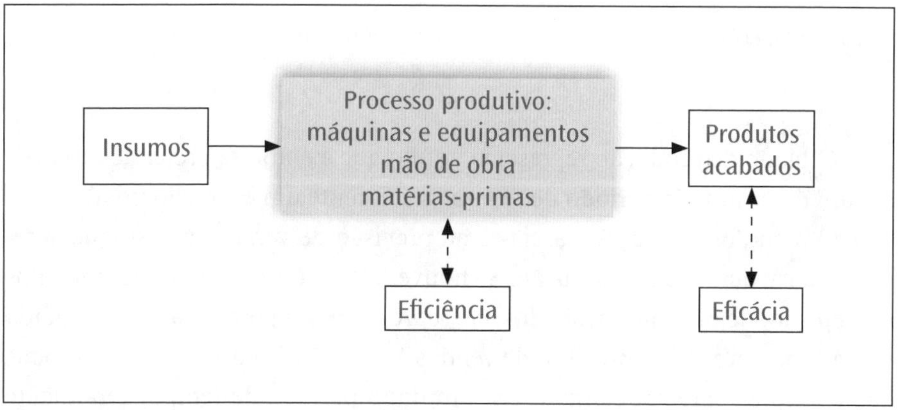

Figura 10.3. A eficiência e a eficácia do processo produtivo.

Tabela 10.2. As diferenças entre eficiência e eficácia.[1]

Eficiência	Eficácia
Buscar a realização de maneira correta	Realizar corretamente
Enfatizar os meios	Enfatizar os fins
Focar os métodos e os processos	Focar as metas e os objetivos
Não desperdiçar tempo ou materiais	Aumentar os resultados finais
Cuidar de máquinas e equipamentos	Otimizar a utilização das máquinas
Fazer a manutenção das máquinas	Garantir o funcionamento das máquinas
Resolver os problemas cotidianos	Produzir alternativas criativas
Cumprir as tarefas dentro dos prazos	Obter resultados
Reduzir os custos	Aumentar os lucros
Atender os pacientes	Curar os pacientes
Ter e manter o crédito	Pagar pontualmente
Obter educação rural	Aumentar a colheita
Jogar futebol com arte	Ganhar o jogo

O plano de produção representa aquilo que a empresa pretende produzir em um determinado período de tempo, geralmente um exercício fiscal ou um ano. O plano de produção baseia-se na previsão de vendas, no estoque anterior e na capacidade de produção. Se houver estoque de produtos acumulados no depósito de produtos acabados, ele representa uma produção já executada no período anterior. A previsão de vendas é a estimativa do volume de vendas que a empresa pretende atingir em um dado período de tempo, geralmente um ano. Assim, o plano de produção deve levar em conta esses três aspectos: a capacidade produtiva da empresa, o nível de estoque disponível e a previsão de vendas. A finalidade do plano de produção é disponibilizar produtos acabados para fazer frente às vendas previstas pela capacidade produtiva e pelo estoque atual de produtos acabados.

---

1 CHIAVENATO, I. *Introdução à teoria geral da administração*. Rio de Janeiro: Elsevier, 2011.

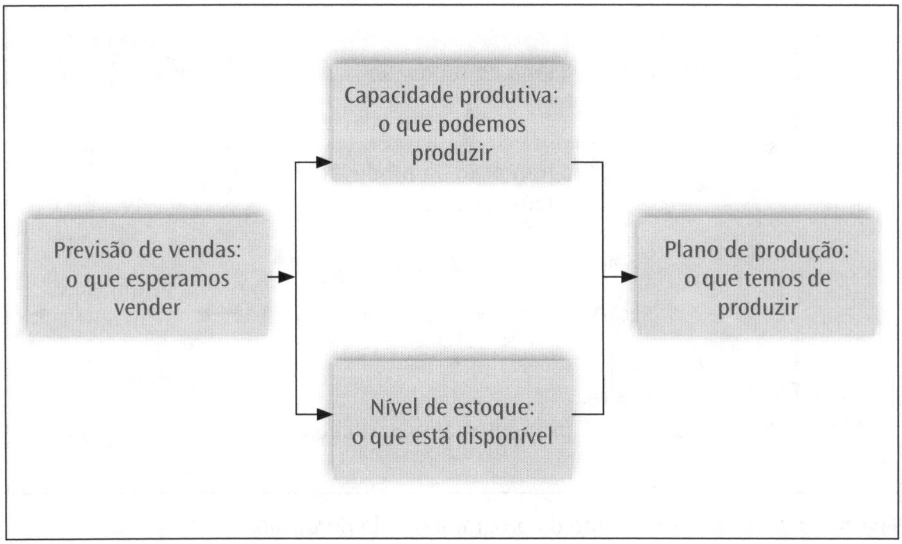

Figura 10.4. A elaboração do plano de produção.[2]

Como o plano de produção é amplo e genérico, deve-se detalhá-lo com a programação da produção. A programação da produção é um desdobramento do plano de produção, para que ele possa ser executado de modo integrado e coordenado pelas diversas pessoas ou áreas produtivas envolvidas no processo produtivo da empresa. Isso significa que as entradas para o processo produtivo, como compras e abastecimento, estoque de materiais, bem como fornecedores, deverão ser também detalhados para que ele possa funcionar adequadamente.

Programar a produção é determinar quando deverão ser realizadas as tarefas e as operações de produção e o quanto deverá ser produzido. Na verdade, programar a produção é estabelecer uma agenda de compromissos para as diversas seções ou pessoas envolvidas no processo produtivo.

2 CHIAVENATO, I. *Iniciação à administração de materiais*. Barueri: Manole, 2009.

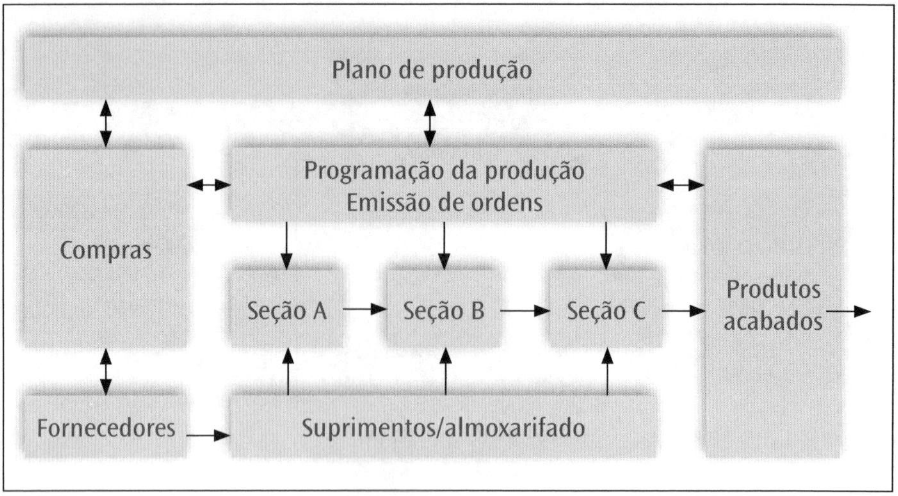

Figura 10.5. O funcionamento da programação da produção.[3]

Com a emissão das diversas ordens – ordens de produção, de compra e de serviços e requisições de materiais –, a programação da produção faz com que todas as pessoas e as seções envolvidas direta ou indiretamente no processo produtivo passem a trabalhar em conjunto.

Opções de crédito para compra de equipamentos e desconto de títulos

Você tem algumas alternativas de crédito para comprar equipamentos ou descontar títulos, a saber:

- *leasing*: é uma linha específica para aquisição de equipamentos, veículos e computadores, entre outros itens, com prazos de 24 a 36 meses e que chega a cobrir 100% do bem;
- *factoring*: é uma opção de crédito oferecida por instituições especializadas para quem não quer enfrentar a burocracia e as exigências bancárias; faz desconto de títulos – como duplicatas e cheques pré-datados – com custos bastante elevados;

3 CHIAVENATO, I. *Iniciação ao planejamento e controle da produção*. Barueri: Manole, 2009.

• *vendor*: é uma operação que permite vender a prazo e receber à vista; é pouco utilizada por pequenas empresas, embora seja mais atrativa; o empreendedor pode utilizar duplicatas de clientes, cheques pré-datados e faturas de vendas com cartões de crédito como lastro de financiamento; em geral, o dono ou sócio do negócio é o avalista.

ARMAZENAMENTO E ROTAÇÃO DE ESTOQUES

Algumas empresas costumam ter um setor especializado ou uma área específica para o recebimento, guarda, controle e distribuição de materiais e mercadorias, sejam matérias-primas iniciais compradas (para uso interno da empresa ou para abastecer a sua produção), sejam produtos acabados para vender no mercado. Isso significa que, após a entrada das matérias-primas, elas são armazenadas e, antes da saída dos produtos acabados, eles também são armazenados. No primeiro caso, temos o almoxarifado. No segundo, o depósito.

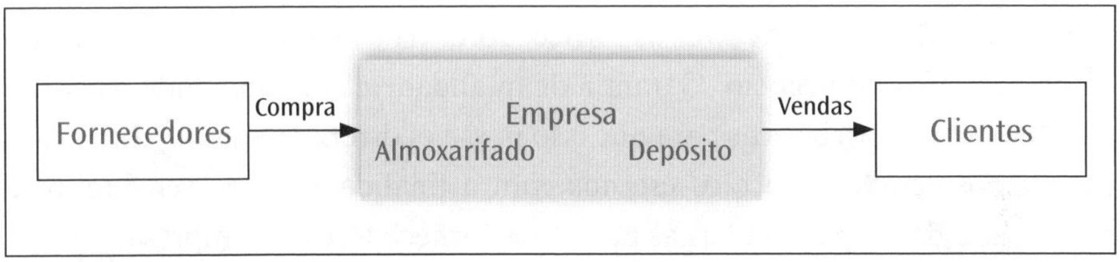

Figura 10.6. Almoxarifado e o depósito na empresa.

O almoxarifado é o setor encarregado de receber, guardar, controlar e distribuir mercadorias (matérias-primas, componentes, materiais, ferramentas, equipamentos, materiais de escritório, etc.) que a empresa comprou no mercado e que serão consumidos internamente seja nas áreas produtivas (fábrica, oficinas, agências, etc.), seja nas áreas administrativas (escritórios).

O depósito é o setor encarregado de receber, guardar, controlar e distribuir os produtos acabados que a empresa produziu e que serão vendidos no mercado, aguardando a sua comercialização. O depósito de produtos acabados também pode ser dispensado no caso de a empresa trabalhar com qualidade assegurada para seus clientes, desde que sejam clientes industriais.

O almoxarifado de materiais está na porta de entrada da empresa, e o depósito de produtos acabados está na porta de saída. Ambos lidam com itens. Chamaremos as mercadorias, as matérias-primas, os materiais de escritório, os produtos acabados, enfim, todo e qualquer tipo de material pelo nome de item. O almoxarifado e o depósito recebem, guardam e fornecem itens, isto é, tanto no almoxarifado quanto no depósito há entrada, estoque e saída de mercadorias. A entrada é o ingresso de mercadoria no setor; o estoque é a quantidade de mercadoria armazenada; a saída é a mercadoria entregue ao usuário, que deixa de ser estocada. Torna-se muitas vezes necessário prever antecipadamente esse fluxo de entradas e saídas de cada item para que sempre exista um nível adequado de estoque a fim de suprir as necessidades da empresa. Esse fluxo contínuo de entradas e saídas de cada item chama-se rotação de estoque.

Tanto o almoxarifado como o depósito representam custos elevados de estocagem. Quando os fornecedores trabalham com qualidade assegurada, o almoxarifado pode ser dispensado. Isso traz uma enorme redução de custos para a produção. Nesse caso, os fornecedores entregam a matéria-prima diretamente no processo produtivo *just in time* (JIT), sem necessidade de estocagem prévia. É preciso envolver os fornecedores na programação de produção como parceiros do negócio. Garantia de qualidade e confiabilidade na entrega são as condições básicas para que isso possa ocorrer. Para tanto, tornam-se necessários certos protocolos escritos com a finalidade de prever direitos e responsabilidades para ambas as partes: os fornecedores e a empresa.

O conceito de fábrica enxuta está relacionado à minimização de estoques – seja de materiais no almoxarifado, materiais em processamento ao longo da produção ou produtos acabados no depósito. A base está no processamento *just in time*, ou seja, no processamento no tempo certo, de maneira que os materiais sejam organizados à medida que cheguem ao seu local de processamento. Não há sobras, folgas nem recursos além do estritamente necessário ao processo produtivo.

Figura 10.7. Rotação de estoque de um item.

A rotação de estoque é o fluxo ou o movimento de entradas e saídas de um determinado item no estoque, seja do almoxarifado ou do depósito. Quanto maior a rotação de estoque de um item, tanto maior será o seu número de compras e de entregas. A rotação de estoque indica o número de vezes que o estoque de um item é renovado, durando um determinado período, isto é, quantas vezes o estoque gira naquele período; para calculá-la, há o índice de rotação de estoque, obtido pela seguinte fórmula:

$$\text{Rotação de estoque} = \frac{\dfrac{\text{entradas} + \text{saídas}}{2}}{\text{estoque médio}}$$

Assim, se um item apresenta um índice de rotação de estoque de 3,0 em um determinado período (que pode ser um mês ou um ano), significa que nesse período o estoque gira três vezes. Para renovar o estoque três vezes no período de tempo considerado, tanto as entradas como as saídas do item devem ser feitas com certa antecipação, a fim de não prejudicar o giro adequado do estoque. Quando a rotação de estoque é muito lenta, os itens permanecem muito tempo dentro das instalações da empresa sem serem processados, representando custos adicionais de estocagem, que precisam ser eliminados.

Existe também o índice de estoque médio, que calcula a média de estocagem de um determinado item em um determinado período, que pode ser um mês ou um ano. Esse índice é calculado pela soma do estoque inicial mais o estoque final, e o resultado é dividido por dois. O índice de estoque médio permite indicar qual é a quantidade média que permanece estocada, apesar da rotação. Assim, tanto as entradas como as saídas de um item proporcionam uma quantidade média de estoque que, se subir ou baixar muito, indica alguma irregularidade. Um estoque muito baixo pode comprometer o funcionamento da empresa pelo risco da falta de mercadoria ou matéria-prima. Já um estoque muito alto significa capital empatado desnecessariamente e sem nenhuma remuneração.

No processo de produção, os materiais não ficam parados. Eles seguem um movimento incessante, que vai desde o recebimento do fornecedor, passando pelas diversas etapas do processo produtivo até chegar ao depósito de produtos acabados. Em outros termos, os materiais entram na empresa, fluem, transitam por ela e saem pelo depósito, com destino aos clientes, como produtos acabados. A essa movimentação incessante dá-se o nome de fluxo de materiais.

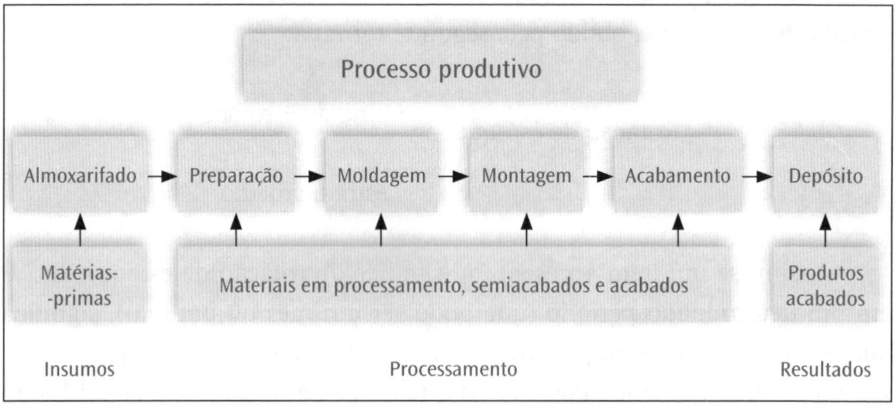

Figura 10.8. O fluxo dos materiais.[4]

Por causa do fluxo dos materiais dentro da empresa, eles podem ser classificados em cinco diferentes tipos, a saber:

- **matérias-primas**: são os insumos e os materiais básicos que ingressam no processo de produção;
- **materiais em processamento**: também denominados materiais em vias, vão sendo processados ao longo das diversas seções que compõem o processo produtivo;
- **materiais semiacabados**: são os materiais parcialmente acabados, cujo processo está em estágio intermediário de acabamento e ao longo das diversas seções;
- **materiais acabados**: também são denominados componentes, porque constituem peças isoladas ou componentes já acabados e prontos

4 CHIAVENATO, I. Op. cit. p.

para serem anexados ao produto; são, na realidade, partes prontas que, quando unidas, constituirão o produto acabado;

- **produtos acabados**: são os produtos já prontos, cujo processamento foi completado.

Esse fluxo incessante faz com que os materiais passem gradativamente de uma classe para a outra à medida que sofrem acréscimos e transformações ao longo do processo produtivo. Assim, toda empresa tem continuamente um estoque que não está apenas em seu almoxarifado ou em seu depósito de produtos acabados, mas em processamento.

Estoques de:	Matérias-primas Materiais em processamento Materiais semiacabados Materiais acabados ou componentes Produtos acabados

Figura 10.9. Classificação dos estoques de materiais.

Os estoques representam custos para a empresa e encarecem os custos de produção dos produtos. A figura a seguir demonstra os custos dos estoques.

Custos dos estoques:	Aluguel do espaço para o almoxarifado ou depósito Salários e encargos sociais do pessoal do almoxarifado/depósito Seguro contra incêndio e roubo Máquinas e equipamentos de movimentação de materiais Despesas financeiras geradas pelo estoque parado

Figura 10.10. Os custos de estocagem.[5]

---

5 CHIAVENATO, I. Op. cit.

Para reduzir ao máximo os custos de estocagem, os japoneses partiram para modalidades como a produção enxuta por meio do *just in time*, que nada mais é que a minimização dos materiais pelo fato de serem programados rigidamente para chegar ao ponto necessário no momento preciso.

É ADEQUADO TER ESTOQUES?

A resposta é: depende. Em geral, a estocagem elevada é um grande risco que deve ser evitado. Estoques altos exigem espaço, aluguel, equipamento, pessoal e, sobretudo, custos financeiros elevados. Além disso, envolvem seguros (contra incêndio, inundação e furtos), riscos de depreciação, estragos, manuseio inadequado, obsolescência, etc. As empresas estão reduzindo drasticamente seus estoques, transformando-se em empresas enxutas. Todavia, há o lado reverso: se o estoque não pode ser elevado em virtude dos problemas anteriormente citados, ele também não pode ser insuficiente, sob pena de provocar perda de vendas. O meio-termo é o ponto que o empreendedor deverá procurar e sintonizar. As indústrias modernas que adotam o *just in time* fazem com que seus fornecedores trabalhem dentro delas, instalando seus produtos no próprio processo produtivo. De um lado não há compradores e almoxarifados de materiais, e de outro não há vendedores nem expedição de produtos acabados. Não há inspeção da matéria-prima: os funcionários dos fornecedores trabalham dentro da indústria em parceria com os funcionários desta.

COMPRAS

O setor de compras tem uma importante função dentro da empresa: supri-la de todos os itens necessários ao seu funcionamento no tempo certo, na quantidade necessária, na qualidade adequada e ao melhor preço possível. Para tanto, o setor de compras desenvolve um processo de compras que deve ser seguido para conseguir todas as vantagens possíveis. O processo de compras tem sete fases principais, descritos a seguir.

1. **Pesquisa do mercado de fornecedores:** é a fase que antecede o processo de compra do item requisitado, em que o comprador – encarregado do setor de compras – pesquisa, em seus arquivos, os possíveis

fornecedores qualificados e devidamente cadastrados a quem enviará os futuros pedidos de compra.

2. **Recebimento da ordem de compra**: a ordem de compra (OC) é um formulário que deve ser preenchido pelo setor que requisita um determinado item para suprir suas necessidades. O setor requisitante deve encaminhar a OC ao seu nível superior, para ser apreciada e aprovada pela diretoria, que a encaminha ao setor de compras para que seja efetivada a requisição.
3. **Cotação de preços e de condições de pagamento**: feita a OC, o setor de compras faz a pesquisa de preços com os fornecedores cadastrados e prepara o mapa de cotação de preços. Muitas vezes, torna-se necessária a abertura de uma concorrência de preços, quando não há fornecedores cadastrados para um determinado item.
4. **Escolha do fornecedor mais adequado**: com o mapa de cotação de preços, o comprador verifica e compara as condições oferecidas pelos diversos fornecedores, no que se refere:

   - à capacidade de fornecimento do item considerado;
   - ao preço;
   - às condições de pagamento, à vista ou a prazo;
   - ao prazo de entrega do item;
   - à qualidade do material.

   O mapa de cotação de preços é uma tabela de dupla entrada feita para cada item a ser comprado. Nas linhas laterais estão os diversos fornecedores disponíveis e nas colunas seguem os cinco elementos de comparação citados. Feitas as comparações, o comprador pode determinar qual é o fornecedor mais adequado entre os disponíveis no mercado.
5. **Pedido de compra**: escolhido o fornecedor, o comprador emite o pedido de compra, definindo os itens, as características e as especificações, as quantidades, os preços, as condições de pagamento e o prazo de entrega. O pedido de compra representa o contrato de compra de um determinado item a um determinado fornecedor, no qual a empresa se compromete a receber e a pagar pela compra e pela entrega do referido item.
6. **Acompanhamento do pedido de compra**: feito o pedido de compra ao fornecedor, o comprador precisa certificar-se de que ele será

realmente cumprido, para não expor a empresa ao perigo de não receber o item na hora certa, prejudicando o seu funcionamento. O acompanhamento (*follow-up*) também recebe o nome de ativação de compras, e nada mais é do que monitorar e cobrar o fornecedor continuamente, a fim de assegurar os prazos de entrega dos fornecedores.

7. **Recebimento do material**: é a fase final do processo de compras, na qual o item é recebido pela empresa, inspecionado e conferido em relação à quantidade e à qualidade. Isso demanda a existência de um setor no almoxarifado que inspecione o recebimento dos materiais comprados para verificar se eles estão de acordo com as especificações solicitadas e conforme as quantidades compradas. Muitas empresas, para evitar a inspeção de qualidade e de quantidade, adotam com seus fornecedores um esquema denominado qualidade assegurada, no qual os fornecedores se comprometem, mediante contrato, a seguir fielmente as especificações solicitadas pela empresa, responsabilizando-se pelos possíveis prejuízos decorrentes da entrega de itens fora das especificações contratadas.

As sete fases do processo de compras podem ser assim representadas:

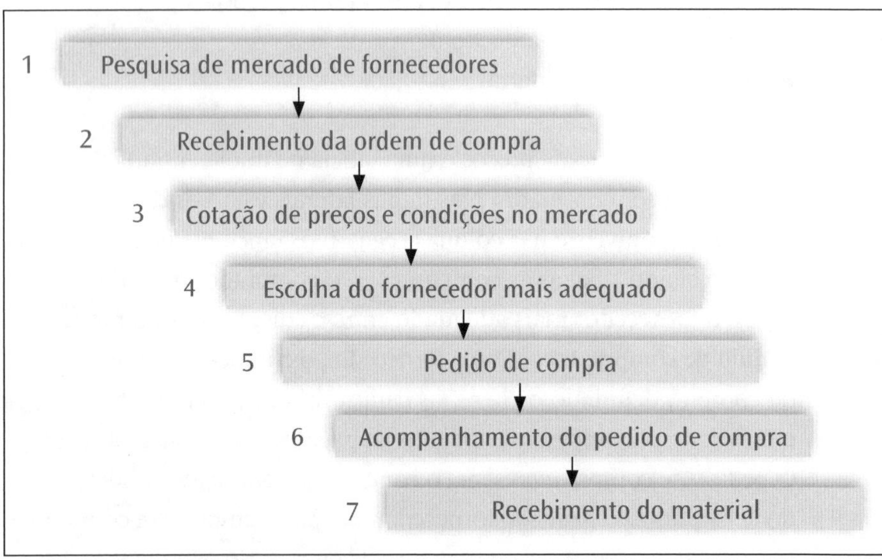

Figura 10.11. As fases do processo de compras.[6]

---

6 CHIAVENATO, I. Op.cit.

O processo de compras representa também um custo, o qual pode ser reduzido ou eliminado por meio do *just in time* ou da qualidade assegurada.

Como definir seu preço de produção

Para calcular o preço de produção é preciso considerar os itens listados a seguir.

- **Custo da matéria-prima**: observe o quanto você pagou pela matéria-prima (MP) ao fornecedor e inclua possíveis perdas.
- **Mão de obra direta**: refere-se aos salários pagos ao pessoal (MOD) diretamente envolvido na produção do produto e os encargos sociais decorrentes; não se esqueça de incluir os adicionais de horas extras.
- *Mark-up*: veja, no Capítulo 11, dedicado ao gerenciamento de *marketing*, como se calcula o *mark-up* (MU) e acrescente o valor adotado no mercado para não perder competitividade; não deixe de adicionar um pequeno fundo para a expansão do negócio ou para o desenvolvimento de novos produtos.
- **Impostos**: verifique quais são os impostos (I) que incidem sobre o produto, variáveis conforme a atividade.
- **Rateio de custos fixos**: tais custos precisam ser cobertos pela produção; o cálculo do custo fixo para cada item é o seguinte:

$$\text{Rateio de custos fixos} = \frac{\text{custo fixo total}}{\text{produção total}}$$

- A equação para o cálculo do preço de produção é:

$$\text{Preço de venda por unidade} = \frac{(\text{custo da MP} + \text{custo da MOD} + \text{CF}) + \text{MU} + \text{I}}{\text{número de produtos produzidos}}$$

Suponhamos que seu negócio seja uma confecção. A matéria-prima para cada produto custa R$ 20,00 por unidade, incluindo perdas, e cada item leva uma hora para ser produzido. Em uma semana de 40 horas, você consegue produzir

35 calças, incluindo o tempo para as tarefas administrativas. O custo da MOD é de R$ 400,00 mensais. Os encargos sociais são de 33,33%. O custo da MOD por produto será de:

$$\frac{R\$\ 400{,}00 + R\$\ 133{,}32}{35} = R\$\ 15{,}24$$

Imagine que os custos fixos são de R$ 10.000,00 ao ano e que sua produção anual seja de 1.680 itens (considerando 48 semanas, sem os feriados). O custo fixo unitário será:

$$\frac{R\$\ 10.000{,}00}{1.680} = R\$\ 5{,}95 \text{ por unidade}$$

Imagine um *mark-up* de 8% para chegar ao preço de venda e mais 15% de impostos:

$$(R\$\ 20{,}00 + R\$\ 15{,}24 + R\$\ 5{,}95) + 8\% + 15\% = R\$\ 51{,}16$$

O PROCESSO OPERACIONAL

O processo operacional nada mais é que a maneira como a empresa opera, isto é, o conjunto de processos e operações para produzir um determinado produto/serviço. Refere-se ao fazer, o realizar, o produzir com materiais, com informações, com máquinas e equipamentos, com métodos e processos de trabalho. Também relaciona-se com a maneira como os produtos/serviços serão produzidos e/ou comercializados e com a capacidade de oferta do seu empreendimento.

Na indústria, o processo operacional descreve o processo produtivo desde a chegada da matéria-prima até o produto acabado, os equipamentos envolvidos, incluindo quantidades e custos de manutenção, e os demais insumos (tipos e quantidades). O processo produtivo deve incluir as políticas de compra e estoque, o *layout* dos equipamentos (em linha ou em células de produção), as tecnologias utilizadas, o ritmo de fabricação (por encomenda, por escala ou por etapas), o pessoal necessário (salários e encargos sociais), os sistemas de controle de qualidade etc. Além disso, deve conter o levantamento dos fornecedores para comparar preços, qualidade e condições de entrega.

No caso de comércio e prestação de serviços, a definição do processo operacional é mais simples e se resume na descrição de como será feito o atendimento ao cliente, as políticas de vendas e de financiamento, os sistemas de entregas, o relacionamento com o público, a seleção de fornecedores, as políticas de compras e de estoques, etc.

É interessante verificar as alternativas possíveis em relação a todos esses itens, visando sempre à qualidade e à produtividade. Recomenda-se adotar o processo de *benchmarking* para verificar o que os melhores concorrentes estão fazendo e observar suas práticas comerciais, a fim de saber o que de melhor existe no mercado. O *benchmarking* não é apenas uma cópia daquilo que os outros fazem. Na verdade, trata-se de ir além dos concorrentes para superá-los. O importante é saber aprender com a experiência alheia e utilizá-la como um patamar para a melhoria contínua do empreendimento.

Você sabe fazer *benchmarking*?

O *benchmarking* é um processo contínuo para avaliar produtos, serviços e práticas dos concorrentes mais fortes e das empresas que são reconhecidas como líderes empresariais, com o propósito de aprimoramento empresarial. Trata-se de uma fonte inesgotável de ideias e experiências alheias. O termo significa um marco de referência, um padrão de excelência que precisa ser identificado para servir de base para mudança e inovação, pois permite comparações de processos e práticas entre empresas para identificar o que há de melhor e alcançar um nível de superioridade ou de vantagem competitiva. Oakland define os seguintes estágios do *benchmarking*:[7]

---

7 OAKLAND, J. S. *Total quality management*. Londres: Butterworth-Heinemann Ltda., 1989.

Planejar:

- selecionar processos e/ou produtos para avaliar;
- identificar o melhor concorrente para ser comparado;
- identificar os *benchmarks*;
- coletar informações a respeito.

Analisar:

- comparar sua empresa com a dos concorrentes;
- catalogar as informações e criar um centro de competência;
- compreender os processos e os produtos dos concorrentes.

Desenvolver:

- definir objetivos ou padrões do novo nível de desempenho;
- desenvolver planos de ação para atingir as metas.

Melhorar:

- implementar as ações necessárias e integrá-las nos seus processos.

Revisar:

- monitorar os resultados e as melhorias;
- reconsiderar continuamente os *benchmarks*.

Em resumo, o gerenciamento da produção envolve práticas que precisam ser definidas levando em conta o que existe no mercado, no sentido de superar tudo o que os concorrentes estão fazendo. Escolher a equipe de trabalho e os processos produtivos representam os dois passos iniciais para um empreendimento superior e capaz de competitividade e sustentabilidade, em um mundo de negócios em incessante mudança.

11 Gerenciando o *marketing*

Marketing
Identificando o cliente
O dinâmico processo de vendas
Previsão de vendas
Propaganda: a alma do negócio
O atendimento ao cliente
Preço

De nada adianta saber fabricar um bom produto ou prestar um bom serviço. É preciso também saber colocá-lo no mercado e conseguir convencer as pessoas a comprá-lo. O *marketing* constitui o principal elo entre o empreendedor e o cliente. É por meio do *marketing* que o cliente recebe o produto/serviço no momento certo, com as características e o preço adequados. Contudo, o mercado de clientes é finito e mutável. Ele tem um determinado tamanho e até pode ser aumentado, se você reduzir custos e oferecer preços mais baixos para ampliar o número de clientes potenciais e reais. Infelizmente, você não está sozinho. Há uma infinidade de empreendedores tentando fazer exatamente o mesmo intento que você. Isso significa competição. Aliás, o que caracteriza o moderno mundo dos negócios é a enorme competitividade. Não se esqueça disso. Para ser competitivo nesse mundo é preciso saber manejar as ferramentas do *marketing*.

MARKETING

A palavra *marketing* vem do inglês *market*, que significa mercado. O *marketing* corresponde a todas as atividades da empresa que visam à colocação de seus produtos/serviços no mercado. Assim, o *marketing* está focado completamente no mercado e no cliente. Sua função básica é fazer com que os produtos/serviços da empresa cheguem da melhor forma possível ao consumidor final. A palavra *marketing* tem sido traduzida por alguns autores como mercadologia, mas preferimos mantê-la em decorrência do seu conceito abrangente.

Marketing é também o conjunto de ações destinadas a criar produtos/serviços e colocá-los à disposição do mercado, no local, no tempo e no volume adequados. Ele está totalmente centrado no foco do cliente. Foco no foco do cliente significa absorver a visão que o cliente tem a respeito dos produtos que precisa comprar. Os componentes do *marketing* são a criação e/ou o desenvolvimento de produtos/serviços, a localização e/ou a sua distribuição, a propaganda e a promoção, o preço, a embalagem e devem estar sempre orientados para o cliente e para as suas necessidades e expectativas.

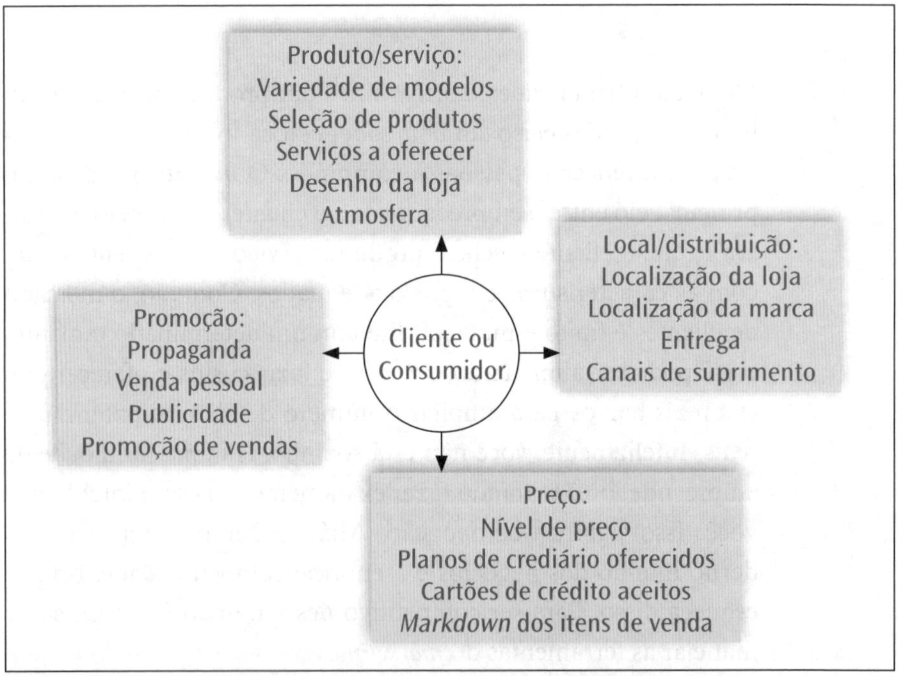

Figura 11.1. Elementos do *mix* de *marketing* para varejo.[1]

1 ZIKMUND, W. G.; D'AMICO, M. *Basic marketing*. Saint Paul: West Publishing, 1996. p. 209.

Para alcançar tal objetivo – encantar o cliente, ultrapassar suas expectativas e fidelizá-lo – adota-se o chamado composto mercadológico (*marketing mix*) que envolve os seguintes componentes:

- **produto/serviço**: criação, desenvolvimento e adequação às necessidades do mercado;
- **marca**: identificação e caracterização do produto/serviço;
- **embalagem**: criação, desenvolvimento e adequação tanto às necessidades do mercado, como para efeito logístico (armazenamento e transporte);
- **preço**: estabelecimento do preço de acordo com o mercado e a concorrência;
- **pesquisa de mercado**: conhecimento do mercado consumidor e da concorrência;
- **propaganda**: divulgação por meio de campanhas de propaganda;
- **venda**: comercialização do produto/serviço com o usuário final;
- **promoção**: planejamento e desenvolvimento de eventos promocionais;
- **distribuição**: colocação do produto/serviço nos pontos de venda adequados;
- ***merchandising***: apresentação e disposição da mercadoria no ponto de venda;
- **atendimento ao cliente**: realização do pós-venda, também conhecido como assistência técnica ou assistência ao cliente.

O *marketing* permite concentrar a empresa na satisfação das necessidades do cliente e, como retorno, permitir à ela os meios suficientes para garantir o seu ciclo produtivo.

Definindo os fatores de sucesso do seu empreendimento

Com certeza, você considera que o seu empreendimento é melhor que o dos concorrentes já posicionados no mercado. Não se engane, pois a grande parte dos empreendedores acaba utilizando as mesmas práticas dos seus concorrentes. Na realidade, usam as mesmas armas para conquistar o mercado. Você precisa realmente criar um negócio que seja único e ímpar, aquele que a concorrência jamais consiga copiar ou imitar. E quando os concorrentes chegarem lá (copiando e imitando), você já estará realizando tarefas muito mais avançadas. Daí a necessidade de ser muito criativo e inovar constantemente. Nessa corrida, os clientes estão cada vez mais exigentes e cada vez menos dispostos a pagar por algo que não lhes traga satisfação. Seu negócio precisa chamar a atenção do cliente. O ponto de partida é saber exatamente o que o cliente quer e o que realmente faz a diferença para ele. Você precisa saber alinhar o seu negócio com as prioridades do cliente. Isso significa investir nos fatores de sucesso. Mas, quais são eles? Você precisa saber defini-los com precisão. A lista a seguir sugere algumas alternativas:

- atendimento ao cliente;
- satisfação do cliente;
- qualidade;
- preço;
- imagem;
- disponibilidade no mercado;
- durabilidade;
- facilidade de uso;
- pós-venda;
- comunicação com o cliente;
- marca;
- diferencial com relação aos concorrentes;
- demonstração de que o negócio é sério e cordial para o cliente;
- responsabilidade social da empresa;
- ética profissional.

Defina em ordem prioritária os fatores de sucesso do seu negócio. Se quiser, complemente a lista de fatores com aqueles que você detectar. Promova, continuamente, com toda a sua equipe, avaliações sobre o comportamento do negócio em relação a esses fatores.

IDENTIFICANDO O CLIENTE

A principal razão de ser de qualquer empreendimento empresarial é o cliente. É ele quem define se o negócio será bem-sucedido ou não e também determina o grau de sucesso de qualquer negócio. Todo negócio existe para atender às necessidades do mercado e, mais especificamente, às necessidades e conveniências do cliente. De nada adianta produzir um produto perfeito se ele não serve para o mercado nem satisfaz necessidades ou aspirações dos clientes. Todo negócio é extremamente dependente do seu cliente e está envolvido com a concorrência, principalmente quando o mercado é restrito e os concorrentes disputam os clientes existentes.

Além do conceito de cliente externo – o consumidor dos produtos ou o usuário dos serviços da empresa – existe também o conceito de cliente interno. O cliente interno está dentro da empresa. Observando o interior da empresa, notamos que ela representa uma cadeia de valores, em que cada funcionário é cliente do funcionário anterior e fornecedor para o funcionário posterior. Esse encadeamento de fornecedores internos e de clientes internos proporciona uma visão nova e revolucionária do processo produtivo: o processo produtivo voltado para a satisfação cada vez maior do cliente interno. Quem lucra com isso? Certamente, a empresa e, principalmente, o último elo da cadeia: o cliente externo.

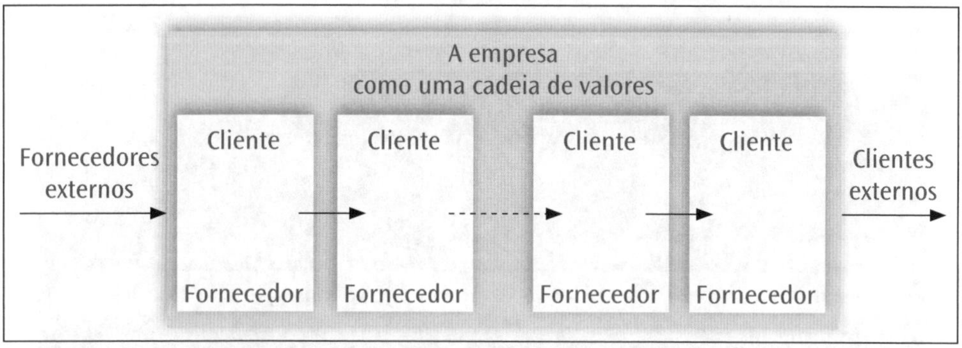

Figura 11.2. A empresa como um elo intermediário entre fornecedores e clientes.

A focalização do cliente é fundamental para definir adequadamente um negócio. Cada funcionário trabalha com entradas ou insumos e com saídas ou resultados. Em uma ponta, deve ter pleno conhecimento de quem recebe o seu trabalho:

- Quem é o meu cliente?
- O que tem valor para ele?
- Quais são as suas necessidades?
- De que o cliente realmente necessita?
- Como persuadi-lo e ultrapassar suas expectativas e aspirações?

Na outra ponta, cada funcionário deve ter conhecimento total de quem lhe fornece as entradas para seu trabalho:

- Quem é o meu fornecedor?
- Como ele atende às minhas necessidades?
- Quais são realmente as minhas necessidades?
- O que fazem os outros fornecedores?
- De que eu necessito realmente dos meus fornecedores?
- Como devo comunicar minhas necessidades ao meu fornecedor?

Essas são as principais questões para que cada funcionário identifique o cliente e o fornecedor interno. Dessa maneira, você criará um negócio no qual seus funcionários estarão perfeitamente sintonizados, trabalhando dentro de uma cadeia de valor.

Quais são os seus custos de comercialização?

A planilha abaixo é uma sugestão para calcular seus custos de comercialização.

Tabela 11.1. Planilha de despesas mensais – custos de comercialização.

Discriminação:	% sobre vendas:	Valor (R$):
Impostos e taxas:		
Empresas optantes do Simples:		
Simples federal		
Simples estadual		
Simples municipal		

(continua)

Tabela 11.1. (*continuação*) Planilha de despesas mensais – custos de comercialização.

Discriminação:	% sobre vendas:	Valor (R$):
Empresas não optantes do Simples:		
IR sobre o lucro (15%)		
Contribuição social (9% sobre o lucro)		
PIS/Cofins (0,65% sobre faturamento bruto mensal)		
IPI (de 0 a 300% conforme o produto)		
ISS (variável conforme o município)		
ICMS (de 0 a 25% conforme o produto/serviço)		
Subtotal 1		
Outras despesas		
Comissões sobre vendas		
Fretes sobre vendas		
Subtotal 2		
Total (soma 1 + 2)		

Elaborada a planilha de custos de comercialização, pode-se avaliar e comparar seu empreendimento com o dos concorrentes para verificar diferenças e decidir ações corretivas.

Quem é o cliente

O cliente é capaz de impulsionar ou derrubar um negócio, à medida que está disposto a comprar ou não comprar. Um cliente pode ser uma organização, uma empresa, um distribuidor ou atacadista, um usuário dos produtos/serviços ou um consumidor final. O consumidor final é quem compra os produtos/serviços oferecidos pela empresa na ponta final da cadeia de transações e que põe toda ela para funcionar. É ele quem determina direta ou indiretamente se o negócio será bem-sucedido ou não. Por essa razão, o cliente deve ser encarado como o principal patrimônio da empresa e o capital de relacionamento com o cliente deve ser estimulado e incentivado.

Mas onde estão os clientes? Existem milhares de empresas que não vendem diretamente aos seus consumidores. Há empresas que produzem produtos diversos – matérias-primas, bens semiprocessados e produtos acabados – para diferentes clientes, como indústria, comércio, escolas e universidades, bancos, hospitais, repartições públicas e milhares de outros estabelecimentos ou instituições. Existem também bens ou serviços industriais, que são itens ou materiais que são consumidos por empresas ou organizações para seus negócios cotidianos. Esses produtos diferem dos bens e serviços de consumo, que são destinados ao consumidor final, seja diretamente ou por meio de canais de distribuição, como agentes, atacadistas, varejistas, etc.

Os especialistas em *marketing* fazem distinção entre *marketing* industrial e de consumo, tendo por base o tipo de consumidor que está sendo considerado. O *marketing* industrial focaliza clientes que precisam produzir bens ou serviços, enquanto o de consumo focaliza clientes que precisam consumir bens ou serviços.

Tabela 11.2. As diferenças entre *marketing* industrial e de consumo.

Marketing	Cliente	Tipo de produto/serviço
Industrial	Indústria	Produtos como prensas, máquinas operatrizes, tornos mecânicos, matérias-primas industriais, etc. Serviços como assistência técnica, propaganda, manutenção, consultoria, contabilidade, etc.
Consumo	Consumidor final	Produtos como roupas e vestuário, artigos de higiene, alimentos em geral, remédios, som, etc. Serviços como bancos, financeiras, restaurantes, locadoras de vídeo, cinema e teatro, televisão, etc.

Não importa apenas saber quem é o cliente, mas como ele é: quais são suas características, seus hábitos de compra, suas preferências, suas expectativas, etc. Por que conhecer o cliente? É para ele que você está trabalhando. Ponha-se no lugar dele. Veja o que você faz por meio do ponto de vista do cliente.

O DINÂMICO PROCESSO DE VENDAS

Conhecendo o cliente e suas características, você pode se preparar melhor para vender a ele os seus produtos/serviços. Dominar o alvo facilita a pontaria de qualquer bom atirador. O setor de vendas tem uma importante função na empresa: colocar os produtos/serviços produzidos pela empresa no mercado de clientes ou consumidores, satisfazendo as necessidades do mercado e alcançando os objetivos da empresa. O setor de vendas representa a interface entre a empresa e os seus clientes ou consumidores.

Em primeiro lugar, deve-se conhecer profundamente o produto/serviço a ser vendido. É importante que todas as características e vantagens do produto/serviço sejam realçadas na sua apresentação ao cliente. Para conseguir alcançar esses objetivos, o setor de vendas deve seguir um processo de vendas, composto de sete fases, como veremos a seguir.

1. **Pesquisa de mercado de consumidores**: é a fase inicial do processo de vendas. A pesquisa de mercado procura obter informações sobre os consumidores e sua relação com os produtos/serviços que a empresa pretende colocar no mercado: onde estão localizados, em que quantidade, seus hábitos de compra, seu poder aquisitivo, suas características socioeconômicas, como podem ser abordados, etc. A pesquisa de mercado procura avaliar o comportamento dos consumidores diante das características do produto/serviço (seu preço, tamanho, cor, embalagem, durabilidade, etc.).
2. **Propaganda**: é a fase em que a empresa procura fixar uma imagem do seu produto/serviço, sua marca, seu conceito, sua utilidade, suas vantagens diante dos produtos/serviços dos concorrentes, para ganhar a preferência dos clientes ou consumidores. Não é chavão dizer que a propaganda é a alma do negócio, porque ela pode aumentar as vendas da empresa. A propaganda é a comunicação de massa, ou seja, difunde-se para o grande público. Ela pode ser divulgada por vários meios de comunicação, como rádio, televisão, jornais, revistas, cinema, cartazes, etc.
3. **Venda**: trata-se da venda propriamente dita, ou seja, é a fase fundamental do processo de vendas. Consiste na transferência do produto/serviço para o cliente ou consumidor. A venda pode ser:

    a. **pessoal**, quando realizada por meio de um contato direto entre o vendedor e o comprador, seja no estabelecimento comercial, seja em visita a domicílio, no balcão, pelo telefone, etc.;

b. **impessoal**, quando a venda ocorre sem intervenção direta do vendedor, como no autosserviço do supermercado, na compra por catálogo, no *telemarketing* feito pela televisão, pelo jornal ou por meio de mala direta, nas máquinas de vendas, etc.;
c. **virtual**, quando a venda é feita pela internet. Trata-se de um formato de negócios que permite uma incrível redução de custos e um aumento de eficiência e eficácia.

4. **Promoção de vendas**: é a fase do processo de vendas que procura promover ou acelerar as vendas do produto/serviço. A promoção de vendas pode ser feita por meio de: treinamento dos vendedores, fornecimento de manuais, catálogos e folhetos contendo informações sobre o produto/serviço, detalhes técnicos, etc. Também pode ser feita por meio de material fornecido aos revendedores (catálogos, folhetos, bandeiras, painéis, boletins, etc.) ou ainda diretamente sobre os clientes ou consumidores por meio de demonstrações, sorteios, amostras grátis, brindes, ofertas, feiras e exposições, mala direta, descontos por volume de compras, etc.

As promoções são frequentemente utilizadas quando há:

- estoque elevado de produtos;
- lançamento de novos produtos;
- sucesso da concorrência;
- sazonalidade ou ciclicidade das vendas.

5. **Canais de distribuição**: os canais de distribuição representam os meios pelos quais os produtos/serviços fluem da empresa em direção aos clientes ou consumidores, para atingi-los da melhor forma possível. Na verdade, os canais de distribuição são os intermediários entre a empresa e os seus clientes ou consumidores. Muitas vezes, a empresa coloca diretamente seus produtos/serviços no mercado. Outras, além do representante, requerem um atacadista. Em certos casos, o elo também depende de um varejista para chegar ao consumidor final. A maneira de distribuir o produto influencia o preço.

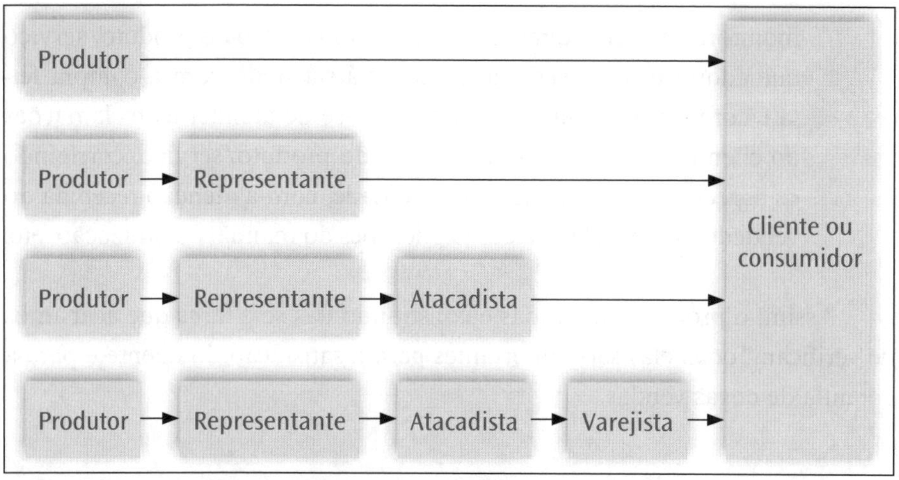

Figura 11.3. Os canais de distribuição.

As principais alternativas de venda são: venda direta ao consumidor, por meio de representantes comissionados, por atacadistas ou revendedores, variando conforme a atividade do negócio. O importante é conhecer os vários *mark-ups* das diferentes etapas da distribuição para calcular o preço final do produto, a fim de mantê-lo competitivo. Muitos empreendedores temem contratar intermediação por achar que ela reduz a lucratividade unitária. Mas vender diretamente ao consumidor pode levar tempo e requerer custos de promoções e vendas. Convém avaliar se os intermediários compensam seus custos, já que têm estrutura e clientela.

6. ***Merchandising***: a palavra *merchandising* vem do inglês *merchandise*, que significa mercadoria. No caso, o *merchandising* envolve todos os aspectos relacionados à apresentação do produto/serviço que a empresa pretende colocar no mercado: características, tamanho, nome, marca, embalagem, etc., ou seja, todos os aspectos relacionados ao produto/serviço. O *merchandising* pretende dar personalidade e individualidade ao produto para que ele seja identificado pelo consumidor em sua apresentação, facilitando e aumentando as vendas.
7. **Pós-venda**: é a fase posterior à venda ao cliente. Pode receber vários nomes, como assistência técnica, atendimento ao consumidor, atendimento ao cliente, etc. Na realidade, é a fase em que se pretende

monitorar o cliente quanto ao uso e à apreciação do produto/serviço que adquiriu, para verificar se ele está satisfeito com a compra feita e com o tratamento recebido. Trata-se de atender às reclamações do cliente, sanando eventuais falhas do produto/serviço, corrigindo os aspectos relacionados com qualidade, com a atenção recebida do vendedor, com a clareza das explicações do manual de utilização, etc.

Assim, o processo de vendas é constituído das sete fases que acabamos de verificar. Todas elas são importantes para a satisfação do cliente e para a garantia de novas vendas.

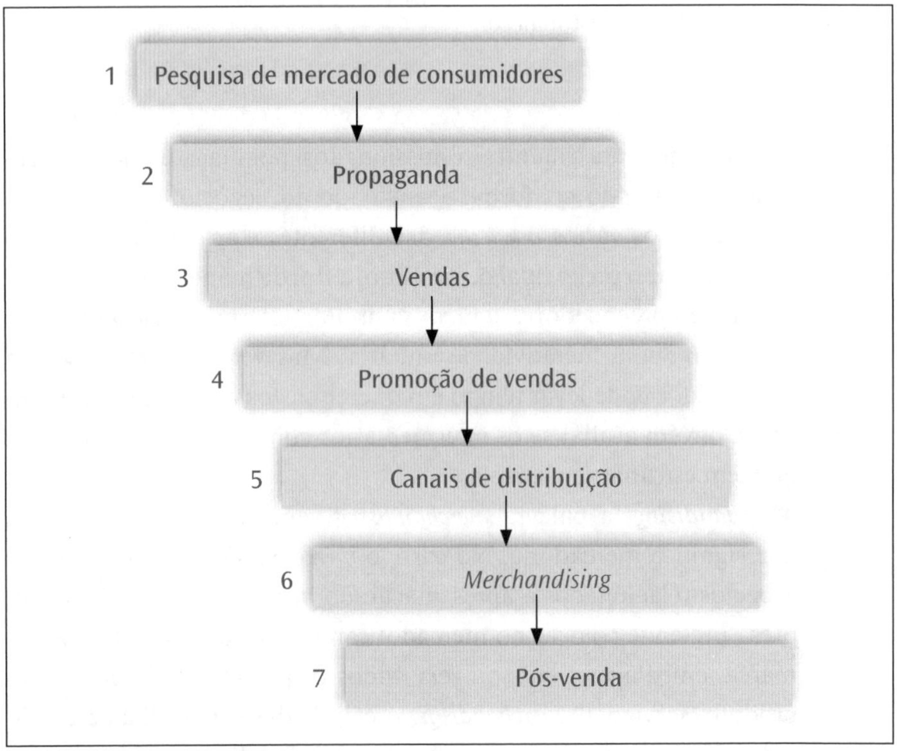

Figura 11.4. As fases do processo de vendas.[2]

2 CHIAVENATO, I. *Iniciação à administração de vendas*. Barueri: Manole, 2009.

PREVISÃO DE VENDAS

Para vender seu produto/serviço e produzi-lo na quantidade adequada às necessidades do mercado, a empresa precisa prever antecipadamente as suas vendas, para planejar suas atividades de produção e de comercialização. A previsão de vendas é a base para o planejamento da produção e da comercialização. Saber qual é a quantidade semanal, mensal ou anual de produtos/serviços a serem produzidos, e como tudo isso será vendido, são fatores que dependem da previsão de vendas.

A previsão de vendas representa a quantidade de produtos/serviços que a empresa pretende vender ou colocar no mercado durante um determinado período, geralmente um mês ou um ano, dividido em meses. Constitui, portanto, uma estimativa ou uma expectativa de vendas. Pode ser feita em unidades físicas ou em valores monetários.

Tabela 11.3. Previsão de vendas de dois produtos.

Produtos	jan.	fev.	mar.	abr.	maio	jun.	jul.	ago.	set.	out.	nov.	dez.
ABC	100	100	100	100	100	100	120	130	140	150	170	180
ZYX	200	200	200	200	200	220	240	260	280	300	340	400

A previsão de vendas pode ser detalhada ou desdobrada por território ou por vendedor, a fim de proporcionar melhor acompanhamento e controle das regiões e da equipe de vendas. Pode ainda ser multiplicada pelo preço dos produtos/serviços e transformada em previsão de receita de vendas. A previsão de vendas é estimada pelas informações de vendas anteriores ou pela pesquisa de outras empresas equivalentes ou concorrentes e pelas tendências do mercado. Todos esses dados podem ser obtidos por meio da análise do mercado, que já vimos anteriormente.

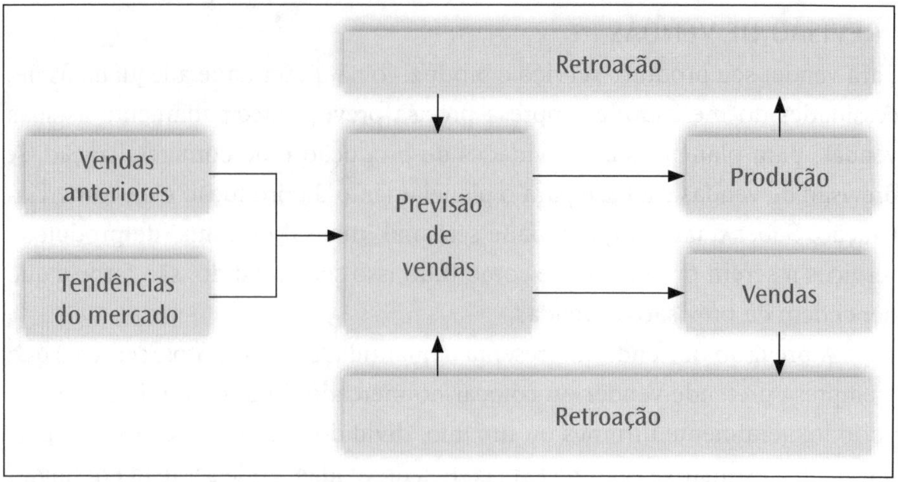

Figura 11.5. O esquema da previsão de vendas.[3]

Qual é a sua receita operacional mensal?

Projete o faturamento de seu negócio com base no preço dos seus produtos/serviços. Utilize a planilha a seguir:

Tabela 11.4. Planilha de receita operacional mensal.

Discriminação:	**Quantidade:**	**Preço de venda (R$):**
Produto A		
Produto B		
Produto C		
Subtotal 1		
Serviço 1		
Serviço 2		
Serviço 3		
Subtotal 2		
Total (subtotal 1 + subtotal 2)		

3 CHIAVENATO, I. *Iniciação à administração de vendas*, op.cit.

PROPAGANDA: A ALMA DO NEGÓCIO

Quando tratamos do processo de vendas, citamos a sua segunda fase, a propaganda, a alma do negócio. Verificamos que ela é a comunicação de massa, ou seja, a comunicação da empresa focada no grande público. A American Marketing Association define a propaganda como qualquer forma paga de apresentação de produtos, serviços, pessoas ou ideias, abertamente patrocinada pelo anunciante.

Assim, na propaganda, há sempre um anunciante identificado que paga a divulgação do produto, do serviço ou da ideia. Muitas pessoas confundem propaganda com publicidade, mas são duas vertentes diferentes. A publicidade corresponde à divulgação de notícias ou informações sobre produtos, serviços, pessoas, ideias sem qualquer pagamento por parte do patrocinador.

A propaganda pode ser classificada em duas formas: a propaganda direta e a indireta. Vejamos cada uma delas.

- **Propaganda direta** é aquela em que o patrocinador entra em contato direto com o consumidor ou o cliente. É o caso da remessa de catálogos, listas de preços, folhetos, prospectos, etc. Geralmente, a propaganda direta é realizada pelo correio, recebendo o nome de propaganda por mala direta.
- **Propaganda indireta** é aquela realizada por meio de outros veículos, tais como jornais, revistas, televisão, cartazes ao ar livre (*outdoor*), rádio, etc., que recebem o nome de veículo de propaganda, porque esses meios transportam os anúncios dirigidos aos consumidores dos produtos/serviços. Um anúncio é qualquer aviso, notícia ou esclarecimento endereçado ao público.

O objetivo da propaganda é predispor o cliente ou o consumidor em potencial para a compra do produto/serviço anunciado. Para a maioria dos produtos/serviços que são colocados no mercado, a propaganda tem o objetivo de influenciar o cliente de maneira a confirmar ou a alterar a sua atitude de compra.

Existem também mais dois tipos de propaganda: a institucional – que vende a imagem da empresa sem qualquer pretensão de vender – e a comercial – que visa especificamente a vender o produto/serviço no mercado.

O ATENDIMENTO AO CLIENTE

O atendimento ao cliente é um dos aspectos de maior importância do negócio. O cliente representa o principal objetivo do negócio – a sua razão de ser e de existir. Todo negócio deve estar voltado para o cliente – ainda que potencial – e somente se mantém se o cliente estiver decidido a continuar comprando o produto/serviço, seja para sua satisfação pessoal ou para suas necessidades básicas. Para que o negócio possa ser bem-sucedido, é imprescindível que o cliente fique satisfeito com o produto/serviço oferecido. Dessa forma, os produtos e os serviços devem ser continuamente ajustados e sintonizados com as preferências do cliente. Isso faz parte do que se poderia denominar orientação para o cliente (*client centered*) ou ainda mentalidade mercadológica (*marketing minded*).

Na realidade, o *marketing* representa uma inversão na forma de raciocínio: é a resolução do problema de trás para a frente. Parte do resultado final desejado – que é um cliente satisfeito – para verificar quais ações devem ser realizadas para chegar a tal resultado. Em vez de olhar para dentro do próprio negócio, deve-se olhar para fora, tendo o foco no cliente: abrir as janelas e ver o que o mercado faz, o que os concorrentes fazem e o que o cliente deseja e precisa. Uma pesquisa superficial de mercado geralmente conduz a uma constatação óbvia: os clientes estão à procura de um produto bom, bonito e barato. Com as informações obtidas, você terá condições de criar produtos/serviços e desenvolver um espírito de equipe entre seu pessoal para atender bem ao cliente, sempre oferecendo um excelente serviço, que certamente será o diferencial da sua empresa diante das demais.

PREÇO

O empreendedor deve gerenciar os preços de seus produtos/serviços por meio da estrutura que montou e dos custos que assumiu, levando sempre em conta o que se pratica no mercado. De um lado, existe o preço que o empreendedor pede por seu produto/serviço; de outro, o preço que o cliente se dispõe a pagar. E ainda existe o preço com que o mercado opera normalmente. A composição de preços deve levar tudo isso em consideração, para que o empreendedor saiba exatamente em que território está pisando.

Para tornar-se mais competitivo, o empreendedor pode reduzir a margem de lucro em 1 ou 2%, mas surge a pergunta: compensa trabalhar com uma margem de lucro menor? Por outro lado, ele deve tomar uma decisão bem ponderada, porque é possível que o empreendedor fique totalmente desocupado em sua empresa, à espera de um cliente que certamente não aparecerá. Ter jogo de cintura é importante.

Nesse caso, convém relembrar a tabela que apresentamos no capítulo 4 (Tabela 4.2) para que você use o bom-senso no momento da fixação de preços.

Tabela 11.5. Como os preços são visualizados pelo cliente e pela empresa.

Como o cliente estima o preço	Como a empresa determina o preço
Objetivos desejados pelo cliente	Objetivos almejados pela empresa
Grau de utilidade do produto/serviço	Custos de produção e de vendas
Grau de qualidade percebida	Margem de lucro pretendida
Valor determinado pela empresa	Valor que o cliente atribui
Nível de serviço e de atendimento	Restrições legais quanto ao preço
Preço dos similares concorrentes	Preços fixados pela concorrência

O cálculo dos preços de venda pode ser feito com base nos custos e na margem de lucro desejada. Existem dois métodos: o *mark-up* e a margem de lucro.

O *mark-up* é um valor ou uma porcentagem adicionada ao preço de custo (custos totais, diretos e indiretos) para chegar ao preço de venda. Contudo, o preço definido pela fórmula de *mark-up* pode ser alto demais em relação ao que a clientela se dispõe a pagar. Algumas vezes, o preço praticado pelo mercado pode ser baixo e insuficiente para pagar os custos da produção e resultar em algum lucro. Este é o cálculo do *mark-up*:

$$\textit{Mark-up}\ (\%) = \frac{(\text{preço de venda} - \text{preço de custo})}{\text{preço de custo}} \times 100$$

A margem de lucro é o valor do lucro que se obtém em cada item. O cálculo da margem de lucro é o seguinte:

$$\text{Margem}\ (\%) = \frac{(\text{preço de venda} - \text{preço de custo})}{\text{preço de custo}} \times 100$$

Obviamente, o *mark-up* e a margem de lucro variam conforme o negócio e os vários pontos da cadeia de fornecimento. Uma alternativa para resolver o problema é verificar o que fazem os concorrentes ou consultar a associação comercial ou seus contatos.

Estime o seu preço

Para estimar o preço de seus produtos/serviços, você deve levar em conta uma criteriosa equação: quanto custa o produto/serviço, quanto a clientela está disposta a pagar por ele, quantas unidades ela se dispõe a comprar e qual é o lucro desejado. Essas quatro informações permitem simular diferentes preços unitários e quantidades de vendas para se tomar uma decisão: ganhar na margem (preço mais elevado) ou no giro (maior quantidade de venda de produtos/serviços). Deve--se considerar que um aumento de preço implica quase sempre menor volume de vendas e vice-versa. A amplitude de flexibilidade é determinada pelo valor máximo que a clientela aceitará pagar e pelo seu potencial máximo de demanda. Assim, qualquer projeção deve ser realista, tanto em valores como em quantidades. A planilha a seguir pode ser útil para esses cálculos.

Tabela 11.6. Planilha de formação de preços.

Discriminação:	Produto A	Produto B	Produto C
1. Lucro desejado			
2. Volume de venda projetada			
3. Preço de mercado			
4. Receita (2 × 3)			
5. Custo direto unitário			
6. Custo direto total (2 × 5)			
7. Custos de comercialização (comissões + impostos)			
8. Total de custos variáveis (6 + 7)			

(continua)

Tabela 11.6. (***Continuação***) Planilha de formação de preços.

Discriminação:	Produto A	Produto B	Produto C
9. Margem de contribuição (4 – 8) (soma das margens de contribuição de todos os produtos)			
10. Margem de cobertura			
11. Despesas fixas			
12. Resultado (10 – 11)			

Com todas essas ferramentas de *marketing* – e não são poucas – você já tem condições de tomar decisões a respeito do produto/serviço que deseja colocar no mercado. Não se esqueça de contemplar um equilíbrio entre todos os aspectos mencionados para oferecer um *marketing mix* interessante e vencedor. Mais uma vez, boa sorte!

12 Gerenciando as finanças

Como gerenciar as finanças
Fontes de financiamento
Capital de giro da empresa
Fluxo de caixa
Ativos circulantes
Como entender as demonstrações financeiras

Não basta ter equipe e saber gerenciar a produção e o *marketing*. Para funcionar, as empresas precisam de dinheiro. O simples fato de uma empresa precisar de um imóvel para se instalar, máquinas e equipamentos para produzir, pessoas para trabalhar e matérias-primas para processar revela, na verdade, a necessidade de recursos financeiros que permitam alugar ou comprar o imóvel, adquirir as máquinas e equipamentos, pagar os salários do pessoal, comprar as matérias-primas, recolher os impostos etc. Nenhuma empresa pode ser aberta sem um mínimo de capital inicial, nem pode funcionar sem algum capital de giro.

As empresas são organizações sociais que utilizam recursos para atingir objetivos. Quanto ao objetivo que perseguem, existem empresas lucrativas, nas quais o objetivo final é o lucro, e empresas não lucrativas, nas quais o objetivo final é a prestação de algum serviço público, independentemente do lucro. O lucro constitui o excedente entre a receita obtida e a despesa efetuada em uma determinada operação. Também é remuneração do empreendedor que assume os riscos do negócio. É o resultado da ação sinergística do empreendimento.

ERROS MAIS COMUNS NA CAPTAÇÃO DE FUNDOS[1]

Quem inicia seu próprio negócio deve evitar os seguintes erros fatais:

- iniciar o negócio sem recursos suficientes para o bom andamento da empresa;
- contar com vendas maiores ou mais rápidas do que o provável;
- não prever uma opção ou alternativa para possíveis emergências financeiras;
- tomar empréstimos elevados e ficar refém dos juros e do pagamento da dívida;
- colocar ativos sob riscos desnecessários por não considerar outras alternativas;
- não contar com recursos financeiros para poder expandir a empresa;
- subestimar o valor necessário para as despesas pessoais;
- não se preparar para possíveis sobressaltos da conjuntura econômica;
- não prever os efeitos de desembolsos regulares, como pagamento de impostos;
- imaginar que a captação de recursos constitui a etapa mais difícil na implantação do negócio.

COMO GERENCIAR AS FINANÇAS

A maioria dos pequenos e médios empresários costuma administrar custos e finanças de maneira intuitiva, por não terem formação nessas áreas. Até um determinado momento, essa intuição permite obter um bom desempenho. Mas, quando a empresa começa a crescer, é necessário buscar novos conhecimentos e contratar profissionais especializados para fazer a administração financeira. É a hora em que o empresário necessita de maior informação para avaliar os resultados e o desempenho da empresa, pois começa a perder dinheiro sem saber exatamente por quais razões.

O gerenciamento financeiro é a área da empresa que cuida dos recursos financeiros. Como veremos adiante, o gerenciamento financeiro preocupa-se com dois aspectos importantes: a rentabilidade e a liquidez. Isso significa que gerenciar as finanças é tentar fazer com que os recursos financeiros sejam lucrativos e líquidos ao mesmo tempo. Na realidade, estes são os dois objetivos principais das finanças: o melhor retorno possível do investimento (rentabilidade ou

---

1 Baseado em: HINGSTON, P. *Como abrir e administrar seu próprio negócio.* São Paulo: Publifolha, 2001. p. 66.

lucratividade) e a sua rápida conversão em dinheiro (liquidez). Tendo esses dois objetivos em mente, o empreendedor pode tocar tranquilamente suas finanças.

A rentabilidade é alcançada à medida que o negócio da empresa proporciona a maximização dos retornos dos investimentos feitos pelos proprietários ou acionistas.

Contudo, a rentabilidade máxima pode comprometer a liquidez da empresa, pois os retornos estão submetidos a diferentes períodos. Daí surge o conflito entre máxima rentabilidade e máxima liquidez: não é possível conseguir a maximização dos dois objetivos simultaneamente. A máxima rentabilidade sacrifica a liquidez, e a máxima liquidez sacrifica a rentabilidade. Quase sempre a rentabilidade deve ter prioridade sobre a liquidez. Deve-se aplicar boa parte dos fundos disponíveis e manter inativa outra parte, como proteção ou defesa contra os riscos de não conseguir pagar algum débito. Esses fundos inativos não produzem retorno ao investidor. Assim, a maximização da rentabilidade e da liquidez não é possível simultaneamente. Em vez da maximização, procura-se a satisfação, ou seja, um meio-termo.

Um dos principais desafios do gerenciamento financeiro é manter a rentabilidade e a liquidez da empresa em nível satisfatório, já que em nível máximo não é possível. Para alcançar rentabilidade e liquidez satisfatórias, o empreendedor deve procurar obter recursos financeiros do mercado e procurar utilizar e aplicar os recursos financeiros em seu negócio ou em atividades paralelas.

Como se pode perceber, as três principais atribuições do gerenciamento financeiro são:

- **obter recursos financeiros** para que a empresa possa funcionar ou para expandir suas atividades; a obtenção ou captação de recursos financeiros pode ser feita no mercado de capitais, seja por aumento de capital, financiamento ou condições de pagamento aos fornecedores, empréstimos bancários, etc.;
- **utilizar recursos financeiros** para suprir as operações comuns da empresa, em vários setores e áreas de atividade, como compra de matérias-primas, aquisição de máquinas e equipamentos, pagamento de salários, impostos, etc.;
- **aplicar recursos financeiros excedentes**, como aplicações no mercado de capitais ou no mercado monetário, aquisição de imóveis ou terrenos, etc.

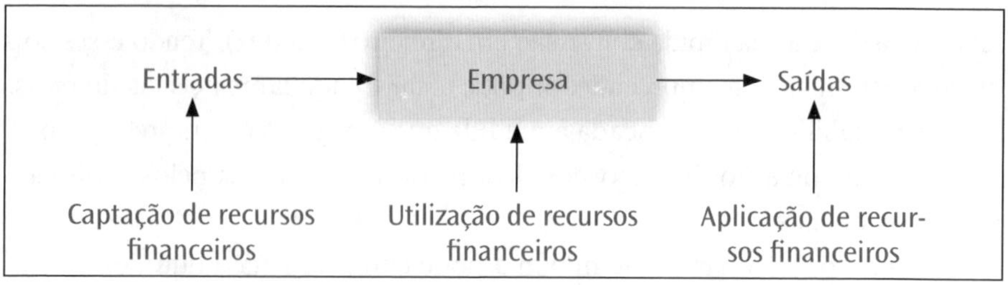

Figura 12.1. Áreas de decisão do gerenciamento financeiro.[2]

A figura a seguir permite uma visão simplificada dessas três áreas de decisão financeira, mostrando as diversas entradas e saídas de recursos financeiros da empresa e sua destinação.

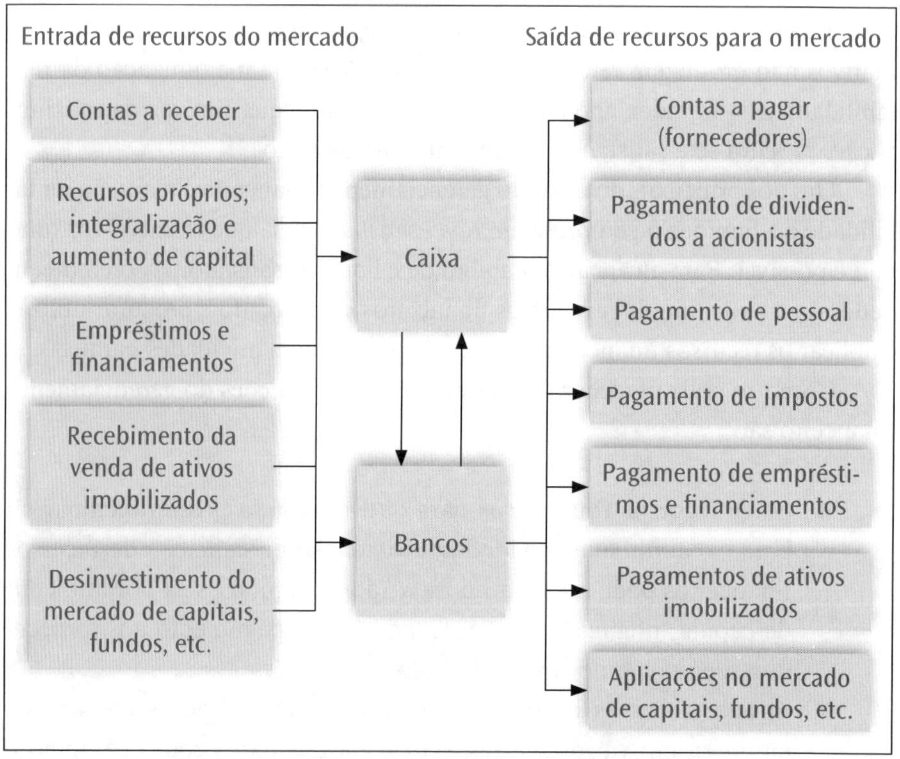

Figura 12.2. Processo de gerenciamento financeiro.[3]

---

2 CHIAVENATO, I. *Iniciação à administração financeira*. Barueri: Manole, 2009. p.

3 CHIAVENATO, I. Op. cit.

O processo do gerenciamento financeiro, resumido na figura anterior, é cíclico e repetitivo, e precisa ser constantemente monitorado e avaliado para que a rentabilidade e a liquidez da empresa sejam preservadas a todo momento. Para tanto, suas principais ferramentas estão listadas na tabela a seguir.

Tabela 12.1. As principais ferramentas de gerenciamento financeiro.

1. **Controle de caixa:** a tesouraria deve saber a todo momento o seu saldo bancário	2. **Controle de conta-corrente:** é o extrato elaborado pela tesouraria por meio do movimento diário de caixa e bancos, com créditos, débitos e respectivas datas
3. **Conciliação bancária:** compara o extrato da tesouraria com o do banco para verificar pendências ou erros	4. **Contas a pagar:** é o agendamento diário feito por segmento: fornecedores, tributos, despesas administrativas, comerciais e industriais, provisões, etc.
5. **Contas a receber:** é o agendamento da cobrança em carteira com a cobrança bancária	6. **Fluxo de caixa:** é um resumo das contas a receber e a pagar e a projeção do saldo positivo ou negativo em caixa, para efeito de aplicação ou obtenção de crédito
7. **Controle dos ativos circulantes:** é o acompanhamento do nível dos estoques e das contas a receber	8. **Arquivo de documentos:** os documentos já lançados devem ser guardados em um arquivo, separados dos tributos, para envio à contabilidade no final de cada mês

O adequado gerenciamento financeiro da empresa exige um trabalho permanente com todas essas ferramentas em conjunto.

Qual é o investimento inicial necessário para o seu empreendimento?

No cálculo do investimento inicial, devem entrar todas as despesas necessárias para montar e/ou desenvolver sua empresa, além de estoques e provisão de caixa para cobrir os custos do primeiro mês de funcionamento. A planilha a seguir pode ajudá-lo nesse aspecto.

Tabela 12.2. Planilha de investimento inicial.

Discriminação	Quantidade	Valor em R$
A. Investimento fixo		
Ponto comercial (aquisição ou luvas)		
Ponto comercial (reforma ou decoração)		
Veículos		
Equipamentos de segurança		
Equipamento A		
Equipamento B		
Equipamento C		
Ferramentas e acessórios		
Móveis e utensílios		
Linhas telefônicas		
Fax		
Computadores e periféricos		
Softwares		
Impressora de cheques		
Uniformes profissionais		
Criação e produção de logomarca		
Outros materiais		
Subtotal 1		
B. Capital de giro		
Estoque inicial de mercadorias		
Mão de obra e encargos sociais		
Custos fixos		
Reserva financeira para contingências		
Subtotal 2		
Total (subtotal 1 + subtotal 2)		

FONTES DE FINANCIAMENTO

O financiamento é uma operação por meio da qual a empresa obtém recursos financeiros de terceiros para o capital de giro ou para os ativos circulantes temporários e permanentes, bem como para o investimento. O financiamento pode ser classificado em dois tipos: de curto, de médio e de longo prazo.

Financiamento de curto prazo

O financiamento de curto prazo (CP) é uma operação por meio da qual a empresa levanta recursos por um período inferior a um ano, a fim de proporcionar ativos circulantes da empresa, como caixa, títulos negociáveis, contas a pagar, estoques ou ainda destinados ao financiamento aos clientes. O financiamento a CP é obtido com:

- bancos comerciais privados e públicos (como o Banco do Brasil);
- sociedades de crédito, financiamento e investimento (também denominadas financeiras).

O financiamento a CP consiste em obrigações que devem ser cumpridas dentro de um ano ou menos. Pode ser efetuado mediante quatro tipos de operações financeiras: desconto de duplicatas, empréstimo bancário em conta-corrente, crédito direto ao consumidor e crédito mercantil. A seguir, veremos cada um desses tipos de financiamento a CP.

1. **Desconto de duplicatas**: as duplicatas são títulos exatamente iguais, em valor e em outras características, às faturas emitidas pela empresa, ou seja, são as cópias das faturas. Quando vende a prazo, a empresa permanece em posição de espera até a data de vencimento da fatura, momento em que poderá receber a importância vendida ao cliente. Se, porém, a empresa tiver necessidade de recursos para o giro de suas operações, ela pode descontar duplicatas em um banco comercial, recebendo dele um empréstimo de recursos, cujo prazo vai desde o momento em que a empresa recebe o empréstimo bancário até a data do vencimento da fatura. A empresa faz uma cessão de direitos sobre os valores a receber dos seus clientes e paga antecipadamente os juros e o desconto bancário de praxe, recebendo recursos com re-

lativa rapidez para o financiamento de capital de giro temporário. O banco comercial geralmente exige como garantia:

- solidez dos títulos submetidos ao desconto;
- saldo médio, ou seja, a obrigação de a empresa manter uma proporção dos seus saldos em conta-corrente;
- reciprocidade em substituição ao saldo médio, ou seja, a atribuição ao banco de todas as operações de recolhimento de tributos ao poder público federal, estadual e municipal.

2. **Empréstimos bancários em conta-corrente**: é um serviço denominado linha de crédito ou adiantamento em conta-corrente. Trata-se de um compromisso pelo qual o banco comercial concede à empresa um crédito em uma conta-corrente que pode ser movimentada à vista. No desconto de duplicatas, os recursos são entregues integralmente, mas, nesse caso, os fundos são obtidos pela empresa gradativamente, segundo as necessidades e a disponibilidade de saldo em sua conta bancária. A empresa pode efetuar depósitos para reduzir a dívida. Os juros fixados não incidem sobre o valor máximo colocado à disposição da empresa, mas são calculados sobre o movimento diário dos saldos devedores. O banco comercial geralmente exige como garantia:

- saldo médio;
- taxa de juros;
- entrega em caução de títulos para garantir a devolução do valor do principal na data de vencimento da operação.

3. **Crédito direto ao consumidor**: é uma operação de financiamento destinada ao comprador final dos produtos da empresa. O comprador assina um contrato de financiamento com uma sociedade de crédito, financiamento e investimento (financeira), que paga o valor da compra à empresa vendedora, com a alienação fiduciária do produto à financeira até o pagamento da última prestação pelo comprador. É uma operação que facilita ao comprador a aquisição de um bem durável (como um automóvel ou um eletrodoméstico) e permite maior volume de vendas para a empresa que o produz ou o comercializa.

4. **Crédito mercantil**: enquanto as três modalidades de financiamento a CP anteriormente mencionadas são efetuadas por intermediários financeiros (como os bancos comerciais e as financeiras), o crédito mercantil é uma fonte espontânea de recursos financeiros proporcionada pelos fatores de produção que a empresa utiliza sem o pagamento instantâneo. No caso da mão de obra, os salários são pagos quinzenal ou mensalmente, alguns dias após o final do mês. No caso de compras de mercadorias ou matérias-primas com os fornecedores, a empresa pode obter um prazo de pagamento, permitindo-lhe processá-las e transformá-las em produtos acabados que podem ser vendidos, proporcionando recebimentos antes do pagamento aos fornecedores. O custo do crédito mercantil pode ser avaliado pelo desconto que o fornecedor efetuaria se a venda fosse à vista.

Financiamento de médio e de longo prazo

O financiamento de médio (MP) e de longo prazo (LP) destina-se à obtenção de recursos de terceiros a prazos superiores a seis meses ou a um ano, respectivamente. É, em geral, efetuado por meio de organismos ou programas geridos pelo poder público, como o Banco do Brasil, o Banco Central, os bancos de desenvolvimento, a Caixa Econômica Federal e as caixas econômicas estaduais. O Sebrae também oferece alternativas de linhas de financiamento para as micro e pequenas empresas.

O financiamento a MP ou a LP pode ser obtido por meio de fundos especiais de instituições públicas, por meio de recursos captados no exterior, debêntures e recursos próprios. Vejamos rapidamente cada um desses tipos de financiamentos a MP ou a LP.

1. **Fundos especiais de instituições públicas**: são fundos especiais que os órgãos governamentais disponibilizam para investimentos públicos ou para as empresas privadas. Os organismos que concedem financiamentos a MP ou a LP utilizando fundos especiais são:

- Banco Nacional de Desenvolvimento Econômico e Social (BNDES);
- Banco do Brasil S.A. (BB);

- bancos estaduais e regionais de desenvolvimento, como o Banco do Nordeste do Brasil (BNB) e o Banco da Amazônia (Basa);
- Caixa Econômica Federal (CEF);
- Caixas econômicas estaduais;
- Agência Especial de Financiamento Industrial (Finame).

2. **Recursos captados no exterior**: são constituídos pelas operações de empréstimos em moeda, com recursos captados no exterior e aprovados previamente pelo Banco Central e pelos financiamentos de importações, isto é, os financiamentos de compras da empresa por fornecedores estrangeiros.
3. **Debêntures**: são títulos de dívida emitidos pela empresa para levantar grandes volumes de dinheiro a longo prazo, de diversos grupos de emprestadores ou de aplicadores. A emissão e a venda de debêntures proporcionam – como no caso das ações – flexibilidade na utilização dos recursos, pois permite a obtenção de financiamento a longo prazo para suas operações. Os debêntures podem ser nominativos ou ao portador. São certificados que dão ao seu comprador o direito de receber juros prefixados no próprio título, correção monetária variável e valor nominal na data de resgate (data de vencimento previamente estabelecida). Difere da ação preferencial pela fixação do prazo e do valor de resgate pela empresa. É uma alternativa de financiamento a longo prazo e a um custo prefixado.
4. **Recursos próprios**: os recursos próprios da empresa são o capital social, as reservas e os lucros acumulados, itens que integram o patrimônio líquido do balanço. A obtenção de recursos externos para aumentar o capital social se faz com o lançamento de novas ações ao público ou com a oferta de direitos de subscrição aos acionistas atuais, no caso das sociedades anônimas.

Tabela 12.3. Classificação de financiamentos.

Financiamento de curto prazo	Financiamento de médio e longo prazo
1. Desconto de duplicatas	1. Fundos especiais de instituições públicas
2. Empréstimos bancários em conta-corrente	2. Recursos captados no exterior
3. Crédito direto ao consumidor	3. Debêntures
4. Crédito mercantil	4. Recursos próprios

O financiamento de curto prazo serve para cobrir insuficiências de caixa e propicia condições para administrar as contas a pagar e os estoques. Já os financiamentos de médio e de longo prazo servem para angariar recursos de terceiros, por prazos superiores a seis meses ou um ano e propicia condições para aumentar a capacidade de produção e, consequentemente, das vendas da empresa, para atender os planos de expansão ou de desenvolvimento tecnológico.

Por essas razões, a obtenção de financiamentos externos é uma das funções cruciais do gerenciamento financeiro, por exigir cuidadoso estudo do mercado financeiro e das opções referentes às condições de custo e de pagamento.

Fontes de recurso para começar um novo negócio[4]

A maioria dos novos negócios realiza uma captação de recursos financeiros em mais de uma fonte. Em geral, os bancos participam com mais de 50% do capital, mas, no caso de franquias, esse investimento inicial pode chegar a 70%. A seguir, será demonstrada a composição do investimento total necessário em porcentagens.

Caso:	Capital próprio	Investimento/ garantia	Empréstimo bancário	Crédito automático
Se o projeto é pequeno e não se dispõe de capital, o banco pode oferecer crédito automático, com as garantias necessárias	—	—	—	100%

4 Ibid., p. 67.

Caso:	Capital próprio	Investimento/ garantia	Empréstimo bancário	Crédito automático
Se o empreendedor tem o capital inicial, o banco pode oferecer o crédito automático para completá-lo	50 a 100%	—	—	0 a 50%
O investimento bancário pode ser elevado com a garantia adequada	50 a 100%	50 a 100%	0 a 50%	0 a 50%
O empreendedor investe metade do capital necessário, e o banco, o restante, uma parte como empréstimo e outra como crédito automático	50 a 100%	—	0 a 50%	0 a 50%
Se for franquia, o banco pode emprestar de 60 a 70% do capital necessário.	30 a 100%	—	0 a 70%	0 a 70%
Uma sociedade anônima com ações negociadas em bolsa pode atrair investidores externos ou ainda um capitalista de risco	50 a 100%	50 a 100%	0 a 50%	0 a 50%

CAPITAL DE GIRO DA EMPRESA

O capital da empresa pode ser classificado quanto à sua utilização em dois tipos: o capital fixo e o capital de giro (ou capital circulante). O capital fixo e o capital de giro complementam-se.

Capital fixo

É constituído de ativos imobilizados. Os investimentos em ativos imobilizados são efetuados a longo prazo, são estáveis e sofrem poucas alterações. É o caso de edifícios, fábricas, instalações, máquinas, equipamentos, etc.

Capital de giro

O capital de giro representa a quantidade de dinheiro que a empresa utiliza para movimentar seus negócios. Envolve estoques, dinheiro em caixa e em bancos, financiamentos a clientes por meio de contas a receber, salários e encargos, aluguel, contas de luz, água, telefone, etc.

Tabela 12.4. Fatores de aumento ou diminuição da necessidade de capital de giro.

O que aumenta a necessidade de capital de giro	O que diminui a necessidade de capital de giro
Vendas com prazos longos de pagamento	Vendas à vista
Cobrança ineficiente dos clientes em atraso	Cobrança eficiente dos clientes
Compras à vista	Reinvestimento dos lucros
Prazos menores para pagamento de fornecedores	Prazos longos para pagamento de fornecedores
Investimento elevado em estoques	Maior lucratividade do negócio
Giro lento dos estoques	Giro mais rápido dos estoques
Compra de ativos não operacionais	Venda de ativos desnecessários ao negócio
Retiradas excessivas	Aumento de capital com recursos próprios

O capital de giro é constituído de ativos circulantes, também chamados ativos correntes. Os investimentos em ativos circulantes sofrem alterações constantes, quase cotidianas, pois o capital de giro está relacionado principalmente às vendas, que são realizadas diariamente e que sofrem oscilações frequentes. Esses investimentos são efetuados no curto prazo por causa do ciclo de operações da empresa. Boa parte das aplicações dos fundos da empresa está destinada ao seu capital de giro. Existe uma diferença entre capital de giro bruto e capital de giro líquido.

1. **Capital de giro bruto** (CGB) é constituído dos seguintes itens:

   - disponibilidades (disponível em caixas e bancos);
   - investimentos temporários (títulos e valores mobiliários);
   - contas a receber;
   - estoque (matérias-primas, materiais em vias e produtos acabados).

2. **Capital de giro líquido** (CGL) é o capital de giro bruto sem os compromissos de curto prazo com fornecedores, funcionários, Fisco, etc.

O capital de giro envolve as contas circulantes da empresa, inclusive os ativos e os passivos circulantes. Como os ativos circulantes representam praticamente a metade do ativo total e os passivos circulantes, geralmente, um terço do faturamento – nas empresas industriais, por exemplo –, a administração do capital de giro constitui um dos itens mais importantes do gerenciamento financeiro. Toda empresa precisa manter um nível razoável de capital de giro, pois os ativos circulantes devem ser suficientes para cobrir os passivos circulantes com alguma margem de segurança.

A administração do capital de giro tem por objetivo administrar cada um dos ativos e dos passivos circulantes da empresa, para garantir um nível aceitável de capital circulante líquido.

Os ativos circulantes mais importantes são: caixa, títulos negociáveis, duplicatas a receber e estoques. Cada um deles deve ser bem administrado a fim de garantir a liquidez da empresa e, simultaneamente, evitar um nível muito elevado para qualquer um deles.

Os passivos circulantes mais importantes são: duplicatas a pagar, títulos a pagar e despesas provisionadas a pagar – como provisões de passivos, salários a pagar, juros a pagar, etc., ou seja, despesas já incorridas no regime de competência, mas ainda não pagas.

Esses passivos circulantes devem ser bem dosados para garantir que cada uma das fontes de financiamento de curto prazo seja utilizada adequadamente.

Na realidade, o dia a dia do empreendedor é quase totalmente tomado pela administração dos ativos correntes. O planejamento e a operação das entradas e das saídas do caixa constituem talvez a parte mais representativa da operação financeira da empresa. O capital de giro funciona no curto prazo. O curto prazo é definido como um período igual ao de um exercício social, que na grande maioria dos casos corresponde a um ano.

A gaita do cotidiano

Enquanto o empreendimento não alcançar um ritmo regular de faturamento e não garantir suas entradas financeiras, o empreendedor terá de bancar sua sobrevivência sem depender somente do pagamento dos clientes. A planilha do capital de giro inicial deve entrar na conta do investimento inicial. Se os recursos disponíveis para capital de giro forem insuficientes para cobrir as necessidades financeiras, o empreendimento precisará de uma cobertura adicional de terceiros para suprir seu ciclo operacional, seja em termos de crédito bancário ou outras opções alternativas – como a utilização de cartões de crédito, limites de cheque especial e cheques pré-datados para pagamento de contas ou os empréstimos de amigos e parentes, como fazem muitos pequenos empreendedores – ou ainda o pagamento de fornecedores a prazo e o desconto de promissórias e duplicatas. São opções perigosas que podem levar o empreendimento a dificuldades financeiras.

A necessidade de capital de giro varia conforme o volume de vendas e os prazos concedidos. O valor aumenta se os prazos de pagamento aos fornecedores forem menores que os prazos dos recebimentos dos clientes e se os estoques forem altos. O valor diminui se o giro dos estoques for rápido e os prazos de recebimento dos clientes forem inferiores aos prazos de pagamento aos fornecedores. Segue na sequência um exemplo de uma planilha do capital de giro.

Tabela 12.5. Planilha de capital de giro.

Discriminação	Em R$	Em %
A. Disponibilidades		
Caixa e bancos		
Contas a receber		
Cheques pré-datados		
Ferramentas e acessórios		
Subtotal 1:		
B. Necessidades de cobertura		
Fornecedores		
Impostos a pagar		
Salários e encargos sociais		
Aluguel		
Outras contas a pagar		
Subtotal 2:		
C. Capital de giro (subtotal 1 + subtotal 2)		

FLUXO DE CAIXA

Na verdade, os ativos circulantes constituem o capital da empresa que gira até se transformar em dinheiro, em um ciclo de operações que varia de empresa para empresa, conforme a natureza de suas operações. Esse ciclo constitui o tempo necessário para que uma aplicação de dinheiro em insumos circule inteiramente, desde a compra de matérias-primas e o pagamento do pessoal até o recebimento pela venda do produto/serviço ao cliente. Esse ciclo é denominado ciclo de operações da empresa ou, simplesmente, ciclo de caixa. Cada empresa tem o seu ciclo de caixa, que pode variar enormemente. A empresa de ciclo de caixa curto e rápido tem um capital de giro capaz de circular mais vezes durante o ano. Os pequenos negócios caracterizam-se por um ciclo de caixa curto e rápido. A empresa de ciclo de caixa longo e demorado não tem condições de fazer circular mais rapidamente o seu capital de giro. É o caso de empresas de grande porte, como construtoras de navios ou de montagem de hidrelétricas. A figura a seguir dá uma ideia resumida do ciclo de caixa.

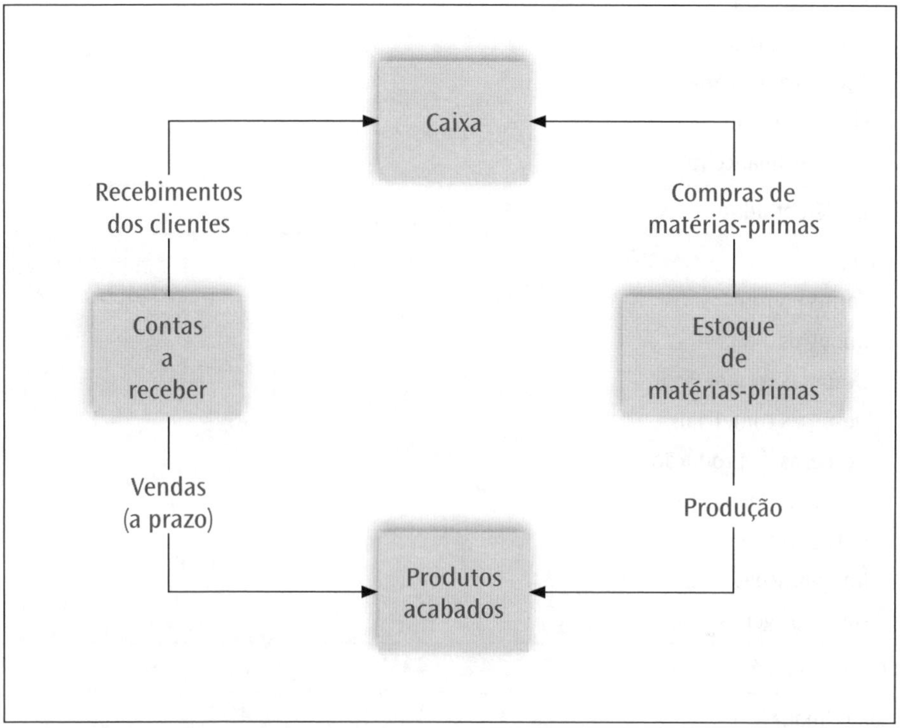

Figura 12.3. O ciclo de caixa.[5]

Para evitar surpresas desagradáveis, o caixa precisa ser devidamente planejado, de acordo com o ciclo de caixa da empresa. Em geral, a previsão do fluxo de caixa é feita em uma planilha de computador e faz parte do boletim diário da tesouraria, que deve indicar o fluxo diário das entradas e saídas de recursos financeiros.

5 SANVICENTE, A. Z. *Administração financeira*. São Paulo: Atlas, 1988. p. 121.

Tabela 12.6. Boletim diário da tesouraria.

Contas	Movimento do dia	Acumulado	Orçado no mês
Saldo inicial:			
Entradas:			
Vendas à vista			
Vendas a prazo			
Cobrança bancária			
Financiamentos			
Receitas financeiras			
Total de entradas:			
Saídas:			
Fornecedores			
Impostos			
Despesas com pessoal			
Despesas comerciais			
Despesas de produção			
Despesas financeiras			
Despesas tributárias			
Imobilizações			
Despesas gerais			
Total de saídas			
Saldo final:			

O boletim diário da tesouraria passa a ser ampliado para o boletim mensal da tesouraria, bastando apenas acrescentar os dias úteis do mês na tabela anterior. Com os dados obtidos no decorrer do mês, pode-se projetar o resultado mensal da empresa, como na tabela a seguir.

Tabela 12.7. Projeção do resultado mensal da empresa.

1. Receita bruta de vendas	R$ ....
2. Imposto sobre vendas (___%)	R$ ....
3. Receita líquida de vendas	R$ ....
4. Custo direto dos produtos vendidos	R$ ....
5. Lucro bruto	R$ ....
6. Despesas operacionais	R$ ....
a. Despesas administrativas	R$ ....
b. Despesas de vendas	R$ ....
7. Lucro operacional	R$ ....

A previsão e o controle de gastos são feitos pelo fluxo de caixa. O fluxo de caixa é o movimento de entradas e saídas de recursos financeiros do caixa, isto é, das origens e das aplicações de caixa. As origens de caixa são os fatores que aumentam o caixa da empresa, enquanto as aplicações de caixa são os itens que o reduzem.

A previsão do fluxo de caixa permite prever e planejar as necessidades de caixa de curto prazo, pois proporciona uma visão dos recebimentos e dos pagamentos previstos que ocorrerão durante um certo período. O processo de orçar é importante para que a empresa saiba o que acontecerá com suas contas no futuro. Quando a previsão do fluxo de caixa indica algum excesso de caixa (mais recebimentos que pagamentos), pode-se planejar aplicações financeiras de curto prazo. Quando, ao contrário, a previsão do fluxo de caixa indica um déficit (mais pagamentos que recebimentos), deve-se planejar um financiamento de curto prazo ou um empréstimo bancário para cobri-lo.

Assim, a previsão do fluxo de caixa retrata as estimativas de entradas e saídas de dinheiro do caixa. Vimos que o ciclo de caixa é o período de tempo que vai desde o ponto em que a empresa faz um desembolso para adquirir matérias-primas até o ponto em que recebe o dinheiro da venda do produto acabado produzido com aquelas matérias-primas. A previsão do fluxo de caixa deve cobrir o ciclo de caixa, porém, geralmente ela cobre o exercício de um ano e pode ser montada para qualquer período e ainda ser subdividida em intervalos menores, que variam de dias a semanas. A estrutura básica de uma previsão de fluxo de caixa pode ser observada na tabela a seguir.

Tabela 12.8. Composição da previsão de fluxo de caixa.

	Itens	jan.	fev.	mar.	abr.	maio	jun.	jul.	ago.	set.	out.	nov.	dez.
	Recebimentos												
(menos)	Pagamentos												
(igual)	Fluxo líquido de caixa												
(mais)	Saldo inicial de caixa												
(igual)	Saldo final de caixa												
(menos)	Saldo mínimo de caixa												
(igual)	Financiamento necessário												
(ou)	Saldo de caixa excedente												

O item "recebimentos" inclui todas as entradas de caixa no período, como vendas à vista, cobrança de vendas a crédito e outros recebimentos.

A informação fundamental para qualquer previsão de fluxo de caixa é a estimativa de vendas que a empresa pretende realizar. Tendo por base essa estimativa, pode-se calcular as entradas e as receitas da empresa e os gastos relacionados com produção, estoques e distribuição, isto é, o fluxo das entradas e saídas de dinheiro. Também é possível determinar o nível de imobilizado necessário e o financiamento a ser captado para assegurar a previsão de produção e vendas.

A primeira tarefa na elaboração da previsão de fluxo de caixa é a projeção dos recebimentos. A previsão de vendas é um item inicial meramente informativo e serve como subsídio para dimensionar as receitas operacionais da empresa, em decorrência das vendas esperadas dos produtos/serviços produzidos. As vendas à vista devem ser colocadas mês a mês no orçamento de caixa. Suponhamos que tradicionalmente as vendas sejam realizadas nas seguintes proporções: 20% das vendas são à vista, 50% com faturamento para 30 dias e 30% com faturamento para 60 dias. Deve-se, então, projetar com essas expectativas. Se a previsão de vendas, em termos monetários, for R$ 100.000 em setembro, R$ 200.000 em outubro e R$ 300.000 em novembro, então, a projeção dos recebimentos para o orçamento de caixa será como a demonstração da tabela a seguir.

Tabela 12.9. Programação dos recebimentos da previsão de fluxo de caixa.

Itens	set.	out.	nov.	dez.
Recebimentos:				
Vendas à vista (20%)	20.000	40.000	60.000	—
Cobranças após 30 dias (50%)	50.000	100.000	150.000	—
Cobranças após 60 dias (30%)	30.000	60.000	90.000	—
Outros recebimentos (0%)	—	—	—	—
Total de recebimentos:	100.000	200.000	300.000	—

Projetados os recebimentos, a segunda tarefa na elaboração da previsão do fluxo de caixa é projetar os pagamentos. Os pagamentos incluem todos os desembolsos de caixa no decorrer do período considerado. Os pagamentos mais comuns são, entre outros:

- compras à vista;
- pagamento de duplicatas;
- pagamento de dividendos a acionistas;
- aluguéis;
- salários do pessoal;
- recolhimento de impostos;
- aquisição de equipamentos;
- pagamento de juros.

Todos os pagamentos deverão ser incluídos no período considerado.

Para facilitar a apresentação do assunto, ignoraremos os demais itens de pagamentos e nos concentraremos nas compras. Suponhamos que as compras representem tradicionalmente 50% das vendas da empresa, sendo 10% delas pagas à vista, 50% com faturamento para 30 dias e os 40% restantes com faturamento para 60 dias. Deixando de lado, provisoriamente, os demais itens de pagamentos, pode-se programar os pagamentos de compras no orçamento de caixa da seguinte maneira que observamos na figura a seguir.

Tabela 12.10. Programação dos pagamentos para o orçamento de caixa.

Itens	set.	out.	nov.	dez.
Pagamentos:				
Compras à vista (20%)	10.000	20.000	30.000	—
Duplicatas para 30 dias (50%)	25.000	50.000	75.000	—
Duplicatas para 60 dias (30%)	15.000	30.000	45.000	—
Outros pagamentos (0%)	—	—	—	—
Total de pagamentos:	50.000	100.000	150.000	—

Projetados os recebimentos e os pagamentos, a terceira tarefa na elaboração da previsão de fluxo de caixa é calcular o fluxo líquido de caixa, subtraindo-se os pagamentos dos recebimentos em cada mês. A seguir, soma-se o saldo inicial de caixa de cada mês ao fluxo líquido de caixa para se chegar ao saldo final de caixa de cada mês. Finalmente, subtrai-se do saldo final de caixa o saldo mínimo de caixa, para saber se há excesso (saldo positivo) ou insuficiência de caixa (saldo negativo). Se o saldo final de caixa for menor que o saldo mínimo, há necessidade de um financiamento. Se o saldo final de caixa for superior ao saldo mínimo, existe um saldo de caixa excedente, que deve ser aplicado no mercado financeiro.

O objetivo fundamental da previsão do fluxo de caixa é operar de modo a requerer sempre um mínimo de dinheiro em caixa, isto é, um pequeno saldo positivo, bem como evitar a necessidade de financiamento externo para cobrir eventuais déficits. Cada um dos itens da previsão do fluxo de caixa pode ser desdobrado e detalhado, de acordo com as necessidades de cada empresa.

Ao longo das operações da empresa, à medida que a previsão de fluxo de caixa vai ocorrendo, o fluxo de caixa passa a ser real. Deve-se comparar o previsto com o realizado, para verificar possíveis distorções e aprender com os erros feitos para evitá-los no futuro. Nos períodos seguintes, é interessante comparar o estimado e o real para que as futuras previsões de fluxo de caixa sejam mais realistas.

Tabela 12.11. Exemplo de um fluxo de caixa.[6]

	Itens	jan.	fev.	mar.	abr.	maio	jun.	jul.	ago.	set.	out.	nov.	dez.	Total
	Entradas													
1.	Vendas		5.000	5.000	5.000	6.000	6.000	6.000	6.000	6.000	7.000	8.000	10.000	75.000
2.	Empréstimos bancários	4.000												4.000
3.	Capital dos sócios	10.000												10.000
4.	Outras entradas													
	Total de entradas:	14.000	5.000	5.000	5.000	6.000	6.000	6.000	6.000	6.000	7.000	8.000	10.000	89.000
	Saídas													
5.	Aluguel	200	200	200	200	200	200	200	200	200	200	200	200	2.400
6.	Retiradas dos sócios	1.000	1.000	1.000	1.000	1.000	1.000	1.000	1.000	1.000	1.000	1.000	2.000	13.000
	Honorários													
	Despesas com veículos	30	30	30	30	30	30	30	30	30	30	30	50	380
	Combustível	30	30	30	30	30	30	30	30	30	30	30	50	380
	Propaganda e promoção	50	50	50	50	50	50	50	50	50	50	50	100	650
	Seguro	300												300
	Custos comerciais			200		200		200		200		200		1.000
	Limpeza													
	Luz/água/gás	50		50		50		50		50		50		300
	Juros bancários			100		100		100		100		100		500
	Custos financeiros													
	Correio													
	Manutenção e reparos													
	Outras despesas	50	50	50	50	50	50	50	50	50	50	50	50	600
	Salários dos funcionários	1.000	1.000	1.000	1.000	1.000	1.000	1.000	1.000	1.000	1.000	1.000	2.000	13.000
	Encargos sociais e trabalhistas	280	280	280	280	280	280	280	280	280	280	280	280	3.360
	Material de escritório	2.000	2.000	2.000	2.000	3.000	3.000	3.000	4.000	5.000	5.000	6.000	9.000	46.000
	Estoque e matérias-primas	80	80	80	80	80	80	80	80	100	100	100	100	1.040
	Telefone/fax/internet													
	Despesas de viagens	100	100	100	100	100	100	100	100	100	100	100	100	1.200
	Impostos e taxas													
	Gastos de capital													
	Total de saídas:	5.170	4.820	5.170	4.820	6.170	5.820	6.170	6.820	8.190	7.840	8.190	13.930	67.000
	Fluxo de caixa líquido	8.830	180	–170	180	–170	180	–170	–820	–2.190	–840	–190	–3.930	
	Balanço inicial		8.830	9.010	8.840	9.020	8.850	9.030	8.860	8.040	5.850	5.010	4.820	
	Balanço final	8.830	9.010	8.840	9.020	8.850	9.030	8.860	8.040	5.850	5.010	4.820	890	

6 CHIAVENATO, I. Op. cit.

Nesse sentido, a administração do caixa requer alguns cuidados básicos, a saber:

- adiamento dos pagamentos de duplicatas sem prejudicar o conceito de crédito da empresa;
- aproveitamento de quaisquer descontos financeiros nos pagamentos;
- giro dos estoques com a maior rapidez possível, evitando as faltas de estoques que podem interromper a linha de produção ou provocar perdas de vendas;
- recebimento das duplicatas no menor tempo possível, sem perder vendas por cobrar rigidamente; esse objetivo pode ser alcançado por meio de descontos financeiros adequados para incentivar o pagamento antecipado.

A figura a seguir permite a visualização do fluxo de caixa com suas entradas e saídas.

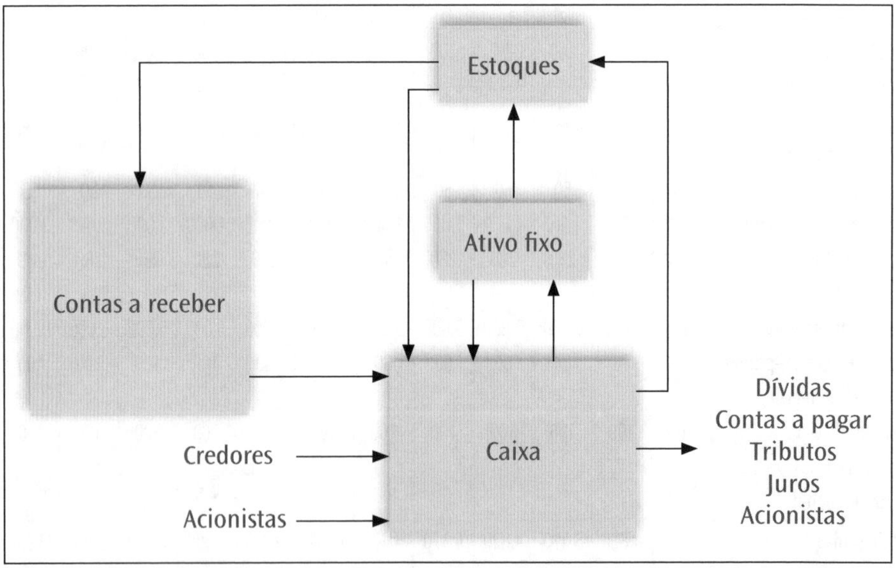

Figura 12.4. O fluxo de caixa.[7]

7 CHIAVENATO, I. Op. cit.

O fluxo de caixa constitui o termômetro do dia a dia da empresa, ou seja, mostra o comportamento dela quanto aos recebimentos e aos pagamentos de suas operações cotidianas.

DICAS PARA MONTAR A PREVISÃO DO FLUXO DE CAIXA

Nada como um modelo já pronto para adaptar, ajustar e começar. Observe os itens a seguir.

1. Comece fazendo o boletim diário da tesouraria para saber a estimativa de entradas (vendas) e de saídas (despesas) de dinheiro no caixa. Essa operação indica o total do capital necessário para o início das atividades. É conveniente criar uma planilha no computador e com linhas para os itens mais relevantes da empresa.
2. Crie as colunas para os meses, começando pelo primeiro mês de atividade do negócio, e adicione uma coluna final para o total do ano.
3. Faça o registro das estimativas de receitas. Estime as vendas e todas as entradas de dinheiro. Calcule o total das receitas.
4. Faça o registro das estimativas de despesas. Estime todas as saídas de dinheiro do caixa. Calcule o total das despesas.
5. Faça o balanço final entre o total das receitas e o total das despesas.
6. Considere também suas retiradas de dinheiro para cobrir suas despesas pessoais.
7. Verifique os saldos mensais positivos (em quais itens sobra dinheiro para aplicar) e negativos (em quais itens falta dinheiro) para estimar eventuais empréstimos ou financiamentos para cobrir o fluxo de caixa.
8. Inclua o pagamento de empréstimos ou financiamentos no registro das despesas (saídas) no fluxo de caixa.
9. Não se esqueça de incluir também o dinheiro para compra de estoque ou matérias-primas (quase sempre bancadas com o crédito automático) e com a aquisição de equipamentos.

ATIVOS CIRCULANTES

Ao contrário dos ativos fixos, os ativos circulantes estão sempre girando ao redor do negócio. Os principais ativos circulantes são as contas a receber e os estoques, que constituem cerca de 80% de todos os ativos circulantes da maioria das empresas industriais de porte médio. Daí a extrema importância da administração dos ativos circulantes da empresa, que será analisada separadamente da administração das contas a receber e da administração financeira dos estoques.

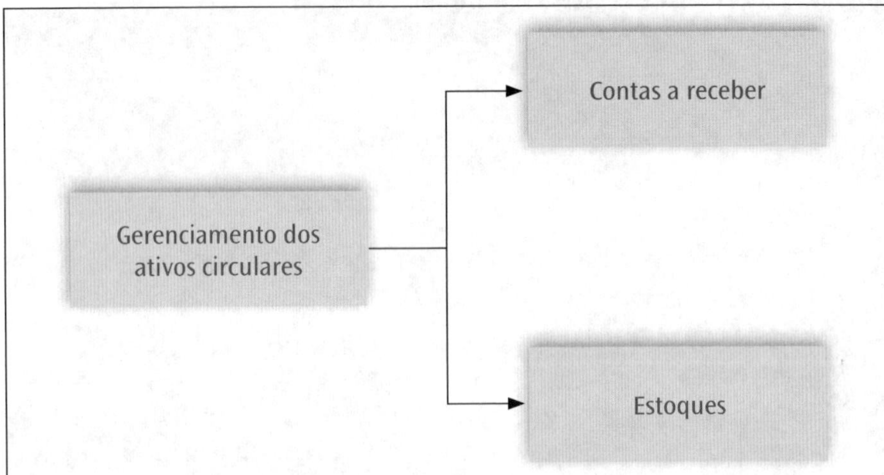

Figura 12.5. O gerenciamento dos ativos circulantes.

QUAL É O RISCO DO NEGÓCIO?

Quando o negócio apresenta um padrão de receita volátil ou pouco regular, a previsão de entrada de dinheiro em caixa torna-se precária. Isso traz duas consequências perigosas:

- a empresa pode não ter condições de cumprir suas obrigações de pagamento nos prazos devidos (a possibilidade de insolvência torna-se maior);
- a irregularidade no fluxo de caixa provoca instabilidade do volume de lucros (essa irregularidade pode baixar o valor da empresa).

A avaliação do risco do negócio depende diretamente da previsão de receita e de outras variáveis que podem influenciar o fluxo de caixa. Existem custos operacionais fixos – como depreciação, despesas operacionais e salários do pessoal –

que são inerentes ao funcionamento de certas empresas. Se uma empresa tem custos operacionais fixos elevados, a possibilidade de insolvência aumenta, pois os custos fixos não se reduzem, no caso de uma eventual redução ou queda da produção. Isso aumenta a flutuação dos lucros. Por outro lado, itens como depreciação – que não correspondem à saída de caixa – podem influenciar a flutuação dos lucros, mas não aumentam a possibilidade de que a empresa fique sem dinheiro em caixa.

Contas a receber

As contas a receber – e principalmente, as duplicatas a receber – representam a concessão de créditos em conta-corrente aos clientes. Na realidade, as contas a receber existem para conservar os atuais clientes e atrair novos e são necessárias em quase todas as atividades comerciais no mundo moderno. A administração das contas a receber deve ser feita de modo a minimizar o investimento e, ao mesmo tempo, manter um nível adequado de serviço aos clientes. Existem três aspectos importantes da administração de contas a receber: as políticas de crédito, as condições de crédito e as políticas de cobrança. Vejamos cada um deles.

1. **Políticas de crédito**: a política de crédito serve para indicar as bases para a concessão de crédito ao cliente e qual o valor máximo desse crédito. Em outras palavras, ela fornece os padrões de crédito para o atendimento aos clientes. Os padrões de crédito definem os critérios mínimos para a concessão de crédito ao cliente, como as classificações de crédito, referências de crédito, prazos médios de pagamento, índices financeiros etc. As políticas de crédito dependem de certas variáveis que podem afrouxar ou apertar seus padrões. Essas variáveis são:

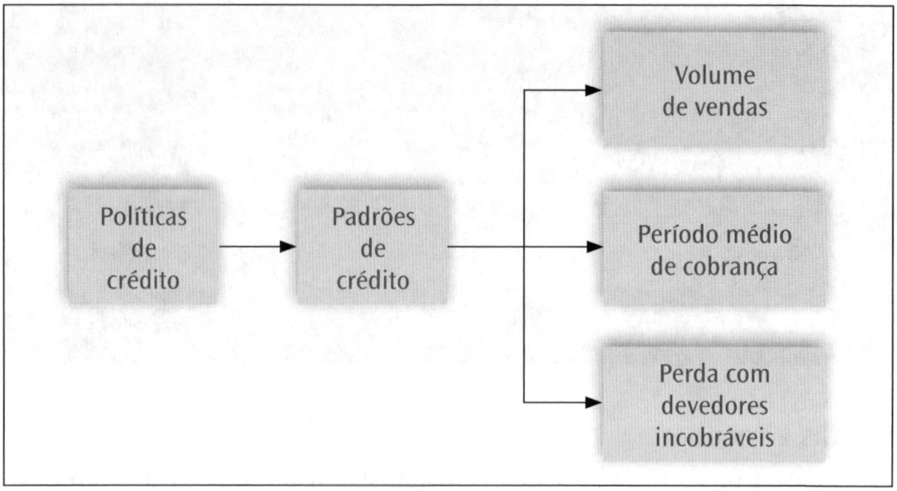

Figura 12.6. Principais variáveis que afetam a política de crédito.[8]

- **volume de vendas**: depende, muitas vezes, dos padrões de crédito; a mudança nos padrões de crédito pode provocar um aumento ou diminuição das vendas, se os padrões forem afrouxados ou apertados.
- **período médio de cobrança**: há um custo de manutenção de contas a receber em carteira; quanto maior o volume de duplicatas a receber, tanto maior será o custo de mantê-las. Quando a empresa afrouxa seus padrões de crédito, tende a ocorrer um aumento das duplicatas a receber e do custo de sua manutenção, ao passo que quando ela arrocha os padrões de crédito, tende a ocorrer uma diminuição das duplicatas a receber e do custo de mantê-las.
- **perda com devedores incobráveis**: o risco de uma conta tornar-se incobrável tende a aumentar quando os padrões de crédito são afrouxados e tende a diminuir quando os padrões se tornam mais seletivos ou restritivos.

---

8 CHIAVENATO, I. Op. cit.

Tabela 12.12. A influência dos padrões de crédito.[9]

Frouxos e condescendentes: ◄—— Padrões de créditos	——► Severos e restritivos:
Tendem a aumentar o volume de vendas	Tendem a reduzir o volume de vendas
Tendem a aumentar as contas e receber em carteira	Tendem a diminuir as contas a receber em carteira
Maior custo de manutenção das contas a receber	Menor custo de manutenção das contas a receber
Maior risco de devedores incobráveis	Menor risco de devedores incobráveis

Definidos os padrões de crédito, a empresa precisa de procedimentos para analisar e avaliar cada um dos clientes que solicitam crédito (credibilidade) e qual será o montante máximo de que cada cliente pode receber, de acordo com a política de crédito estabelecida. Com os procedimentos de análise de crédito, a empresa pode determinar uma linha de crédito (montante máximo de crédito) que cada cliente pode receber em qualquer época, independentemente de nova avaliação.

A análise do crédito destinado a cada cliente depende de informações e referências bancárias e comerciais, demonstrações financeiras, etc., além do próprio histórico do cliente quanto às compras e aos pagamentos já efetuados.

2. **Condições de crédito**: as condições de crédito constituem as condições de pagamento exigidas dos clientes que compram a prazo. Elas costumam especificar:

- desconto financeiro para pagamento antecipado ou para pagamento à vista;
- período de desconto no qual o cliente pode pagar com o desconto financeiro;

9 CHIAVENATO, I. Op. cit

- período de crédito, ou seja, prazo determinado para o cliente efetuar o pagamento;
- condições de crédito que afetam a lucratividade da empresa: quanto maiores os descontos financeiros, os períodos de descontos e os prazos de crédito concedidos, tanto menor a lucratividade da empresa.

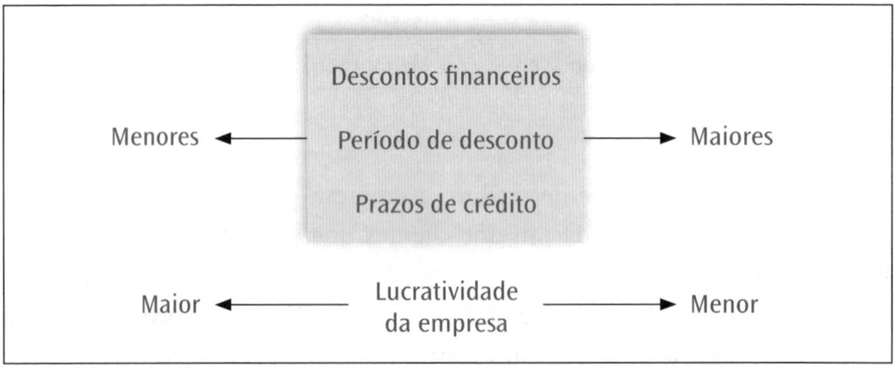

Figura 12.7. Influência das condições de crédito na lucratividade da empresa.

3. **Políticas de cobrança:** as políticas de cobrança representam os procedimentos adotados pela empresa para o recebimento das contas a receber nas datas de seus vencimentos. Elas podem ser avaliadas pelo número de clientes inadimplentes ou incobráveis. Na realidade, esse número depende também das políticas de crédito, nas quais a empresa se baseou para conceder crédito aos clientes.

   Para reduzir o nível dos devedores incobráveis, a empresa precisa aumentar os gastos com cobrança. Esses gastos adicionais de cobrança deverão reduzir as perdas com os devedores incobráveis, caso contrário, os esforços adicionais de cobrança representarão simplesmente um gasto a mais, sem nenhum retorno para a empresa.

   Assim, o gerenciamento das contas a receber deve basear-se em critérios fundamentados em políticas de crédito, condições de crédito e políticas de cobrança adequadas às necessidades da empresa.

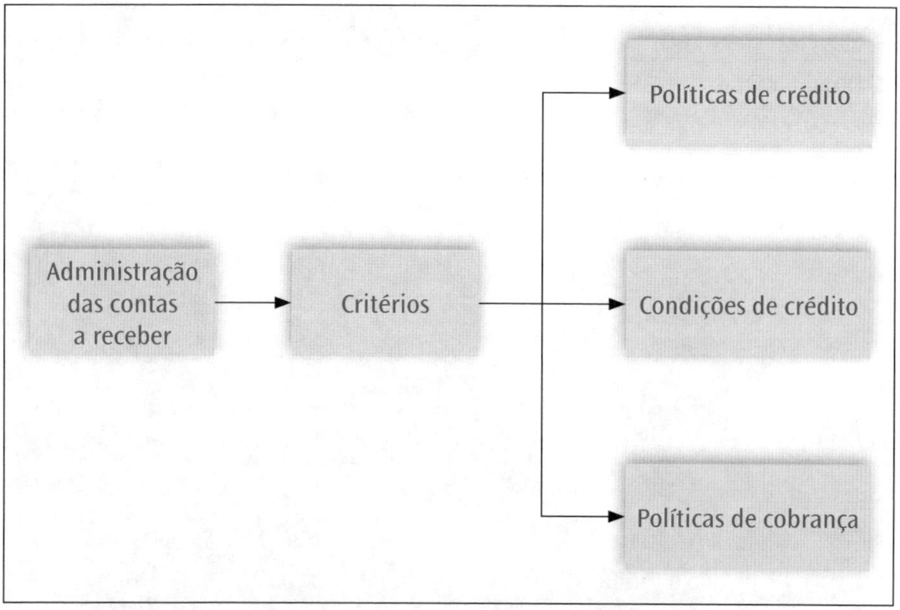

Figura 12.8. Os três fundamentos do gerenciamento das contas a receber.

Como vão os seus resultados operacionais?

Se você estimou seus custos (variáveis e fixos) e receitas, é possível montar uma planilha de resultados operacionais mensais para saber como vai o seu empreendimento. A linha sobre a margem de contribuição indica a lucratividade dos itens comercializados. Quando detalhada por produto, ela mostra como cada produto contribui para o pagamento dos custos fixos e das despesas administrativas e, no geral, para o lucro do empreendimento. Isso permite que você verifique quais são os produtos que merecem maior esforço de vendas. O essencial é que a margem de contribuição total – também chamada margem de cobertura – seja positiva. O ponto de equilíbrio mostra o momento em que as vendas pagam as despesas e começam a gerar lucro. Da margem de contribuição deve ser descontado o total de custos fixos para o cálculo da lucratividade do negócio. Assim, deduzidos os impostos que incidem sobre o lucro operacional, se o lucro líquido permitir a definição da taxa de retorno (tempo para o retorno do dinheiro investido). Para tanto, utilize a planilha a seguir como modelo.

Tabela 12.13. Planilha de resultados operacionais mensais.

Discriminação:	Valor em R$:
1. Faturamento mensal	
2. Custos variáveis	
Materiais diretos	
Mão de obra direta	
Mão de obra de terceiros	
Comissões sobre vendas	
3. Subtotal 1	
4. Custos fixos	
5. Custos totais (3 + 4)	
6. Margem de contribuição (1 – 3)	
7. Ponto de equilíbrio (4 ÷ 6)	
8. Lucro operacional (1 – 5)	
9. Lucratividade (8 ÷ 1)	
10. Imposto sobre o lucro	
11. Lucro líquido (8 – 10)	
12. Taxa de retorno	

Gerenciamento financeiro dos estoques

Os estoques constituem um ativo circulante necessário para que a empresa possa produzir e vender com um mínimo de risco ou preocupação. Representam um meio de investimento de recursos e podem alcançar uma proporção enorme dos ativos totais.

A administração dos estoques apresenta aspectos financeiros que exigem um estreito acompanhamento dos setores da empresa que cuidam dos estoques – como a produção, o almoxarifado ou as vendas. Os setores que cuidam dos estoques sempre estão voltados para a facilitação do fluxo físico de produção e de comercialização, enquanto o gerenciamento financeiro se preocupa com o lucro, a liquidez da empresa e a boa aplicação dos recursos empresariais. Assim, a administração dos estoques precisa também atender a um objetivo financeiro e não apenas a um objetivo logístico, produtivo ou comercial.

Deve-se verificar constantemente se não existem recursos investidos em demasia em todos os tipos de estoque da empresa. O estoque é um investimento que consome dinheiro e que precisa ser dimensionado na exata medida das necessidades da empresa.

COMO ENTENDER AS DEMONSTRAÇÕES FINANCEIRAS

Além de ter um bom contador, o empreendedor precisa ter um mínimo conhecimento sobre as demonstrações financeiras. A Lei n. 6.404/76 determina que, ao fim de cada exercício social, a empresa – dependendo de sua forma jurídica e do seu tamanho – deverá elaborar as seguintes demonstrações financeiras, tendo por base a sua escrituração mercantil:

- balanço patrimonial;
- demonstrações do resultado do exercício (DRE);
- demonstrações das origens e aplicações de recursos (DOAR).

Ainda de acordo com a citada Lei, todas as demonstrações financeiras deverão ser complementadas por notas explicativas e quadro analíticos ou demonstrações contábeis para o esclarecimento da situação patrimonial e dos resultados do exercício. As demonstrações financeiras de cada exercício deverão ter a indicação dos valores correspondentes às demonstrações do exercício anterior para melhor comparação.

O balanço patrimonial e a demonstração do resultado do exercício (DRE) constituem as demonstrações financeiras primárias. A análise e as demonstrações financeiras – ou, simplesmente, a análise do balanço – formam um conjunto de meios, primários ou secundários, pelos quais as condições financeiras e operacionais de uma empresa são examinadas e avaliadas. A finalidade da análise das demonstrações financeiras é proporcionar uma visão comparativa da situação financeira e do desempenho da empresa.

A análise das demonstrações financeiras é importante tanto do ponto de vista interno quanto do externo da empresa. Do ponto de vista interno, permite à própria empresa diagnosticar sua situação financeira e tomar as medidas necessárias para melhorá-la ou para corrigi-la. Do ponto de vista externo, oferece a terceiros as condições para avaliar o desempenho financeiro e operacional da empresa e tomar decisões sobre suas transações com ela. É o caso de bancos e instituições financeiras, de investidores, de acionistas, de fornecedores, que precisam constantemente conhecer as condições financeiras das empresas a fim de tomarem suas decisões sobre as transações e intercâmbios com elas.

Balanço patrimonial

O balanço patrimonial é uma demonstração financeira que reflete com clareza a situação do patrimônio da empresa em um determinado momento. É montado no final de cada exercício social da empresa e constitui a representação sintética dos elementos que compõem o patrimônio em uma determinada data.

Como o patrimônio da empresa é constituído de bens, direitos e obrigações, a estrutura do balanço patrimonial é composta de dois grandes grupos. Por definição, a soma deles deve ser equivalente:

- **ativo**: o lado esquerdo do balanço é composto de bens e direitos pertencentes à empresa, ou seja, as aplicações de recursos em bens e direitos; o ativo mostra a natureza dos valores nos quais a empresa aplicou seus recursos, como dinheiro, estoques, créditos, valores mobiliários, bens em uso, etc.
- **passivo**: o lado direito do balanço é composto de obrigações com credores e terceiros, ou seja, as várias fontes de recursos que permitem as aplicações no ativo; o passivo mostra a origem dos recursos da empresa, como capital, lucros, fornecedores, bancos, etc.

A estrutura do balanço patrimonial costuma ser assim apresentada:

Tabela 12.14. Estrutura simplificada do balanço patrimonial.

Ativo	Passivo
Ativo circulante	Passivo circulante
Disponível em caixa/bancos	Dívidas com fornecedores
Créditos com clientes	Dívidas com instituições financeiras
Estoques	Contribuições a pagar
Título e valores mobiliários	Impostos a pagar
Despesas do exercício seguinte	Títulos e contas a pagar
Realizável a longo prazo	Exigível a longo prazo
Empréstimos a sócios e diretores	Crédito de sócios e diretores
Empréstimos a firmas interligadas	Crédito de firmas interligadas
Futuros	Resultados de exercícios
	Rendas antecipadas
Ativo permanente	Patrimônio líquido
Investimentos	Capital
Participações em empresas	Capital subscrito e a realizar
Imóveis	Reservas de capital
	Reservas de reavaliação
Imobilizado	Reservas de lucros
Bens de uso	Lucros (ou prejuízos) acumulados
Outros valores	
Diferido	
Total do ativo	Total passivo

O balanço patrimonial pode ser resumido pela equação:

$$A = PE + PL$$

Em que:

- A = ativo total: é a soma dos bens e direitos da empresa, o total de recursos à disposição;

- PE = passivo exigível: é a soma das obrigações e dívidas com terceiros;
- PL = patrimônio líquido: é a soma do capital, das reservas e dos lucros acumulados menos a soma do capital a integralizar e dos prejuízos acumulados; é o capital próprio, isto é, o capital que pertence aos proprietários ou acionistas e que mede a riqueza da empresa.

Os valores enumerados no balanço patrimonial constituem os saldos das várias contas do plano de contas de ativo e de passivo em um determinado dia. Nessa data, o balanço especifica qual é o estoque existente, quanto a empresa vendeu no período, quanto pagou de salários, quanto deve de impostos, etc.

Demonstração do resultado do exercício (DRE)

A demonstração do resultado do exercício (DRE) é um demonstrativo financeiro que serve para exprimir com clareza o resultado que a empresa obteve no exercício social. A DRE mostra as consequências – o lucro ou o prejuízo – das operações da empresa realizadas em um determinado período, bem como os fatores – despesas e receitas – que determinaram esse resultado positivo ou negativo. A DRE é também denominada demonstração dos lucros ou prejuízos acumulados.

A DRE começa com a receita bruta (valor do faturamento das vendas ou dos serviços, isto é, a receita total da empresa) e, mediante sucessivas adições e subtrações, chega ao resultado líquido do exercício.

A estrutura da DRE pode ser esquematizada como na figura a seguir.

Figura 12.15. Estrutura da demonstração do resultado no exercício.

Demonstração do resultado no exercício	
	Receita bruta
(menos)	Deduções da receita bruta
(igual a)	Receita líquida
(menos)	Custo da receita
(igual a)	Lucro bruto
(mais)	Outras receitas operacionais
(menos)	Despesas operacionais
(igual a)	Lucro operacional
(menos)	Despesas extraoperacionais
(mais)	Receitas extraoperacionais
(mais ou menos)	Resultado da correção monetária
(igual a)	Resultado antes do imposto de renda
(menos)	Provisão para imposto de renda
(menos)	Participações diversas (diretores/empregados)
(igual a)	Lucro ou prejuízo líquido
	Lucro líquido por ação

O lucro líquido representa o resultado do exercício depois de descontada a provisão para o imposto de renda. Se dividirmos o lucro líquido pela receita e multiplicarmos por cem, teremos a margem de lucro sobre as vendas. A margem de lucro sobre as vendas mede o quanto a empresa lucrou para cada cem reais faturados.

É importante monitorar o desempenho do negócio a partir de todas essas ferramentas financeiras para poder comparar não somente o histórico dos resultados, como também utilizar os índices financeiros como métricas comparativas em relação aos concorrentes. É bom ressaltar que aquilo que não se mede não se pode administrar.

PARTE V

Questões Estratégicas

Capítulo 13 Novas abordagens do empreendedorismo

O empreendedor precisa ter uma visão estratégica do seu negócio. Quase sempre o que predomina no mundo dos negócios é o empreendedor que possui uma visão típica de especialista daquilo que pretende empreender. Em geral, são pessoas que sabem fazer algo – como produzir um produto específico ou prestar um serviço também específico. Sabem fazê-lo bem, com elevada qualidade e talvez até melhor do que os concorrentes estão fazendo. Isso é importante e altamente desejável, pois se alguém se põe a fazer algo que não sabe fazer bem, logo mais será facilmente vencido pela concorrência. Essa é a visão operacional que muitos empreendedores apresentam. Mas se apenas isso oferecerem, continuarão ao longo do tempo sendo meros produtores de produtos ou meros prestadores de serviços. Simples fornecedores. Um empreendimento deve ser muito mais que isso. Muito mais que um negócio que produz algo benfeito. Não basta apenas visualizar o produto ou serviço que se produz. Essa visão internalizada e introspectiva sobre o produto/serviço ajuda muito, mas é insuficiente para os dias de hoje.

Em um patamar mais elevado está o empreendedor que sabe gerenciar o seu negócio, além de ter profundo conhecimento do produto ou serviço que vai oferecer. Além da visão operacional, ele possui uma visão tática do negócio. Ele sabe como reunir recursos e competências em uma integração capaz de multiplicar efeitos e produzir resultados sinergísticos.

Mas, o que realmente está conduzindo empreendedores ao sucesso, ao crescimento e à competitividade é a visão estratégica do negócio, capaz de conjugar não apenas a visão operacional, como também a visão tática em função da realidade do mercado e das oportunidades e dos desafios que o mundo apresenta a cada instante. É o que veremos nesta última parte do livro.

13 Novas abordagens do empreendedorismo

Difícil, mas não impossível
Estratégias a seguir
Conselhos finais

Várias pesquisas têm investigado a influência dos diversos fatores e processos empreendedores-chave que orientam um novo negócio. No entanto, nem todas as questões estão respondidas. Questões estratégicas ainda estão sendo discutidas no âmbito acadêmico para avaliar as aplicações práticas que estão sendo adotadas pelas grandes organizações.

Tangenciando o que vimos da contribuição de Schumpeter, Peter Drucker[1] alega que a inovação é a função específica do empreendedorismo, seja em um negócio já existente, em uma instituição pública de serviços, ou em um novo empreendimento iniciado por um único indivíduo na cozinha da família.[1] Drucker sugere que a inovação é a maneira pela qual o empreendedor cria novos meios de produzir riqueza ou utiliza recursos existentes com um maior potencial para criar riqueza. Dessa forma, o empreendedorismo e a inovação resultante dele são fundamentais para empresas grandes e pequenas competirem no cenário dinâ-

1 DRUCKER, P. F. *Uma era de descontinuidade*. Rio de Janeiro: Zahar, 1978.

mico e turbulento deste século. O mesmo para investimentos iniciais que se pretende empreender.

Assim, o empreendedorismo não trata apenas de pequenas empresas ou de novos empreendimentos. Não aborda apenas a criação de novos produtos ou serviços, mas, sim, inovações em todos os âmbitos do negócio – produtos, processos, modelos de negócios, ideias e aplicações – enfim, uma enorme variedade de aplicações inovadoras que ainda estão longe de serem esgotadas.

As grandes corporações têm um papel importante no empreendedorismo e estão partindo definitivamente para o que chamam de intraempreendedorismo ou empreendedorismo corporativo. Elas estão retornando às suas raízes no sentido de remontar ao seu período inicial de pequenas empresas e revigorar o espírito empreendedor de seu nascimento. Segundo Hitt, Ireland e Hoskisson,[2] o intraempreendedorismo é um processo em que um indivíduo ou grupo da organização já existente cria um novo espírito empreendedor ou desenvolve uma inovação. Outra perspectiva importante é que intraempreendedorismo é a soma dos esforços focados na inovação, renovação e revitalização de uma empresa. As pesquisas sugerem que práticas de intraempreendedorismo são facilitadas pela efetiva utilização da visão estratégica.

Isso significa aproveitar a engenhosidade dos colaboradores e recompensá-los por isso, ao mesmo tempo em que mantém as recompensas dos esforços empreendedores em benefícios dos acionistas e *stakeholders*. Esse é um dos desafios dos gestores que pretendem administrar uma organização realmente empreendedora.

Muitas empresas procuram ser reconhecidas como bem-sucedidas pela inovação e pela prática do intraempreendedorismo na busca de soluções inovadoras para os problemas de seus clientes globais. Isso mostra que sem o espírito empreendedor dentro da empresa não há possibilidade de inovação.

---

2 HITT, M.A.; IRELAND, R.D.; HOSKISSON, R.E. *Strategic management: competitiveness and globalization*. Florence: South-Western College Publ., 2001.

A Tupy[3]

Em um estudo com mais de duzentas empresas brasileiras, realizado pela revista Exame e pelo IBIE – Instituto Brasileiro de Intraempreendedorismo, para identificar a existência da cultura empreendedora e do compromisso dos funcionários com a inovação, a Tupy despontou como uma empresa que incentiva o empreendedorismo interno.

Fundada pelo empreendedor Albano Schmidt em 1938, em Joinville, Santa Catarina, a empresa tornou-se uma das maiores e tecnologicamente mais avançadas fundições no mundo todo, com capacidade para produzir mais de 440 mil toneladas anuais de peças em ferro fundido. Para comercialização, logística de abastecimento e desenvolvimento de produtos, em processo de engenharia simultânea com clientes, a empresa conta com escritórios nos Estados Unidos, no México, na Alemanha, na Inglaterra, na Itália, no Japão e na Argentina, além de atender ao mercado doméstico. Grande parte de sua produção é constituída de componentes desenvolvidos sob encomenda para o setor automotivo, o que engloba caminhões, ônibus, utilitários, automóveis, tratores e outras máquinas agrícolas. São peças para sistemas de propulsão, freio, transmissão, direção e eixo e suspensão, que suportam e absorvem todos os esforços mecânicos ao longo da vida de um veículo. A Tupy também produz e comercializa conexões de ferro maleável, granalhas de ferro e aço e perfis contínuos de ferro, produtos que atendem a indústria da construção, de mármores e granitos e segmentos diversos da engenharia industrial.

Empregando mais de oito mil pessoas e exportando metade de sua produção atual, para mais de 40 países, a empresa é certificada pelas normas ISO/TS 16949:2002, ISO 9001:2000 e ISO 14001:1996. A Tupy cuida da qualidade de vida e de seus valores humanos, oferecendo oportunidades de educação, e aposta na evolução do saber das pessoas como uma marca registrada da empresa. Oferece desde cursos do ensino formal, começando pelo fundamental, até a universidade com subsídios, além de cursos técnicos e especializações em várias frentes, uma Universidade Corporativa e parcerias com as melhores instituições de ensino.

3 Fonte: www.tupy.com.br.

O estudo baseou-se na metodologia de Gifford Pinchot,[4] criador da expressão intraempreendedorismo, para identificar organizações cuja cultura leva os funcionários a agir como se fossem donos do negócio. Para tanto, questionários foram respondidos pelos funcionários, diretores foram entrevistados e discussões promovidas em cada uma das empresas finalistas. O processo levou mais de seis meses e buscou identificar até que ponto as estratégias das empresas são conhecidas pelos funcionários, em que medidas eles são estimulados a trabalhar em time, a contribuir para a melhoria dos processos produtivos e do ambiente de trabalho e, ainda, qual o grau de aceitação das empresas para as iniciativas inovadoras que partem de seus funcionários.

No caso da Tupy, a cultura voltada para a inovação e o empreendedorismo tem sua origem na história da empresa, desde os tempos de sua criação. Segundo a revista Exame, é a cultura do orgulho pela qualidade que faz a diferença na Tupy. Para a empresa, essa qualidade está na atitude, no saber usar o conhecimento técnico, no pensar as estratégias e também em iniciativas com o Programa Criação, que já implantou 170 mil melhorias em pouco mais de seis anos de existência. Uma dessas melhorias de um dos 225 times que integram o programa foi a vencedora do Prêmio CNI de Qualidade e Produtividade.

DIFÍCIL, MAS NÃO IMPOSSÍVEL

O empreendedorismo não trata apenas de pequenas empresas e de novos empreendimentos. Não aborda apenas a criação de novos produtos ou serviços, mas sim inovações em todos os âmbitos do negócio – produtos, processos, modelos de negócios, serviços e ideias – enfim, uma ampla variedade de aplicações inovadoras que ainda estão longe de serem esgotadas. Isso requer não apenas visão operacional e visão tática somente, mas visão estratégica do negócio. E o que significa visão estratégica? Enquanto a visão operacional está centrada nas tarefas, no cotidiano, na realidade do dia a dia do negócio, a visão tática está centrada em uma das unidades da empresa – como a área financeira, *marketing* ou produção – e na realidade do exercício anual, enquanto a visão estratégica vai mais longe e está centrada na empresa como

---

4 PINCHOT, G. *Intra-Empreendedorismo*. Rio de Janeiro: Campus, 1992.

uma totalidade e em um horizonte de longo prazo. A visão operacional retrata o especialista que está preocupado com suas tarefas cotidianas, enquanto a visão tática retrata o executivo que está preocupado com sua unidade ou departamento, e a visão estratégica retrata o estrategista que está preocupado com o negócio em sua integridade e sustentabilidade. A visão estratégica permite uma visão abrangente e integrada do negócio como um todo, além de um requisito muito especial: a visão periférica. E o que é isso? É a capacidade de mirar o negócio como uma totalidade e, ao mesmo tempo, mirar o cenário externo, o mercado, as tendências, o cliente, as oportunidades que estão lá fora. Um olho dentro do negócio e outro fora, para a realidade externa. Esse é o segredo dos grandes líderes empresariais que criaram negócios grandiosos, os quais floresceram e cresceram, tornando-se empresas de grande porte no cenário mundial. Uma pequena semente pode se transformar em uma árvore frondosa. Mas ela precisa de um terreno adequado, clima, nutrição e, sobretudo, um DNA para dimensionar sua configuração e seu tamanho. E qual é o DNA do empreendedor? Certamente visão estratégica e pensamento inovador. Pensar grande e pensar diferente dos demais.

Tabela 13.1. Em qual posição você quer se posicionar?[5]

Amplitude da visão	Amplitude de tempo	Característica principal	Ênfase	Foco	Posição
Estratégica	Longo prazo	Mira além do futuro	Global	Empresa como um todo	No topo
Tática	Médio prazo	Mira o ali e na frente	Interna	Unidade ou departamento	No meio do campo
Operacional	Curto prazo	Mira o aqui e o agora	Local	Nas tarefas	Na base

5 Adaptado de: CHIAVENATO, I. C. *Introdução à teoria geral da administração*. Rio de Janeiro: Elsevier/Campus, 2011.

O empreendedor precisa ampliar sua visão operacional ou tática para uma visão estratégica, a fim de ter sempre em mente o negócio frente ao mercado e ao futuro. Além disso, precisa pensar, imaginar, criar e inovar para oferecer novos e diferentes meios para apresentar produtos e serviços diferenciados, de melhor qualidade e uso, mais baratos e mais adequados às necessidades, aspirações e desejos dos clientes.

No entanto, além da visão estratégica, o que vai na cabeça do verdadeiro empreendedor é a forte tendência para a inovação. Ao buscar oportunidades para iniciar um novo negócio, o empreendedor procura pensar diferentemente dos simples mortais, para aproveitar essas oportunidades de maneira rentável e criativa. Não basta entrar na onda; é preciso saber surfá-la e aproveitá-la integralmente durante todo o seu ciclo de movimento. Para isso, é preciso saber quando e como entrar nela, pensar antecipadamente no que vai acontecer e preparar-se para os próximos movimentos. Como tudo é rápido e muda a cada instante, é preciso ter reações rápidas e precisas para não levar um tombo na primeira tentativa.

Inovar é

- criar algo inteiramente novo e diferente;
- fazer algo que nunca foi feito antes;
- quebrar as regras tradicionais do jogo;
- contestar o *status quo*;
- antecipar tendências;
- reinventar o mundo;
- virar as coisas pelo avesso;
- inverter os paradigmas vigentes;
- alavancar as mudanças e as transformações;
- abreviar a chegada do futuro.

Assim, não basta ser apenas estrategista, é preciso também oferecer algo novo ao mercado, uma nova ideia, um sonho diferente, um projeto inovador e que tenha forte receptividade no mercado. Oferecer algo que já existe e que já está plenamente explorado pelos concorrentes é tentar ficar apenas na rabeira dos que já estão instalados no mercado e gozando de vantagens já conquistadas. Isso significa se colocar na última posição da corrida e em completa desvantagem com os outros corredores.

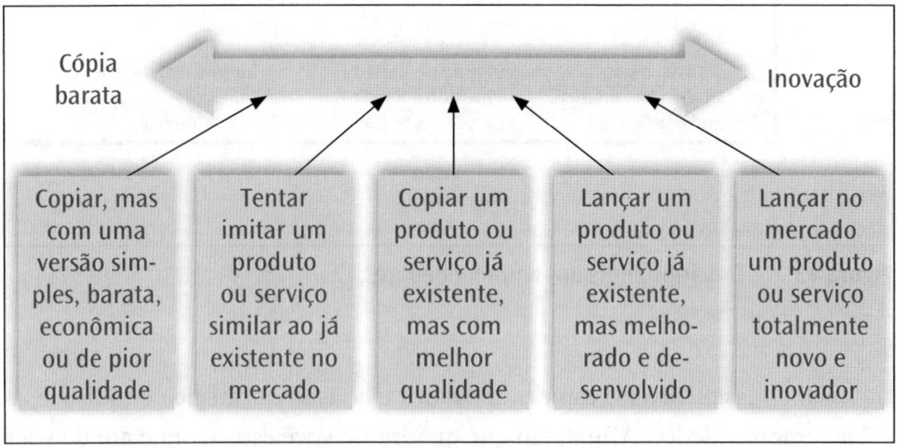

Figura 13.1. Qual é a tônica do seu negócio?

Visão estratégica e pensamento inovador, estes são os dois requisitos básicos para que o empreendedor faça acontecer e tenha sucesso em seu empreendimento. Contudo, como tudo o que existe no mundo varia conforme a pessoa ou a situação, tanto a visão estratégica como o espírito empreendedor constituem variáveis que podem ser medidas ou estimadas. A figura na sequência dá uma ideia dessa enorme variabilidade, pois existem empreendedores com elevada ou baixa visão estratégica ou com elevado ou baixo espírito empreendedor. Isso permite uma variedade de perfis do empreendedor.

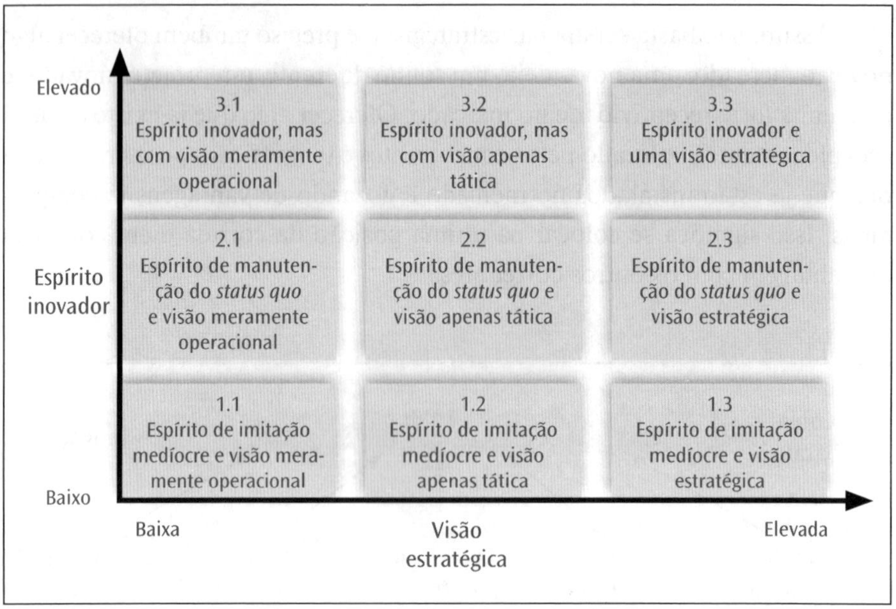

Figura 13.2. Os vários perfis dos empreendedores.

Saber desenvolver o espírito inovador e a visão estratégica é indispensável ao empreendedor. Afinal, em que quadrante você está agora e aonde você pretende chegar? Faça uma anotação onde você se encontra na Figura 13.2 e aonde você gostaria de chegar. Faça um programa de desenvolvimento pessoal para chegar lá apontando todas as providências necessárias para isso. A seguir, monte um cronograma de ações e faça revisões periódicas para saber a respeito do seu progresso. O ideal seria chegar ao quadrante 3.3.

ESTRATÉGIAS A SEGUIR

À medida que o ambiente de negócios muda – e ele sempre está mudando cada vez mais depressa – o empreendedor precisa saber manejar o seu negócio e fazer mudanças rápidas e oportunas para manter sua sustentabilidade.

Seu empreendimento pode enfrentar seis escolhas pela frente:[6]

1. **Inovação**: enquanto muitas empresas estão preocupadas em racionalizar sua cadeia de suprimentos e expandir suas linhas de produtos por meio de desenvolvimentos e aperfeiçoamentos, as empresas de vanguarda focalizam a criação de categorias inteiramente novas de produtos e conceitos. As empresas bem-sucedidas ultrapassam o desempenho de suas rivais e criam novas regras de competição, concentrando recursos e energias na inovação. A inovação constitui a mais excitante e exigente escolha estratégica. Ela é arriscada e requer uma cultura de aprendizagem e de empreendedorismo.
2. **Substituição**: trata-se de oferecer produtos ou serviços diferentes e alternativos ao mercado, utilizando fatores como preço, qualidade, serviço, distribuição, processo e habilidade em mudança. Quase sempre essa escolha visa a concorrer com nichos de mercado, aproveitando aspectos demográficos ou criando novos segmentos para produtos ou serviços dentro de um mercado já existente.
3. **Imitação**: quando uma empresa se torna imitadora, ela sinaliza ao mercado que é uma seguidora e não uma líder ou inovadora. Nessa escolha, a empresa está copiando ou emulando ações, processos, produtos e competências de um concorrente. Isso ocorre quando a empresa não tem capacidade para inovar, mas para copiar, e acredita que pode superar o desempenho do concorrente e ganhar vantagem competitiva em custo, velocidade ou qualidade. Com isso, assume poucos riscos e vai à sombra de outros. O *benchmarking* constitui a melhor maneira de alcançar a imitação. Além disso, se outros já tentaram e deram certo, a escolha é viável e comprovada e aproveita investimentos alheios em pesquisa e desenvolvimento.
4. **Complementação da concorrência**: trata-se de oferecer produtos e serviços que são complementares e adicionam valor aos produtos e serviços das empresas líderes. Quando uma empresa adota essa escolha, ela

---

6 CHIAVENATO, I.; SAPIRO, A. *Planejamento estratégico: da intenção aos resultados.* Rio de Janeiro: Elsevier/Campus, 2004. p.202.

sinaliza que deseja uma coexistência pacífica com os concorrentes. A empresa pode aumentar, estender e complementar as competências essenciais, os processos, mercados e produtos das líderes do mercado. Ela oferece retaguarda para as necessidades dos clientes não atendidas pelas empresas líderes e trabalha na frente ou atrás destas.

5. **Colaboração**: ocorre quando duas ou mais empresas trabalham juntas para um propósito ou projeto específico. A empresa se apresenta como parceira ou membro da equipe por um período específico de tempo para um determinado projeto e também com responsabilidades específicas. A empresa assume coparticipação e corresponsabilidade pelo sucesso ou falha no negócio e proporciona um valor agregado assumindo parte dos riscos do negócio. Pode incluir o *outsourcing* (ou terceirização).
6. **Desistência**: devido a alguma dificuldade em alcançar os objetivos propostos, a empresa pode desistir do negócio e sair do páreo de maneira definitiva ou provisória, até que as condições de mercado apresentem melhoras, preservando o direito de competir no futuro.

E então? O que você vai fazer? As escolhas estratégicas mencionadas não são discretas. Elas são contínuas e entre cada uma delas existem vários pontos intermediários. Na verdade, a Figura 13.3 serve apenas como um referencial conceitual e deve ser analisada apenas em termos relativos como uma apresentação meramente pedagógica. A escolha da alternativa estratégica para um negócio depende de um enorme conjunto de fatores que devem ser considerados, como: mudanças na tecnologia, mudanças nos produtos e serviços, mudanças nos hábitos dos consumidores, oportunidades de mercado, nichos de mercado com preferências específicas, preços praticados, mudanças demográficas, etc. Todos esses fatores precisam ser analisados em seu conjunto para fundamentar sua decisão.

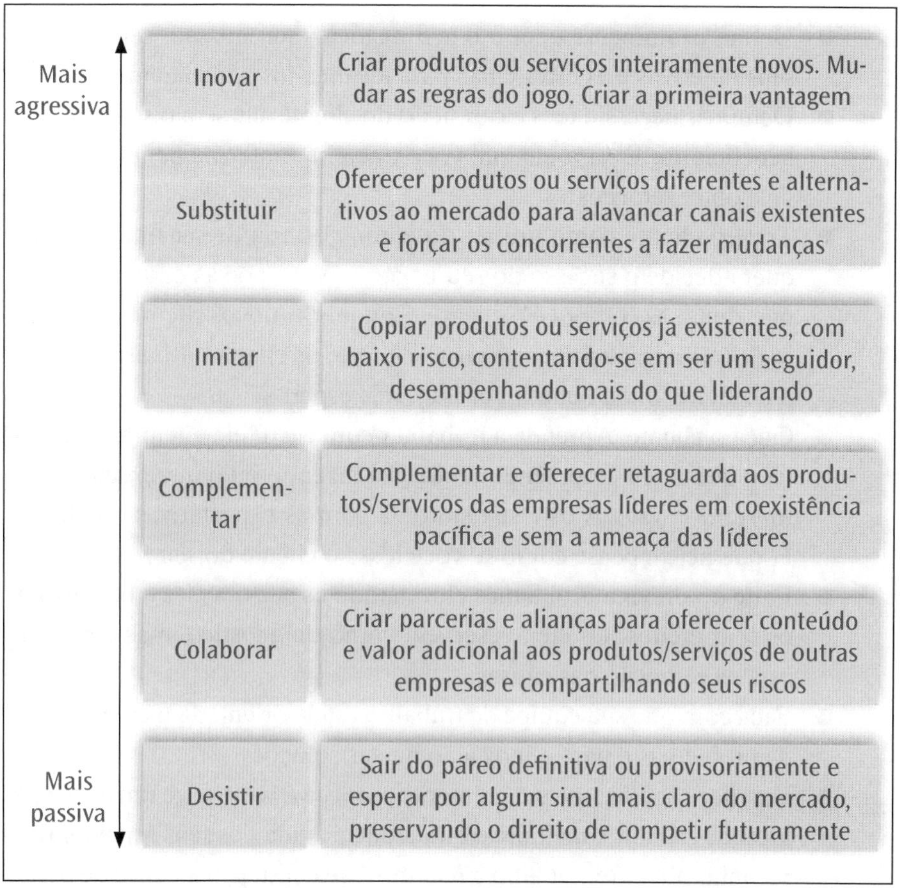

Figura 13.3. As principais escolhas estratégicas.[7]

CONSELHOS FINAIS

As ideias básicas apresentadas neste livro somente têm efeito quando impulsionadas pelo espírito empreendedor e desbravador de quem idealiza e pretende ocupar novos espaços e horizontes. Isso quer dizer que você não pode ficar parado. O dinamismo, a visão estratégica e a inovação constituem as chaves do sucesso. Para tanto, lembre-se dos seguintes aspectos do negócio:

---

7 CHIAVENATO, I.; SAPIRO, A. Op. cit. p.203.

- Defina exatamente qual é o seu negócio, sua missão, seus valores, seus objetivos e as estratégias para alcançá-los adequadamente.
- Defina as necessidades e carências do cliente: ele será o seu principal beneficiário. É para ele que você trabalha e oferece benefícios para dele obter retornos.
- Trate o cliente como um rei ou como gostaria de ser tratado. Ele é quem decide o sucesso do seu negócio. Você põe as cartas na mesa, mas quem as compra é o cliente. Conquistar novos clientes representa de três a quatro vezes o custo de reter os clientes atuais. Fidelizar o cliente é fundamental, por isso, seja esperto.
- Ouça o cliente. Aprenda a trabalhar com ele. É ele quem julga e avalia o que o seu empreendimento está fazendo ou o que o seu produto/serviço vale. Ajuste sua sintonia com as expectativas do cliente. Foque nele e pense como se você fosse o cliente do seu negócio.
- Evite ou previna problemas eliminando as suas causas e não apenas os seus efeitos. Os efeitos servem como diagnóstico, mas a solução está na remoção das causas.

- Faça com que sua equipe de trabalho esteja orientada para a solução de problemas e para a inovação nessas soluções.
- Fortaleça sua equipe e incremente o *empowerment*. Crie um excelente local de trabalho, melhore a qualidade de vida dos seus funcionários, reconheça o bom trabalho e recompense e festeje o alcance de metas e objetivos.
- Treine e eduque continuamente o seu pessoal. Faça investimentos em conhecimento, habilidades e competências. Aumente seu capital intelectual, mas não perca esse investimento para os concorrentes. Saiba reter seus talentos.
- Aprenda continuamente com a experiência. Utilize sistematicamente o ciclo planejar, fazer, verificar e agir. É simples, mas eficaz. Faça de seu negócio um empreendimento dinâmico e notável, que muda com base nas melhorias que você provoca e introduz. Seu papel deve ser o de maximizar continuamente o valor de seu negócio pela introdução de mudanças e inovações contínuas.

- Pense em processos e não em funções. Compreenda que cada trabalho faz parte de um processo que tem várias etapas no seu fluxo. Cada membro da equipe deve saber como o seu trabalho pessoal ou grupal contribui para o processo. Cada pessoa é um cliente interno e um fornecedor interno em uma cadeia de valor, que vai desde o fornecedor externo até o cliente externo. Pense nisso: se cada pessoa quer satisfazer seu cliente interno, você poderá obter uma melhoria substancial nos processos e eliminar falhas ou problemas, reduzir custos e melhorar a produtividade. Além disso, o processo deve ser ressaltado. Faça com que seus funcionários sejam líderes de processos dentro do seu empreendimento. Eles precisam ser os donos de seus processos. Somente assim, você saberá quem é quem em sua empresa.
- Comprometa-se com a incessante melhoria contínua do seu negócio.
- Busque *benchmarks* para alcançar a excelência. Observe as empresas que você admira e que gostaria de imitar e ultrapassar. Veja e analise cuidadosamente o que elas estão fazendo e por quais razões. Aprenda com elas e se possível dispare na frente, fazendo com que elas comam poeira.

Finalmente, fazemos votos para que você tenha muito sucesso e um lucro generoso, que corresponda plenamente ao esforço e ao sacrifício empregados, servindo de forte incentivo para que você continue a trabalhar e obter resultados positivos.

Você é realmente o dono do empreendimento?

Há algum tempo, na Era Industrial, quem construísse uma empresa – comprando terrenos, prédios, máquinas e equipamentos – e contratasse mão de obra era o dono exclusivo do negócio. Era a época em que os fatores tradicionais de produção – natureza, capital e trabalho – constituíam as bases fundamentais da atividade empresarial. O mundo mudou, e mudou para valer. Hoje, na Era do Conhecimento, as coisas já não são mais como antes.

Em primeiro lugar, os tradicionais fatores de produção já deram tudo o que podiam dar. Eles são inflexíveis e, embora ainda importantes, não são mais fundamentais para o negócio e estão se tornando secundários.

Em segundo lugar, o mundo está se transformando cada vez mais depressa, e a atividade empresarial não pode mais ser conservadora ou mantenedora do *status quo*. Ela precisa ser inovadora para, pelo menos, acompanhar o ritmo das mudanças no mercado e se manter competitiva.

Por fim, o trabalho está deixando de ser físico e muscular para se tornar cada vez mais mental e criativo. As pessoas estão deixando de ser fornecedoras de mão de obra para se tornarem fornecedoras de talento e de competências. Atualmente, o fator de produção mais importante é o conhecimento. Ele entra e sai de sua empresa todos os dias. Vai para casa e retorna ao trabalho. Onde está o conhecimento? Na cabeça dos seus funcionários. Ele faz parte do capital intelectual do seu negócio. Ele é seu apenas enquanto você tem os seus funcionários trabalhando para produzir, vender, melhorar, inovar, resolver problemas e encontrar novas soluções. Os produtos e os serviços que atualmente estão no mercado desbancando outros apresentam um forte componente de aplicação do conhecimento. Pense bem nisso: você é realmente o dono absoluto do seu negócio?

Enfim, para terminar, vão aqui os nossos augúrios para que você possa reunir espírito inovador e visão estratégica em um foco promissor e bem-sucedido. Boa sorte no seu empreendimento!!!

Bibliografia

1. "The rise and rise of America's small firms". *The Economist*, p.67, Jan. 1989.
2. ACS, Z.J.; AUDRETSCH, D.B. *Handbook of entrepreneurship research: an interdisciplinary survey and introduction*. New York: Springer, 2003.
3. ________. *Innovation and small firms*. Cambridge: Mit Press, 1990.
4. BANDURA, A. *Social learning theory*. Englewood Cliffs, NJ: Prentice Hall, 1977.
5. ________. "Self-efficacy mechanism in human agency". *American Psychologist 1981;* 3(2):122-47.
6. BAUMOL, W.J. "Entrepreneurship in economic theory". *The American Economic Review* 1968; 58:64-71.
7. ________. "Entrepreneurship: productive, unproductive, and destructive". *Journal of Political Economic* 1990; 98(15):893-921.
8. ________. "Formal entrepreneurship theory in economics: existence and bounds". *Journal of Business Venturing* 1993; 3:197-210.
9. BIRD, B. "The roman god mercury: an entrepreneurial archetype". *Journal of Management Enquiry* 1992; 1(3).
10. BROCKHAUS, R.H.; HORWITZ, P.S. "The psychology of the entrepreneur". In: SEXTON, D.L.; SMILOR, R.W. (eds.). *The art and science of entrepreneurship*. Reading, Mass Addison-Wesley, 1986, p.27.
11. BRUE, S. *História do pensamento econômico*. São Paulo: Thomson-Learning, 2005.
12. BURSTINER, I. *The small business handbook: a comprehensive guide to starting an running your own business*. Nova York: A Fireside Book/Simon & Schuster, 1989.
13. BUSENITZ, L.; BARNEY, J. "Differences between entrepreneurs and managers in large organizations". *Journal of Business Venturing* 1997;12, p. 9-30.
14. CANTILLON, R. *Essai sur la nature du commerce en général*. London: Fetcher Gyler, 1755. Also edited in an english version, with other material, by Henry Higgs, C.B., London: MacMillan, 1931.
15. CASSON, M. *The entrepreneur: an economic theory*. Oxford: Martin Robertson, 1982.
16. ________. *The entrepreneur: an economic theory.* Reprint. 1991.
17. ________. *The entrepreneur: an economic theory.* 2.ed. Cheltenham: Edward Elgar, 2003.
18. CERTO, S.C. *Modern management: diversity, quality, ethics and the global environment*. Boston: Allyn & Bacon, 1994.

19. CHER, R. *O meu próprio negócio*. São Paulo: Negócio, 2002.
20. CHERTO, M. *Franchising: uma revolução de marketing*. São Paulo: McGraw-Hill, 1988.
21. CHERTO, M.; RIZZO, M. *Franchising: como comprar sua franquia passo a passo*. São Paulo: Makron Books, 1990.
22. CHIAVENATO, I. *Série iniciação à administração*. Barueri: Manole, 2009.
23. ________. *Administração de empresas: teoria, processo e prática*. Rio de Janeiro, Elsevier/Campus, 2008.
24. ________. *Administração de Materiais*. Rio de Janeiro: Elsevier/Campus, 2005.
25. ________. *Administração de Vendas*. Rio de Janeiro: Elsevier/Campus, 2005.
26. ________. *Administração Financeira*. Rio de Janeiro: Elsevier/Campus, 2005.
27. ________. *Administração nos novos tempos*. Rio de Janeiro: Elsevier/Campus, 2005.
28. ________. *Administração para não administradores*. Barueri: Manole, 2011.
29. ________. *Construção de talentos: coaching & mentoring*. Rio de Janeiro: Elsevier/Campus, 2006.
30. ________. *Gerenciando pessoas: como transformar os gerentes em gestores de pessoas*. Rio de Janeiro, Elsevier/Campus, 2006.
31. ________. *Introdução à teoria geral da administração*. Rio de Janeiro, Elsevier/Campus, 2010.
32. ________. *Planejamento e Controle da Produção*. 2.ed. Barueri: Manole, 2008.
33. ________. *Recursos Humanos: O capital humano das empresas*. Rio de Janeiro: Elsevier/Campus, 2006.
34. CHIAVENATO, I.; SAPIRO, A. *Planejamento estratégico: da intenção ao resultado*. Rio de Janeiro: Elsevier/Campus, 2010.
35. COHEN, W.A. The entrepreneur and small business problem solver. Nova Jersey: John Wiley & Sons, 2008, p.126-7.
36. COLE, A. *Business enterprise in its social setting*. Boston: Harvard University, 1959.
37. COLLINS, O.; MOORE, D.G. *The organization makers. A behavioral study of independent entrepreneurs*. New York: Appleton-Century-Crofts, 1970.
38. CONNORS, T.D. *The nonprofit management handbook: operating policies & procedures*. Nova York: John Wiley & Sons, 1993.
39. COOPER, A.C.; WOO, C.Y.; DUNKELBERG, W.C. "Entrepreneur's perceived chances for success". *Institute for Research in the Behavioral, Economic and Management Sciences, Krannert Graduate School of Management*. West Lafayette: Purdue University, 1988.
40. COVEY, S. *Os setes hábitos das pessoas altamente eficazes*. São Paulo: Best Seller, 2004.
41. DANTAS, E.B. *Empreendedorismo e Intraempreendedorismo: é preciso aprender a voar com os pés no chão*. Disponível em: http://bocc.ubi.pt/pag/dantas-edmundo-empreendedorismo.pdf
42. DEGEN, R. *O empreendedor: fundamentos da iniciativa empresarial*. São Paulo: McGraw-Hill, 1989.
43. DELMAR, F.; DAVIDSSON, P. "Where do they come from? Prevalence and characteristics of nascent entrepreneurs". *Entrepreneurship & Regional Development*. 2000; 12(1):1-23.
44. DORNELAS, J.C.A. *Empreendedorismo*. Rio de Janeiro: Campus, 2008, p.10.
45. DREYFUS, H.; DREYFUS, S. *Mind over machine. The power of human intuition and expertise in the era of the computer*. New York: The Free, 1986.
46. DRUCKER, P.F. "Entrepreneurship in business enterprise". *Journal of Business Policy* 1970;1.
47. ________. *Innovation and entrepreneurship: practice and principles*. London: Heinemann, 1985.
48. ________. *Inovação e espírito empreendedor (entrepreneurship): prática e princípios*. São Paulo: Pioneira, 1987.

49. ________. *Sociedade Pós-capitalista*. São Paulo: Pioneira, 1998. Vide DRUCKER, P.F. *Technology, Management and Society*. Nova York: Free Press, 1970.

50. ________. *Uma Era de descontinuidade*. São Paulo: Círculo do Livro, 1969.

51. DUN & BRADSTREET Corporation. *Business Failure Record, 1986 Final and 1987 Preliminary*. New York: The Dun & Bradstreet Corp., 2008.

52. EBERT, R.J.; GRIFFIN, R.W. *Business essentials*. Upper Saddle River, NJ: Prentice Hall, 1998.

53. FIGUEIRA, M. "Código genético determina espírito empreendedor". 2006. Disponível em: <http://wyse.com.br/blog/novidades-lancamentos/369>. Acesso em 01.04.2008.

54. FOLSOM, Jr.; BURTON, W. *The myth of the robber barons*. New York: Young America, 2001.

55. FREIRE, B. "Empreendedorismo x amadorismo". Disponível em: <http://www.vtower.org/cgi-bin/index.cgi?action=viewnews&id=1923>. Acesso em 01.04.2008.

56. GARTNER, W.B. "What are we talking when we talk about entrepreneurship?". *Journal of Business Venturing*, v.5, n.1, p.15-28, Jan. 1990.

57. GERBER, M.E. *O mito do empreendedor: como fazer de seu empreendimento um novo negócio bem-sucedido*. São Paulo: Saraiva, 1992.

58. GOLD, S.K. "Entrepreneur's notebook". Learning Ventures, 2005.

59. GOLDRATT, E.M.; FOX, R.E. *A corrida pela vantagem competitiva*. São Paulo: Educator, 1994.

60. GREINER, L.E. "Evolution and evolution as organizations grow". *Harvard Business Review*, July/Aug. 1972.

61. ________. "Patterns of organization change". *Harvard Business Review*, n.45, May/June 1967.

62. Guia do empreendedor. O Estado de São Paulo/Senac-SP. Marca registrada em nome da Editora Globo S.A. p. 8-9.

63. Guia PEGN: Como montar seu próprio negócio. Editora Globo, 2002, p.16-7.

64. HARDING, H.A. *Administração da produção*. São Paulo: Atlas, 1987.

65. HAYEK, F.A. von. "The use of knowledge in society". *American Economic Review* 1945; 35:519-30. Also in: *Individualism and Economic Order* (1959). London: Routledge and Kegan Paul; Chicago: University of Chicago Press (1948, 1957). Do mesmo autor: "The meaning of competition", 1949, in *Individualism and economic order*, 1959, p. 92-106.

66. HEBERT, R.F.; LINK, A.N. *The entrepreneur: mainstream views and radical critiques*. 2.ed. New York: Praeger, 1988.

67. HERZBERG, F. *The motivation to work*. New York: Free, 1959.

68. HILLS, G.E.; LUMPKIN, G.T.; SINGH, R.P. "Opportunity recognition: perceptions and behaviors of entrepreneurs". In: REYNOLDS, P.D.; BYGRAVE, W.D.; GARTNER, W.B.; CARTER, N.M.; MASON, C.M.; DAVIDSSON, P.; McDOUGALL, P.P. (eds). *Frontiers of entrepreneurship research*. Wellesley, MA: Babson College, 1997. p.168-82.

69. HITT, M.A., IRELAND, R.D.; HOSKISSON, R.E. *Strategic management: competitiveness and globalization*. Florence: KY, South Western College, 2001.

70. HINGSTON, P. *Como abrir e administrar seu próprio negócio*. São Paulo: Publifolha, 2001.

71. INSTITUTO LIBERAL. "Galeria dos autores liberais: Ludwig von Mises (1881-1973)". Disponível em: <http://www.institutoliberal.org.br/galeria_autor.asp?cdc=920>. Acesso em 15.09.2011.

72. KAPLAN, R.S.; NORTON, D.P. *A estratégica em ação:* balanced scorecard. Rio de Janeiro: Campus, 1997.

73. ______. *Organização orientada para a estratégia: como as empresas que adotam o* balanced scorecard *prosperam no mundo dos negócios*. Rio de Janeiro: Campus, 2011.

74. KIRZNER, I.M. *The economic point of view: na essay in the history of economic thought.* Kansas City: Sheed and Ward, 1976.
75. ________. *Perception, opportunity and profit: studies in the theory of entrepreneurship.* Chicago: University of Chicago, 1983.
76. KNAUS, W.J. *É hora de mudar*. Rio de Janeiro: Rocco, 1999, p.56.
77. KNIGHT, K. "A descriptive model of the intra-firm innovation process". *Journal of Business of the University of Chicago* 1967; 40.
78. KNIGHT, F.H. (1921), *Risk, uncertainty and profit*, New York: Houghton Mifflin. Also Chicago: University of Chicago Press, 1971.
79. KNIGHT, R.M. "Entrepreneurship in Canada". In: Annual Conference of the International Council for Small Business, June 22, 1980, Anais. Asilomar, CA.
80. LAMBRUNHO, L. "O brilho da ousadia". *Empreendedor*, n.93, jul. 2002.
81. LERNER, J.J. *Introduction to business organization and management*. Nova York: McGraw-Hill, 1982.
82. LONGENECKER, J.G.; MOORE, C.W.; PETTY, W.J. *Administração de pequenas empresas*. São Paulo: Makron Books, 1998.
83. LONGENECKER, J.G.; SCHOEN, J.E. "The essence of entrepreneuring". *Journal of Small Business Management*, v.13, July 1975. p.26-32.
84. LOVEMAN, G.; SENGENBERGER, W. "The re-emergence of small-scale production: an international comparison". *Small Business Economics*, v.3, n.1, p.7, Mar. 1991.
85. LUMPKIN, G.T.; DESS, G.G. "Clarifying the entrepreneurial orientation construct and linking it to performance". *Academy of Management Review* 1996; 21(1):135-172.
86. MACHADO, L. "Grandes economistas XVI: Jean-Baptiste Say e a lei dos mercados". Disponível em: <http://www.cofecon.org.br/index.php?Itemid=114&id=996&option=com_content&task=view>. Acesso em 15.09.2011.
87. MASLOW, A.H. "A theory of human motivation". *Psychological Review* 1943; 50:370-96.
88. McCLELLAND, D. *The achieving society*. Princeton: Van Nostrand, 1961.
89. MCGRATH, R.G.; MACMILLAN, I.C. *The entrepreneurial mindset*. Boston: Harvard Business School, 2000.
90. MINNITI, M.; BYGRAVE, W. "A dynamic model of entrepreneurial learning". *Entrepreneurship Theory and Practice* 2001; 25(3):5-16.
91. MINTZBERG, H.; WATERS, J.A. "Tracking strategy in an entrepreneurial firm". *Academy of Management Journal* 1982; 25(3):465-99.
92. OAKLAND, J.S. *Total quality management.* Londres: Butterworth-Heinemann, 1989.
93. Os desafios do empreendedorismo. Qualimetria, n.135, p.35, nov. 2002. GOL linhas aéreas inteligentes. Notícias. Disponível em: http://www.voegol.com.br/inst_gol_noticias.asp
94. PAMPLONA, P.; TELLES, L. "O despertar do espírito empreendedor". *Diário do Comércio e Indústria*. (Caderno Serviço Brasileiro de Apoio às Micro e Pequenas Empresas Sebrae-SP), 06.10.2005. Disponível em: <http://www.sebraesp.com.br/principal/not%C3%ADcias/notas/gestao_empresarial/jornal%20dci/outubro_2005/06_10despertar_espirito_empreendedor.aspx>. Acesso em 02.04.2008.
95. PINCHOT, G. *Intrapreneuring: why you don't have to leave the corporation to become an entrepreneur.* New York: Harper & Row, 1985.
96. PUSSOLI, L. *Manual da microempresa: teoria e prática*. São Paulo: Lúmen, 1993.
97. RAE, D. "Understanding entrepreneurial learning: a question of how?". *International Journal of Entrepreneurial Behaviour & Research*. 2000; 6(3):146-59.
98. RAE, D.; CARSWELL, M. "Towards a conceptual understanding of entrepreneurial learning". *Journal of Small Business and Enterprise Development* 2001; 8(2):150-8.

99. RATTNER, H. (Coord.). *Pequena empresa: o comportamento empresarial na acumulação e na luta pela sobrevivência*. São Paulo: Brasiliense, 1985.

100. REUBER, R.A.; FISCHER, E.M. "The learning experiences of entrepreneurs". In: CHURCHILL, N.C.; BIRLEY, S.; BYGRAVE, W.D.; DOUTRIAUX, J.; GATEWOOD, E.J.; HOY, F.S.; WETZEL, W.E. (eds.). *Frontiers of entrepreneurship research*. Wellesley, MA: Babson College, 1993. p.234-45.

101. _________. "Entrepreneurs' experience, expertise, and the performance of technology-based firms". *IEEE transactions of engineering management*. 1994;41(4):365-74.

102. REUBER, R.A.; FISCHER, E.M. "Understanding the consequences of founders' experience". *Journal of Small Business Management* 1999; 37(2):30-45.

103. ROSA, C.A. Como elaborar um plano de negócio. Brasília: Sebrae, 2007. Disponível em: http://www.biblioteca.sebrae.com.br/bds/bds.nsf/797332C6209B4B1283257368006FF4BA/$File/NT000361B2.pdf.

104. ROTTER, J.B. Generalized expectancies for internal versus external control of reinforcement. *Psychological monographs, American Psychological Association*, v.80, 1966, p.1-28.

105. RUSSO, F. *Manual prático de constituição de empresas*. São Paulo: Atlas, 1993.

106. SANVICENTE, A.Z. *Administração financeira*. São Paulo: Atlas, 1988.

107. SCHEIN, E.H. "Individuals and careers". In: LORSCH, J.W. (ed.). *Handbook of organizational behaviour*. Englewood Cliffs, NJ: Prentice Hall, 1987. p.155-171.

108. SCHON, D. *The reflective practitioner*. New York: Basic Books, 1983.

109. SCHUMPETER, J.A. The creative response in economic history. *Journal of Economic History*, Nov. 1947. p.149-159.

110. _________. *Capitalism, socialism, and democracy*. 3.ed. New York: Harper and Row, 1950.

111. SEBRAE. *A pequena empresa e o novo código civil*. Brasil: Sebrae Nacional, 2003.

112. SEBRAE. *Como abrir seu próprio negócio, serviço brasileiro de apoio às micro e pequenas empresas*. Brasília, 1992.

113. SEBRAE: www.sebrae.org.br

114. SENGENBERGER, W.; LOVEMAN, G.; Piore, M.J. *The re-emergence of small enterprises: industrial reestructuring in industrialised countries*. Genebra: International Institute for Labour Studies, 1994.

115. SEXTON, D.L.; BOWMAN-UPTON, N. *Enterprenurship: creativity and growth*. New York: MacMillan, 1991.

116. SEXTON, D.L.; KASARDA, J.D. *The state of the art of entrepreneurship*. Boston: PWS-Kent, 1992.

117. SEXTON, D.L.; SMILOR, R.W. *The art and science of entrepreneurship*, Cambridge, Ma.: Ballinger, 1986.

118. SHANE, S. *A general theory of entrepreneurship. The individual – opportunity nexus*. Cheltenham: Edward Elgar, 2003.

119. SHANE, S.; VENKATARAMAN, S. "The promise of entrepreneurship as a field of research". *Academy of Management Review* 2000; 25(1):217-26.

120. SITKIN, S.B. "Learning through failure: the strategy of small losses". In: CUMMING, L.; STAW, B. (eds.). *Research in organizational behavior*. New York: JAI, 1992. v.14, p.231-66.

121. SMITH, N.R. *The entrepreneur and his firm: the relationship between type of man and type of company. East lansing: Bureau of business and economic research*. Michigan State University, 1967.

122. STEVENSON, H.H.; JARILLO, J.C. "A paradigm of entrepreneurship: entrepreneurial management". *Strategic Management Journal* 1990; 11:17-27.

123. VASCONCELOS FILHO, P.; PAGNONCELLI, D. *Construindo estratégias para vencer: um método prático, objetivo e testado para o sucesso da sua empresa*. Rio de Janeiro: Campus, 2001.

124. WILLIANS, E.E.; THOMPSON, J.R.; NAPIER, H.A. *Plano de negócios: 25 princípios para um planejamento consistente*. São Paulo: Publifolha, 2002.

125. ZIKMUND, W.G.; D'AMICO, M. *Basic marketing*. St. Paul: West, 1996.

126. ZIMERMANN, C. "Onde está o espírito empreendedor?". Disponível em: <http://brasil.business-opportunities.biz/2006/01/27/onde-esta-o-espirito-empreendedor/>. Acesso em 15.09.2011.

Índice de assuntos

A

B

Q

R

S